Zu diesem Buch

Schulangst und Schulstress – so alt wie die Schule selbst – sind plötzlich zum vielberedeten Thema geworden. Die kontroverse Diskussion hat einerseits Verwirrung gestiftet und Abstumpfung erzeugt – andererseits bietet sie handfeste Chancen: Eltern trauen sich häufiger, über Probleme ihrer Kinder öffentlich zu reden. Lehrer und Schüler wehren sich stärker gegen die Bedingungen, unter denen sie lernen und arbeiten müssen.

Die reformfeindlichen «Humanisten», die heute besonders eifrig über Schulangst reden, geben sie als eine natürliche Folge der «Dummheit» aus: Wer – ohne «begabt» zu sein – auf die höhere Schule geschickt werde, dem könne die Schulangst nicht erspart bleiben. Horst Speichert zeigt dagegen,

- daß Schulangst Lernen erschwert oder verhindert;
- wie Schulangst durch den «heimlichen» Lehrplan der Schule erzeugt wird;
- welche Weichen gestellt werden müssen, damit Schulangst nicht länger zum Alltag der Schüler gehört.

Schule in ihrer jetzigen Form macht Schulangst unvermeidlich.
Wie sie bewältigt wird, hängt nicht zuletzt von den Eltern ab: Sie können Ängste auffangen oder verstärken. Deshalb erörtert dieser Band auch,

- wie Eltern sich verhalten sollen, damit die Schulangst nicht massiv wird;
- welche Möglichkeiten der Therapie es gibt, wenn die Schulangst bereits übermächtig ist;
- wo Institutionen zu finden sind, die weiterhelfen.

Horst Speichert, geboren 1941, ist Journalist. Nach Studien der Publizistik, Geschichte und Germanistik wandte er sich 1964 der Erziehungswissenschaft zu. Er war in den Jahren 1966/67 Mitarbeiter am Pädagogischen Zentrum in Berlin und konzipierte dann die Zeitschrift «betrifft: erziehung», deren Chefredakteur er bis zum Jahre 1973 war. Seither lebt er als freier Journalist und Schriftsteller und ist ständiger Mitarbeiter der pädagogischen Fachzeitschrift «päd. extra».
Im Rowohlt Verlag erschien 1976 von ihm «Umgang mit der Schule. Ein Eltern-Handbuch zur praktischen Lösung von Problemen mit Schülern und Lehrern».

Horst Speichert

Schulangst

Das Eltern-Schüler-Trauma

Ursachen und Auswege

rororo
Rowohlt

Originalausgabe
Redaktion: Ludwig Moos
Umschlagentwurf: Werner Rebhuhn

Veröffentlicht im Rowohlt Taschenbuch Verlag GmbH,
Reinbek bei Hamburg, November 1977

Satz Garamond (Linotron 505 C)
Gesamtherstellung Clausen & Bosse, Leck/Schleswig
Printed in Germany
580-ISBN 3 499 17101 5

Für Ricarda
und Verena

Vorwort

Diese Schulangst, über die allerorten geredet und geschrieben wird, beschäftigt Eltern und Schüler – wie ich aus Gesprächen bei der Vorbereitung dieses Buches erfuhr – vor allem unter zwei Aspekten:

- Wer oder was ist «schuld» an der Schulangst – wo kommt sie her?
- Was ist dagegen zu tun?

Dieses Buch versucht auf beide Fragen Antworten zu geben.

Dabei muß zunächst einmal das verwirrende Bild der öffentlichen Diskussion über Schulangst, wie es sich in den Medien spiegelt, zurecht gerückt werden. Dem dienen die ersten drei Kapitel, in denen auch die Gefahren und Chancen der öffentlichen Auseinandersetzung über Schulangst eingeschätzt werden.

Um Alltagserfahrungen von Schülern und Eltern mit Schulangst geht es in den folgenden drei Kapiteln: konkrete Erfahrungen, die eigenes Nacherleben und Urteilen ermöglichen. In diesen Teil des Buches ist eine notwendige Erörterung der Frage eingebaut, ob Schulangst möglicherweise eine Folge von angeborenen Intelligenzmängeln sein kann.

Im dritten Teil (Kapitel 7 bis 9) werden Erkenntnisse der Wissenschaften über Ängste allgemein und Ängste von Schülern im besonderen, ihre Entstehung und Wechselwirkungen, zusammengetragen.

Welche Rolle die Schule bei der Entstehung der Schulangst spielt und die Frage, ob es zu der angsterzeugenden Realität von Schule, wie sie heute ist, konkrete und machbare Alternativen gibt, erörtern die Kapitel 10 und 11.

«Was tun gegen die Schulangst?» – diese immer wieder gestellte Frage ist Gegenstand der letzten drei Kapitel.

Betont sei schon hier, daß keine einfachen «Rezepte» angeboten werden können. Eine Lösung des Problems ist letztlich nur auf politischer Ebene möglich. Was den Betroffenen praktisch empfohlen werden kann, sind darum nur Annäherungen an Lösungen. Dabei geht es darum:

- den angstschaffenden Faktor «Vergleichendes Bewerten» in der Schule zu entschärfen und
- die Zerbrechlichkeit von Kindern, ihre «Anfälligkeit» für Schulangst herabmindern zu helfen sowie im Falle eingetretener Störungen konkrete Hilfen anzubieten.

Dies ist angesichts der Bedrohlichkeit des Problems wenig – mehr zu versprechen wäre unredlich.

Wiesbaden, Juli 1977 Horst Speichert

Inhalt

Kapitel 1
Ein altes Problem – wiederentdeckt
Oder: Anatomie einer zeitgemäßen Diskussion

«Auf der Schulbank hockt die Angst», überschrieb im Jahre 1976 die Münchener «Abendzeitung» ihren Bericht über ein Expertengespräch zum Thema «Unsere Kinder – überlastet und überfordert»: Das an der Schule leidende Kind hatte 1976 dramatischerweise den Weg in die Medien gefunden:

- Der «Stern» widmete dem Problem im selben Jahr eine sechsteilige Serie mit der Überschrift «Verdammte Schule».
- «Die Zeit» brachte eine ganze Reihe von Beiträgen. Einer von ihnen war mit einem Kinderzitat überschrieben: «Ich hab' Angst. Und Angst macht dumm.»
- Beim Nachrichtenmagazin «Der Spiegel» geriet die Angelegenheit zu einer Titel-Story «Schul-Angst» mit der Schlagzeile im Innern des Heftes: «Schule: ‹Es gibt keine fröhliche Jugend mehr›».

Die Regenbogenpresse («praline»: «Die Schule macht unsere Kinder krank») interessierte sich für die Problematik ebenso wie die Lokalpresse, deren Beiträge Legion sind (Beispiel: «Das Abitur von Zukunftsangst umgeben», «Schwäbische Zeitung» in Leutkirch).

Selbstverständlich, daß das Fernsehen nicht hintanstand. So gab es u. a. in der Sendereihe «Radikal» dem Tübinger Jugendpsychiater Professor Reinhart Lempp Gelegenheit, die These «Die Schule macht die Kinder krank» zu begründen.

Walter Jens schrieb über diese Sendung (in «Die Zeit» vom 30. 4. 77 als «Momos»):

«Ausgestattet mit reichem Belegmaterial aus aller Welt, dazu in einem Lande tätig, Baden-Württemberg, wo alljährlich Tausende von neunjährigen Kindern an einem und demselben Tag ihre Aufnahme-Klausuren für die Oberschule verfertigen müssen, in einem Landesexamen, wie es sich inhumaner nicht denken läßt . . . wohlgerüstet also trat Reinhart Lempp in die Arena. Und siehe da, die Betroffenen klatschten Beifall. Beifall von den Linken aus Bielefeld und Beifall von den Rechten aus Schwaben. Dazu die Bestätigung, höchst unfreiwillig freilich, von seiten der Schüler. Leistungsdruck? Den gäbe es nicht. Schüler-Neurosen? Papperlapapp! Konkurrenzdruck? Nicht in unseren Klassen!

Nein, da war nicht die Spur von sozialem Verständnis, von Sinn für die Schwächen des anderen, ja, da war einem Oberschüler offensichtlich noch nicht der Gedanke gekommen, daß so etwas überhaupt möglich sei: Scheitern und Angst. Auf diese Weise wurde die These ‹Die Schule macht die

Kinder krank› mit einer Plastizität veranschaulicht, die ebenso eindrucksvoll wie schauerlich war.»

Nicht nur fanden Jugendpsychiater wie Lempp Gehör, auch die Berichte der schulpsychologischen Beratungsstellen hinterließen ihre Spuren in der Tagespresse. So war etwa zu erfahren, daß der schulpsychologische Dienst an katholischen Schulen in Mainz (der neun Schulen in Mainz und Bingen mit insgesamt 5000 Schülern betreut) in den letzten drei Jahren 544 der infragekommenden Schüler, also etwa elf Prozent, registrierte.

Besonders rührig waren auch die Ärzte, die sich auf einer ganzen Anzahl von Kongressen mit dem Problem schulgeschädigter und schulkranker Kinder beschäftigten, die aus den Arbeitsgemeinschaften «Schule – Arzt» immer wieder neue Warnungen an die Öffentlichkeit richteten.

Bildungspolitiker aller Couleur waren dabei. Der damalige Kultusminister von Rheinland-Pfalz (seit 1977 dort Ministerpräsident), Vogel, forderte vor dem Mainzer Landtag «zu einer Rückkehr zur ‹kindergerechten› und damit humaneren Schule auf». Der Bundeskulturausschuß der CDU beschäftigte sich mit dem Leistungsstress in den Schulen und erklärte ihn zur «unmittelbaren Folge der Bildungspolitik von SPD und FDP».

Schon vorher hatte die FDP-Bildungspolitikerin Hildegard Hamm-Brücher eine Dokumentation vorgelegt: «Macht die Schule unsere Kinder krank und die freiheitliche Gesellschaft kaputt?» Inhalt: «. . . einige Tatbestände über die bedrohlich zunehmende Überforderung von Schülern und deren Folgen».

Der (SPD-)Kultusminister von Nordrhein-Westfalen, Girgensohn, steckte mit einer Grundsatzrede die argumentativen Leitlinien seiner Partei ab. Tenor: «Anspruchslosere Bildung ist keine Lösung». Und: «Daß dieses Schulsystem mit seiner vertikalen Struktur (Dreigliedrigkeit von Haupt-, Realschule und Gymnasium) Schulangst produziert, hat das baden-württembergische (CDU-)Kultusministerium durch eine großangelegte Vergleichsstudie selbst belegt.»

Sogar die meisten Landtage erwiesen dem schulgeschädigten Kind mit einer Debatte über das Thema Schulstress Reverenz.

Auch Elternverbände machten mobil. Der Deutsche Kinderschutzbund entfaltete eine Reihe neuer Aktivitäten – z. B. auf Grund des «Frei»todes eines Schülers. Der Bundeselternrat ermahnte die Eltern, nicht so großen Leistungsdruck auf die Kinder auszuüben, und die «Aktion Humane Schule» des Professors Leibrecht in Baden-Württemberg sammelte zahlreiche Mitglieder und Schlagzeilen.

Nicht zuletzt verfaßten die Schüler Resolutionen oder schalteten sich per Leserbrief in die allerorten geführte Debatte ein. Überschrift über eine Schülerdiskussion in «Die Zeit»: «Die lieben Eltern sind schuld».

Die Schule aber – unberührt von alledem – macht weiter wie eh und je. Schulleiter erklären, ohne Widerspruch zu finden, Eltern und Lehrer seien

Unterrichtsstreß nicht gewachsen

Aachener Bürger fordern Auskunft über Freitod eines Schülers

Von unserem Mitarbeiter Hans Wüllenweber

AACHEN, 2. November. Namens der Bürger und Eltern des Aachener Stadtbezirks Kornelimünster hat die gewählte Bezirksvertretung am Wochenende in einer einstimmig gefaßten Resolution Klarheit über Ursachen und Hintergründe eines tragischen Schülerselbstmordes gefordert. Obertertianer Armin K. hatte sich vor den großen Ferien mit der Sportpistole seines Vaters erschossen. Grund: die Note fünf in einer Mathematikarbeit

Der Aachener Kinderschutzbund hatte auf dem Grab von Armin K. einen Kranz mit der Inschrift niedergelegt: „Du sollst es nicht umsonst getan haben." Über 300 Besucher waren zu einer Veranstaltung des Kinderschutzbundes erschienen, in der wegen des Todes von Armin K. scharfe Kritik am Leistungsstreß in den Schulen geübt und als Schuldige für die Überforderung „die Gesellschaft, die Kultusministerien, Schulen und Eltern" apostrophiert wurden.

Der Aachener Kinderschutzbund-Vorsitzende Professor Zielinski: „Armin K. hatte mit einer vier gerechnet. Aber es war eine fünf. Er versuchte, die Lehrerin umzustimmen, ihm doch noch eine vier zu geben. Vergeblich. Im Stadium der Hochpubertät erlebte Armin mit schicksalhafter Wucht sein Versagen gegenüber den Forderungen der Umwelt."

Weinend und verstört sei der 15jährige nach Hause gegangen. In „einem Wirbelsturm innerer Erregung" habe er zur Pistole gegriffen. Zuvor ordnete Armin seine Schulutensilien, schrieb seine letzten Gedanken auf einen Zettel. Dann stellte er die Musik laut ein, damit der Schuß nicht gehört werden sollte. Zielinski: „Ein Kind mußte sterben, ehe wir wach wurden."

Wachrütteln wollen der Schutzbund und nun die Bürgervertretung insbesondere die oberen Schulbehörden, die den Selbstmord bislang nach außen hin mit Schweigen übergangen haben. Oberstudiendirektor Günther Haack, Leiter des Gymnasiums in Kornelimünster: „Ich habe dem Schulkollegium in Düsseldorf einen Bericht über den tragischen Fall zugeleitet."

Der Selbstmord sei nicht vorauszusehen gewesen, wenngleich Armin K. als sensibler Schüler bekannt war und — wie man nachträglich erfuhr — dem Religionslehrer eine Diskussion über „die Frage des Selbstmords" vorgeschlagen hatte. Konkrete Selbstmordabsichten habe Armin nie geäußert, so Haack. Vor der Tat habe er noch mit seiner Mutter und seiner Großmutter gesprochen, dabei aber auch nichts verlauten lassen, daß er zum Freitod entschlossen war.

Die Tragödie sei für die Schule und die Lehrpersonen Anlaß, auf ähnliche seelische Belastungen bei Schülern verstärkt zu achten. „Armins Tod hat uns tief erschüttert", erklärt der Direktor, „und selbstverständlich fragen wir uns, wie weit die Schule oder das Schulsystem eine Ursache dafür gewesen sein könnten."

Quelle: Frankfurter Rundschau vom 3. 11. 1976

sich darin einig, auf die Kinder müsse, um des Gelingens ihrer Zukunft willen, Druck ausgeübt werden, damit sie lernten, den späteren Anforderungen zu genügen.

Die Heftigkeit, mit der das Problem viele bewegt, scheint ebenso neu wie die Willigkeit, mit der die Presse es aufgreift, und der Eifer, mit dem die Politiker sich ihm zuwenden. Ebenso groß ist die Resonanz. So berichtete die FDP-Bildungsexpertin Hildegard Hamm-Brücher, daß das Interesse an der von ihr zusammengestellten Dokumentation «Macht die Schule unsere Kinder krank und die freiheitliche Gesellschaft kaputt?» größer gewesen sei als an irgendeiner ihrer früheren politischen Initiativen. Um so erstaunlicher ist es, wenn man sich ein bißchen in der Vergangenheit umtut und ähnliche öffentliche Aufwallungen gegen die krankmachende Schule findet, die den gegenwärtigen gleichen, als wären es Zwillingsbrüder.

1. «Es ist alles schon mal dagewesen»

Im Jahre 1888 klagte ein Arzt über die Überforderung der Schüler in den Schulen:

«Seitdem aus den preußischen Direktorialkonferenzen bekanntgeworden ist, daß man dort 10 bis 24 Stunden wöchentlicher Hausarbeit neben 28 bis 32 Schulstunden, also 6½ bis 9¼ Stunden tägliche Schularbeit für 10- bis 18- oder 20jährige Knaben, nicht für Überbürdung hält, ist wohl jeder, der nicht als Direktor oder Lehrer in vorgefaßter Meinung befangen ist, der Überzeugung geworden, daß hierin eine thatsächliche Anerkennung der Überbürdung der Gymnasiasten liegt. Denn selbst ein Mann in der Vollkraft seiner Arbeitsfähigkeit dürfte nur ganz ausnahmsweise imstande sein, bei 9 bis 10 Stunden täglicher Kopfarbeit seine Empfänglichkeit und Geistesfrische zu bewahren ... Und wie oft werden noch jene Durchschnittsforderungen durch stärkere Ansprüche einzelner Lehrer überschritten, gegen die auch einsichtige und aufmerksame Eltern nichts zu unternehmen wagen oder vermögen, weil nur zu allgemein die Furcht verbreitet ist, jede Vorstellung werde die Empfindlichkeit der auf unfehlbare Autorität haltenden Schulmänner kränken und an den Schülern, um derentwillen sie gemacht war, sich rächen!

Seit fünfzig Jahren haben viele hervorragende Ärzte nachteilige Einflüsse der Schulen auf die Gesundheit öffentlich dargestellt und gezeigt, daß nicht nur die rein körperlichen Einflüsse, wie das anstrengende Nahesehen, das Krummsitzen, das Zusammensein Vieler in geschlossenen, oft zu engen und schlecht gelüfteten Räumen, mangelnde Körperübung und geringer Aufenthalt im Freien, sondern daneben auch die geistigen Anstrengungen als Ursachen häufiger Gesundheitsstörungen anzuschuldigen sind.» (Dornblüth 1888, S. 271 f)

Einer der fortschrittlichen Pädagogen Ende des letzten/Anfang dieses Jahrhunderts, Ludwig Gurlitt, schrieb: «Den deutlichsten Beweis dafür, daß die Eltern ihre schulpflichtigen Kinder für überanstrengt halten, finden wir in den immer mehr überhand nehmenden Gesuchen um Befreiung von einzelnen Lehrgegenständen. Da in den besseren Ständen unseres Volkes ein hoher Bildungstrieb liegt, da außerdem der Sinn für Sparsamkeit den Wunsch nahe legt, das auszunutzen, wofür man Geld zahlt, so sollte man meinen, die Eltern würden bestrebt sein, für ihr Schulgeld möglichst viel herauszuschlagen. Aber das Entgegengesetzte ist der Fall: der Hausarzt muß als Retter in der Not einspringen und durch seine Atteste allerlei Dispense, Verlängerungen der Ferien etc. erwirken. Die bloße Tatsache, daß die Literatur der Überbürdungsfrage trotz aller bisherigen Schulreform nicht zum Schweigen kommt, daß sich an ihr besonders Ärzte beteiligen; die Tatsache ferner, daß in der Tagespresse und in periodischen Zeitschriften immer lauter eine Entlastung der Schülerköpfe zugunsten einer harmonischen Ausbildung und stärkeren Pflege des Körpers und Gemütes gefordert wird, sprechen gegen die Vertreter des alten Standpunktes ...» (Gurlitt 1902, S. 61 f)

Und die Frage, warum dennoch die Eltern den Schülern und diese sich selber solche Belastungen auferlegen, beantwortet Gurlitt in einer Weise, die sehr an die Diskussion der letzten Jahre bei uns gemahnt:

«Weil wir den Menschen nicht nach seinem inneren Werte, sondern nach seinen Legitimationspapieren schätzen, deshalb diese unsinnige Jagd nach Berechtigungen, Titeln, Orden und Ämtern, die uns alles Behagen, allen bürgerlichen Frieden, unseren Kindern ihre Jugend kostet. Denn an einen armen Jungen, der nun einmal nach der Eltern Willen die steilen Höhen der Juristenlaufbahn erklimmen soll, hetzt außer der Schule die ganze Familie, selbst Tanten und Onkels bis zum Dienstmädchen hinunter; seine Extemporalien wirken bestimmend auf das Wetter im Hause, die Versetzungstermine wie Krankheitskrisen, die nicht allein dem Kinde selbst die Phantasie erregen und den Schlaf rauben.» (Gurlitt 1902, S. 74)

Und schon damals auch ist – wie heute – der Leistungsdruck an den Schulen mit den Selbstmordzahlen von Schülern in Verbindung gebracht worden. Gurlitt weist darauf hin, daß das «Statistische Bureau» im Königreich Preußen in der Zeit von 1883 bis 1888 289 Schülerselbstmorde registriert hat, davon 110 an höheren Schulen.

Gurlitt kommentiert die Zahlen: «Als Ursache dafür nehmen die Examensfurcht, nicht bestandenes Examen und Nichtversetzungen die höchste Ziffer ein . . . Zieht man auch alle sonstigen auf das psychische Leben der Kinder krankhaft einwirkenden Umstände der modernen Kultur mit in Rechnung, so bleibt immer noch der Prozentsatz von Fällen erschrekkend hoch, in denen die zu strengen Anforderungen der Schule die Kinder zur Verzweiflung und zum Lebensüberdruß geführt haben. Wie groß mag daneben die Zahl derer sein, die sich mit Selbstmordgedanken tragen, ohne den Mut zur Tat zu finden!» (Gurlitt 1902, S. 98)

In dem Katalog zur Ausstellung «Puppe, Fibel, Schießgewehr» (Akademie der Künste, West-Berlin, 5. 12. 1976 bis 30. 1. 1977), dem auch die vorstehenden Zitate entnommen sind, heißt es: «Dramatischer im Hinblick auf eine überfällige Reform der Schule stellten sich die Fragen der Überbürdung der Jugend mit Wissensstoff, der Leistungsdruck und seine Folgen Schulangst und – in erschreckend ansteigender Zahl – Schülerselbstmord dar.» (Puppe, Fibel, Schießgewehr, S. 93)

Auffällig ist, daß diese Klage-Episteln nur Oberschüler betreffen. Dennoch: dieser Fund macht ratlos. Denn es gibt auf den ersten Blick nichts, was die Parallelität der damaligen Klagen mit der heutigen Diskussion über die Schulangst erklären könnte. Ende des 19. Jahrhunderts gab es weder einen Numerus clausus an den Universitäten, der die Schüler zum Kampf um Zehntelnoten zwang, noch gab es damals zahlreiche Schulreformen, wie in den letzten Jahren in der BRD, die heute vielfach für ein Anwachsen des Leistungsdrucks verantwortlich gemacht werden; weder wurden Schüler mit Bussen in die Schulen gekarrt, noch waren diese Schulen Mammutanstalten, in denen es keinen persönlichen Kontakt zwischen Lehrern und Schülern oder unter den Schülern geben konnte.

Sind auf den ersten Blick keine Ähnlichkeiten der Situation festzustellen, so zeigt sich doch bei näherem Hinsehen, daß es Parallelen gibt.

Besonders deutlich ist eine Parallele im sogenannten «Berechtigungswesen»: Berechtigte in der Bundesrepublik bis vor kurzem das Abitur – gleich mit welchem Notenschnitt es gemacht worden war – noch zu praktisch allen Studien an der Universität, so ist heute durch den Numerus clausus der Schein «Abiturzeugnis» ein ganzes Stück entwertet worden. Nicht mehr der Schein öffnet die Tür zu begehrten Studiengängen wie Medizin oder Architektur oder Psychologie, sondern es kommt darauf an, welcher Notenschnitt auf ihm enthalten ist. Damit hat – wie es schon tausendmal formuliert worden ist – der erbarmungslose Kampf um die Stelle hinter dem Komma bei der Durchschnittsnote eingesetzt. Die Folge: Schüler widmen sich noch weniger als bisher schon den Dingen, die ihnen in der Schule Spaß machen, sondern büffeln querbeet durch den Lehrplan, gleichgültig, was ihnen geboten wird (auch wenn dies durch die Wahlfreiheit an der reformierten Oberstufe theoretisch etwas gemildert ist).

Eine parallele Entwicklung gab es nach 1871 im Deutschen Reich. Hatte vordem der Schulbesuch nur geringe Auswirkungen auf den späteren Wohlstand (weil man keinen «Dr.» brauchte, um Fabrikdirektor zu werden), so änderte sich dies jetzt ziemlich schnell. Harry Pross schildert die damalige Situation in seinem Buch «Jugend, Eros, Politik» so: «Der Absolvent der höheren Schule erhielt mit dem Reifezeugnis ein Entreebillet zwar nicht zur europäischen Kultur, wohl aber zu den Rängen des nationalen Theaters. ‹Ohne Bildung›, spottete der Pädagoge Friedrich Paulsen 1906, ‹könnte man ja schließlich leben, aber nicht ohne Berechtigungen.› Der amtliche Stempel wurde zum wichtigsten Ziel des Bildungsweges, besonders auch deshalb, weil er, auf dem ‹Einjährigenschein› (= Zeugnis der Mittleren Reife, H. S.) angebracht, den Militärdienst auf ein Jahr verkürzte, dazu den, der ihn vorzeigen konnte, sofort aus der unglücklichen Menge der Rekruten hervorhob und in den Abglanz künftiger Leutnantspracht stellte.» (Pross, 1964, S. 45) Welche Bedeutung damals amtliche Stempel oder Insignien wie z. B. Uniformen hatten, das hat der Hauptmann von Köpenick der ganzen Welt vorgeführt und dem Gelächter preisgegeben, ohne daß sich allerdings etwas geändert hätte. Die Sturheit und Beharrlichkeit der Bürokraten hat sich erhalten.

Durch die Entwicklung dieses «Berechtigungswesens» (d. h. Schulzeugnisse *berechtigen* zu bestimmten Privilegien und Karrieren) war also offenbar damals eine ähnliche Veränderung der Schulsituation eingetreten, wie sie heute durch den Numerus clausus herbeigeführt wurde.

Aber mindestens noch ein zweites Motiv zeigte sich in der damaligen Diskussion. Es war nämlich zugleich die Zeit, in der die erste Frauenbewegung entstand und in der für die Mädchen der Zugang zum höheren Bildungswesen erkämpft wurde. Die ungeheure Überlastung der Schüler, wohlgemerkt der männlichen Schüler, an den höheren Schulen, auf die immer wieder hingewiesen wurde, wurde auch dazu benutzt, klarzustellen, daß die um so vieles «schwächere Konstitution» der Mädchen an einer solchen Belastung zerbrechen müsse. Dieses «humanitäre» Argument wurde auch immer und immer wieder gegen die Zulassung der Mädchen zur höheren Schulbildung vorgebracht, wie der Erziehungswissenschaftler Zinnecker in seiner Studie «Sozialgeschichte der Mädchenbildung» (Zinnecker 1973, S. 74–76) gezeigt hat. Das Gymnasium mit seinen hohen Anforderungen war nicht die richtige Schule für das «schwache» Geschlecht. Parallelen dazu finden sich auch in der heutigen Diskussion. Wir kommen darauf zurück.

Die damalige Diskussion ist mit der Zeit wieder aus den Gazetten und dem Tagesgespräch verschwunden. Die Mädchen waren eines Tages beinahe genau so selbstverständlich Oberschüler wie ihre männlichen Kollegen. Die bürgerliche Jugend, die betroffen war, suchte sich ihre eigenen Auswege, vor allen Dingen in einer aktiven Abwendung von der Schule hin zu Natur und Patriotismus – in der bekannten «Jugendbewegung». Die engagierten Pädagogen, die nicht müde wurden, die Buchschule zu kritisieren, wie Hermann Lietz, Geheeb und andere, gründeten Gegenschulen, z. B. die Landerziehungsheime, von denen viele noch heute existieren, wie etwa die Odenwaldschule oder die Schulfarm Insel Scharfenberg in West-Berlin (die die dortige Schulverwaltung im Jahre 1976 schließen wollte, weil sie ihr zu teuer ist).

Ansonsten wurde es, sicherlich auch mitbedingt durch die folgenden politischen Ereignisse, vom Ersten Weltkrieg über die Inflation und Wirtschaftskrise bis hin zu Faschismus und Zweitem Weltkrieg sowie dem Wiederaufbau, ruhig um die Probleme der Schüler, die in einer trotz vieler Reformen weitgehend unveränderten Schule kümmerten. Angesichts von Millionen Kriegstoten haben auch Schülerselbstmorde ein anderes Gewicht.

2. Schulangst-Debatte: Warum gerade jetzt?

Der kurze Rückblick auf den Ausgang des letzten Jahrhunderts zeigt:

- Die Klagen, daß Schule krank macht, sind so neu nicht, wie es die Zeitungen gern hätten.
- Es gibt einige Parallelitäten der Situation damals und heute.

Aber er zeigt auch: die Debatte um die krankmachende Schule ist in der Zwischenzeit verstummt gewesen, ohne daß es wirklich grundlegende Reformen der Schule gegeben hätte. Stoffhuberei, Zensuren, Lernen um der Noten willen hat es in der ganzen Zeit gegeben. Und erst in der Mitte der 70er Jahre wurden sie in einem beispiellosen Presseboom als Ursachen für steigende Zahlen schulkranker Kinder, sich ausbreitender Schulverdrossenheit und Schulangst genannt. Allerdings kommen zu diesen Argumenten noch andere; neben dem Leistungsdruck werden die Folgen der Schulreform als die Schuldigen hingestellt: Massenbetrieb an den Schulen, lange Fahrwege der Kinder, verwissenschaftlichte Lehrpläne usw.

Wieso gerade in der Mitte der 70er Jahre diese Ausbreitung einer in allen Zeitungen, Zeitschriften, in Rundfunk und Fernsehen und in den Wohnstuben stattfindenden Diskussion? Immerhin hat die öffentliche Auseinandersetzung über eine Reform des Bildungswesens bereits Mitte der 60er Jahre eingesetzt. Und schließlich ist auch damals schon bald viel über den Leistungsdruck an den Schulen geredet und geschrieben worden. So berichtete der Amtmann im Münchener Stadtjugendamt Hanns Gmeinwieser im Jahre 1968:

«Ich habe im Laufe der letzten Jahre ein Ansteigen der Selbstmordversuche bzw. des Ausreißens von zu Hause wegen schlechter Zeugnisse beobachtet. Ich glaube, daß in unserer Leistungsgesellschaft die schulische Leistung der Kinder ebenfalls besonders wichtig genommen wird und ein Versagen in der Schule oft eine dramatische Übersteigerung erfährt. Zum Schulschluß 1967 kam mir deshalb der Gedanke, dieser Entwicklung durch entsprechende Publikationen und durch die Einrichtung eines telefonischen Notdienstes, an den sich Schüler und Eltern wenden können, entgegenzuwirken.

Im Juli 1967, als wir diesen Notdienst zum erstenmal eingerichtet hatten, haben sich etwa 120 Eltern und Schüler telefonisch bzw. persönlich an uns gewandt . . .

In einem Fall mußten ein Jugendlicher, der das Abitur nicht bestanden hatte, und seine alleinstehende Mutter, bei der er wohnte, in psychotherapeutische Behandlung vermittelt werden, weil für beide akute Suicidgefahr bestand.

Häufiger war es möglich, besorgten Müttern dabei beizustehen, erzürnte Väter vor Kurzschlußhandlungen zu bewahren und Streit oder Prügelszenen zu vermeiden.» (Gmeinwieser 1968)

Und was taten die Schüler, die zusammen mit den Studenten Ende der 60er Jahre gegen das «autoritäre System» protestierten und demonstrierten, anderes, als gegen eine Schule vorzugehen, die ihnen Angst machte?

So schrieb etwa der Schüler Jürgen Allweiler: «Wer eigentlich sagt, daß die Angst vieler Schüler vor dem nächsten Tag in der Schule unabänderlich ist? Wer anders soll die Barbarei an der Schule abschaffen als diejenigen, die betroffen sind? Und wie anders können sie es tun, als durch organisierte Aktionen?» (Allweiler 1968)

In diesen Jahren erschien auch ein damals wenig beachtetes Buch mit dem Titel «Schulkrank» von dem englischen Arzt Clyne in deutscher Übersetzung. (Clyne 1969)

Aber obwohl von Leistungsdruck die Rede war, von der autoritären Schule, obwohl es eine breite bildungspolitische Diskussion in der Presse gab, fehlte doch das Pathos, mit dem heute ständig und immer wieder auf die schädlichen Auswirkungen von Schule hingewiesen wird:

- Es ist unbestreitbar, daß die Zahl der Schüler mit neurotischen Störungen in den 60er und Anfang der 70er Jahre zugenommen hat (und nicht nur deshalb, weil die Zahl der Schüler überhaupt enorm angestiegen ist).
- Es ist auch unbestreitbar, daß die Zahl der Kinder zugenommen hat, bei

denen eine Lese-Rechtschreibschwäche festgestellt wurde (aber wohl hauptsächlich deshalb, weil entsprechende Tests erst in den letzten Jahren in großer Zahl angewandt wurden).

- Es ist ebenso unbestreitbar, daß die Zahl der Selbstmorde von Kindern im schulpflichtigen Alter zugenommen hat – wie die Selbstmordrate in unserem Lande ohnehin von Jahr zu Jahr steigt.

Ist Anfang der 70er Jahre bei all diesen Zahlen so etwas wie eine Schallgrenze durchstoßen worden, was verständlich machte, daß das dahintersteckende Schüler- und Elternleid jetzt plötzlich Resonanz in der Öffentlichkeit findet?

Meine Behauptung ist, daß weder tatsächlich steigende Zahlen wie bei den Schülerselbstmorden noch vermeintlich steigende Zahlen wie bei den Legasthenikern für das Aufflammen der Schulangst-Diskussion verantwortlich sind.

Meine Behauptung ist: die Schulangst-Debatte ist die logische Fortsetzung der Bildungsreform-Diskussion der 60er Jahre.

Um diese Behauptung zu begründen, muß ich auf die Zeit zurückgreifen, in der die «Bildungskatastrophe» ausgerufen wurde.

Damals – im Jahre 1964 – war in der bundesdeutschen Industrie ein spürbarer Mangel an Fachkräften eingetreten. Denn einige Zeit vorher – am 13. August 1961 – war eine Quelle versiegt, die bis dahin ergiebig gesprudelt und hochqualifizierte Arbeitskräfte aus dem «anderen Teil» Deutschlands in die BRD geschwemmt hatte. Durch diesen Zufluß war lange verborgen geblieben, daß das streng hierarchisch gegliederte Schulwesen in der Bundesrepublik den Bedarf an mittleren und höheren Ausbildungsgraden nicht decken konnte, welchen Wirtschaft und bürokratische Verwaltung während des Wiederaufbaus nach dem Weltkrieg entwickelt hatten.

Die Schule war als rückständig entdeckt worden. Schulreform hieß von nun an die Losung der nächsten Jahre. Die offizielle Pädagogik der damaligen Zeit ging hierzulande von der Behauptung aus, es gäbe drei Hauptbegabungsrichtungen:

- eine handwerklich-praktische,
- eine technische und
- eine intellektuell-geistige.

Diesen Begabungen – so behaupteten die damals führenden Pädagogen – entsprächen die drei «Säulen» des Schulwesens: für die handwerklich-praktische Begabung war die Volksschule, für die technische die Realschule und für die intellektuell-geistige Begabung war das Gymnasium zuständig. So entsprachen die drei Schultypen einer natürlichen Ordnung. Das Problem war nun, daß diese «natürlich-ordentlichen» Schulen für die Bedürfnisse von Wirtschaft und Bürokratie nicht genügend qualifizierte Menschen hervorbrachten.

Konnte es daran liegen, daß es mehr Begabte (und das hieß intellektuellgeistig Begabte) gab, als auf den höheren Schulen landeten? Dies war die aus der Not der Zeit geborene nächstliegende Frage.

Die Suche nach den Begabten gestaltete sich problemlos: Als begabt wurde angesehen, wer in einem Intelligenztest einen Mindestwert erreichte. Etliche tausend Schüler an Volksschulen, Realschulen und Gymnasien wurden im Hinblick auf ihre «Begabung» mit Intelligenztests überprüft. Und schon war die «Begabungsreserve» entdeckt: massenhaft Schüler, die trotz eines hohen Intelligenzquotienten auf der Volksschule verblieben waren.

Um den Bedarf von Wirtschaft und Bürokratie an besser Ausgebildeten zu decken, war mit dem Wort Begabungsreserve auch ein Rezept gefunden worden, ja ein Programm: Es mußte dafür gesorgt werden, daß diese frisch entdeckten «Begabten» in die ihnen gemäßen höheren Bildungsgänge geschleust wurden. Dann wäre alles gut.

Wie konnte das gemacht werden? Warum gingen die Begabten nicht ohnehin schon auf die ihnen gemäßen Schulen? Der wissenschaftliche Apparat an Universitäten, pädagogischen Hochschulen und Forschungsinstituten in der BRD arbeitete – unterstützt von einer wachgerüttelten Öffentlichkeit und mit entsprechenden finanziellen Mitteln – auf Hochtouren, und er brachte vier Probleme ans Tageslicht:

- Begabte Landkinder besuchten seltener höhere Schulen als gleichbegabte Stadtkinder. Grund: auf dem Land war das Angebot an höheren Schulen geringer und der Besuch entsprechend mit höherem Aufwand verbunden. Hand in Hand damit ging, daß eine «Tradition» des Besuchs höherer Schulen nicht so verbreitet war wie in der Stadt.
- Katholische Kinder besuchten seltener höhere Schulen als evangelische. Vermutete Gründe: bei den evangelischen war seit Luthers und Calvins Zeiten das Leistungsmotiv stärker ausgeprägt als bei den Katholiken.
- Mädchen besuchten höhere Schulen seltener als Jungen. Grund: traditionelle Vorstellungen davon, daß Jungen als spätere Familienernährer eine bessere Ausbildung brauchen als Mädchen.
- Von den begabten Arbeiterkindern waren sehr viel weniger auf den Gymnasien zu finden als von den begabten Kindern der Mittelschicht. Ein erster Grund wurde damit formuliert, daß die Wissenschaftler von der «Bildungsferne der Unterschicht» sprachen. Bald aber stellte sich auch heraus, daß Arbeiterkinder (wegen mangelnder Unterstützung durch die Eltern) einen höheren Intelligenz-Quotienten brauchten, um auf der höheren Schule Erfolg zu haben, als etwa Beamtenkinder: der Unterschied machte tatsächlich 10 I.Q.-Punkte aus!

Angesichts dieser Benachteiligungen verschiedener Gruppen vereinigte sich ein großer Teil der Wissenschaftler in der Kritik an der «Ungleichheit der Chancen im Zugang zur höheren Schulbildung», wie es der Soziologe Heinrich Popitz 1965 formulierte. Der Begriff der Chancengleichheit war damit in die Debatte gekommen. Er bedeutete, daß alle entsprechend ihren

Fähigkeiten gleiche Chancen beim Zugang zur höheren Bildung haben sollten.

Diese gleichen Chancen mußten eingeräumt werden, wenn die Bildungsplaner die eben entdeckte Begabungsreserve ausschöpfen wollten; dies erschien angesichts des Fachkräftemangels unumgänglich. In den Händen der Politiker wurde aus der entdeckten Ungleichheit Ungerechtigkeit. Besonders die Liberalen nahmen sich des Problems an. Die FDP-Bildungspolitikerin Hildegard Hamm-Brücher formulierte ebenfalls 1965: «Ein demokratisches Bildungswesen ... muß Chancen eröffnen und reibungslose Aufstiegsmöglichkeiten für alle Begabungen schaffen.» Und sie forderte die «Verwirklichung des Rechtes auf gleiche Bildungschancen». Seit jener Zeit bestimmte in zunehmendem Maße der Begriff der Chancengleichheit die öffentliche Bildungsdiskussion.

Es war ein nationales Problem. Berufene und Unberufene fanden sich zusammen, um ihm abzuhelfen. Angesichts der Analysen der Wissenschaftler waren bald zwei Hauptprobleme ausgemacht. Zum einen mußten die Prüfungen beim Übergang aus der vierten Klasse der Grundschule «gerechter» gestaltet werden. Diese Aufgaben übernahmen die Kultusministerien, die in den meisten Bundesländern die Prüfungen praktisch abschafften: statt ihrer galt und gilt die Empfehlung der Grundschule. Geprüft wird meist nur noch, wenn die Grundschule Bedenken hat, die Eltern aber an ihrem Wunsch nach Aufnahme des Kindes ins Gymnasium bzw. auf die Realschule festhalten. Mitte der 60er Jahre aber schien das Hauptproblem die schon erwähnte «Bildungsferne» der Unterschicht zu sein: viel zu wenig Eltern «begabter» Kinder muteten diesen eine weiterführende Bildung zu. Und hier hakten zahllose Initiativen ein.

So erblickte z. B. der Verband deutscher Studentenschaften damals eine wichtige Aufgabe darin, die Landbevölkerung und die Arbeiter davon zu überzeugen, daß es wichtig und sinnvoll ist, die Kinder auf die Wege zur höheren Bildung zu bringen.

Besonders berühmt wurde seinerzeit die Freiburger Kampagne «Student aufs Land». Die Tageszeitung «Die Welt» berichtete im März 1966 über diesen «Feldzug für die Bildung»: «Der Sinn dieser beispielhaften Initiative ist, die Landbevölkerung und die Arbeiterschaft über die Notwendigkeit und die Chancen der Bildung zu informieren. Im Umkreis von 100 km um Freiburg haben die Studenten alle 350 Dörfer abgeklappert ...

Und der Erfolg war bezeichnend ... Die Zahl der Anmeldungen von Kindern bei weiterbildenden Schulen hat in Südbaden rapide zugenommen; in einigen Orten um 100 % ...

‹Und nun planen wir die Bildungswerbung unter den Arbeitern›, berichtet Peter Schönfuß (damaliger Vorsitzender des Allgemeinen Studenten-Ausschusses der Universität Freiburg, H. S.). Im Sommer soll es losgehen. Mit den Gewerkschaften und den Arbeitgeberverbänden haben wir schon Fühlung aufgenommen. Manche Betriebsinhaber sind so interessiert, daß sie die Betriebsversammlung im Werk für diesen Zweck nutzen wollen.»

Die «Aktion Gemeinsinn»* startete schon im März 1965 eine riesige Werbekampagne unter dem Motto «Schick Dein Kind länger auf bessere Schulen». Die Hamburger Werbeagentur Lintas konzipierte den Feldzug. Sie legte ihm die Ergebnisse einer Untersuchung zugrunde, derzufolge «viele Befragte der Zielgruppe (Eltern der mittleren sozialen Schicht mit Kindern zwischen 9 und 18 Jahren) mit dem Begriff Bildung überhaupt nichts anzufangen wußten oder aber nur sehr ungenaue Vorstellungen mit ihm verbanden – er war ihnen zu abstrakt.»

Weiter heißt es in dem Rechenschaftsbericht der «Aktion Gemeinsinn» über die Kampagne: «Erst wenn die Themen auf den eigenen Lebensbereich und die eigenen beruflichen Erfahrungen zu übertragen waren, wurden sie für die Befragten interessant. Schule, Beruf, Arbeit, Gelderwerb und Geldausgeben werden von diesen Bevölkerungsgruppen als Folge verstanden, die stets im Zusammenhang betrachtet wird. Die «Aktion Gemeinsinn» konnte also, wollte sie erfolgreich werden, nicht Bildung als Selbstzweck anbieten, sondern mußte zunächst an das wohlverstandene Eigeninteresse des einzelnen appellieren.»

Das geschah dann z. B. mit Anzeigen (Schlagzeile: «Ihre Rechnung ging auf»), in denen für eine längere Ausbildung verheißen wurde: «Sie hat das erreicht, worum sie viele ihrer früheren Klassenkameradinnen heute beneiden: einen verantwortungsvollen, sehr gut bezahlten Beruf!»

Die Folgen waren praktisch sofort zu sehen. Die «Frankfurter Rundschau» berichtete z. B. am 15. November 1966: «In Schleswig-Holstein zeichnet sich eine immer größere Bereitschaft ab, die Kinder auf ein Gymnasium zu schicken. Diese Feststellung hat das Statistische Landesamt in Kiel getroffen. Danach betrug die Schülerzahl an den öffentlichen Gymnasien im Mai 1964 noch 32617. Im Mai diesen Jahres (1966, H. S.) waren es aber schon 36727. Der Appell des Kieler Kultusministers Claus-Joachim von Heydebreck (CDU) an die Arbeiter, ihre Kinder auf das Gymnasium zu schicken, hatte Erfolg. 1962 wagten nur knapp 14% der Schüler der vierten Volksschulklasse nach erfolgreicher Übergangsprüfung den Sprung auf das Gymnasium. In diesem Jahr waren es aber bereits 19%.»

Die Christdemokraten, die Liberalen, die Sozialdemokraten, die Studenten und die Wissenschaftler: alle halfen sie eifrig mit, das Loch an qualifizierten Kräften in der Wirtschaft zu stopfen. Freilich mit ganz

* Eine aus privater Initiative entstandene Arbeitsgemeinschaft, die «dem einzelnen wie der Öffentlichkeit die Aufgaben zeigen will, die der Staat allein nicht lösen kann.» Sie finanziert sich aus Mitteln der Mitglieder und Unternehmerspenden. Werbeagenturen arbeiten für sie kostenlos, Zeitungen brachten die Anzeigen ohne Entgelt.

AG 80/8

Ihre Rechnung ging auf

Ursula kann stolz auf sich sein! Sie hat das erreicht, worum sie viele ihrer früheren Klassenkameradinnen heute beneiden: Einen verantwortungsvollen, sehr gut bezahlten Beruf! Und – durch ihre umfassende Ausbildung ist sie gut vorbereitet auf alles, was die Zukunft noch von ihr verlangen wird.
Denn Ursula hat die Chance genutzt, Versäumtes nachzuholen: Sie ging den zweiten Bildungsweg, der jedem Berufstätigen offensteht. Nach der Volksschule hatte sie ein Jahr als Lehrling hinter dem Ladentisch gestanden – aber dann war ihr klar: Sie wollte weiter! Darum besuchte Ursula neben der Lehre abends die Berufsaufbauschule. Bis sie hatte, was sie brauchte: Die Fachschulreife für die höhere Wirtschaftsfachschule. Das Lernen machte ihr so viel Freude – und es hat sich gelohnt. Heute ist sie praktische Betriebswirtin. Ihre Eltern können mit ihrer Tochter zufrieden sein – ein vernünftiges Mädchen! Auch Sie sollten Ihrem im Beruf stehenden Kind raten, alle Möglichkeiten der Ausbildung zu nutzen. Denn die Zukunft verlangt mehr Wissen von allen!

Bevor es zu spät ist!
Erkennen Sie: Auch Ihr Kind muß auf die Welt von morgen gut vorbereitet sein. Die richtige Wahl des Schul- und Ausbildungsweges ist dafür entscheidend. Informieren Sie sich deshalb. Eine ausführliche Broschüre mit genauen Angaben über vielfältige Ausbildungsmöglichkeiten sendet Ihnen gegen 40 Pf Porto in Briefmarken
AKTION GEMEINSINN
5320 Bad Godesberg, Postfach 112

Schick Dein Kind länger auf bessere Schulen

verschiedenen Motiven. Die einen wollten das Bürgerrecht auf Bildung durchsetzen, die anderen einer nationalen Katastrophe der deutschen Volkswirtschaft vorbeugen. Wieder andere engagierten sich mit sozialem Pathos für die Unterprivilegierten. Und viele erhofften sich von mehr besser ausgebildeten Menschen mehr politisches Engagement, ein besseres Funktionieren der Demokratie. Aber alle diese Motive verhielten sich unproblematisch zueinander, solange die steigenden Schüler-, Abiturienten- und Studentenzahlen keinen größeren Ärger anrichteten, sondern im Gegenteil dazu angetan waren, eine Angst von den Herzen der Politiker zu nehmen; die Angst nämlich, im internationalen Wirtschafts-Wettbewerb schlecht abzuschneiden.

Es war die Zeit, in der für die benachteiligten Landkinder Mittelpunktschulen gebaut wurden, in der die Gesamtschule ins Gespräch kam und in heftige Auseinandersetzungen geriet. Es war die Zeit, in der die Kultusminister beschlossen, die Mengenlehre in den Unterricht einzuführen, es war die Zeit, in der über Lehrplanreformen diskutiert wurde. Kurz, es war eine Zeit, die durch zwei Hauptmerkmale gekennzeichnet war:

1. durch unendliche Debatten über Reformen des Schulwesens, von denen nur ganz winzige Teile verwirklicht wurden (so gibt es 1977 erst ca. 120 integrierte Gesamtschulen in der ganzen Bundesrepublik);
2. durch ein rapides Anwachsen der Schülerzahlen in den weiterführenden Bildungsgängen und dem Schulwesen überhaupt (denn zu den schon gemeldeten Erfolgen der Bildungswerbung kam hinzu, daß von Jahr zu Jahr stärker werdende Jahrgänge eingeschult wurden).

Die «Aktion Gemeinsinn» hatte (weil sie herausgefunden hatte, daß Schule, Beruf, Arbeit, Gelderwerb und Geldausgeben in den Köpfen der Menschen zusammengehörten) mit dem Versprechen besserer Berufe und von mehr Geld zum Ausgeben Eltern dazu verlockt, ihre Kinder länger auf bessere Schulen zu schicken. Die besseren Schulen: das waren für die meisten Menschen die Gymnasien. Und die besseren Berufe: das waren für die meisten Menschen die akademischen Berufe. Und so war es kein Wunder, daß die Zahl der Studenten rapide zunahm.

Im Jahre 1965 hatte der deutsche Wissenschaftsrat prognostiziert, daß 1970 etwa 250000 Studenten die bundesdeutschen Hochschulen bevölkern würden. Der dadurch notwendige Mehrbedarf an Studienplätzen sollte durch den Neubau von fünf Universitäten gedeckt werden. Aber die Bildungswerbung und die steigenden Abiturientenzahlen machten, daß schon 1967 die Viertelmillion an Studierenden erreicht war. Die Hochschulen begannen, sichtbar aus den Nähten zu platzen. Zu platzen begannen damit auch die von den Bildungswerbern geweckten Illusionen. Es hatte gegolten, einen *relativen* Mehrbedarf an qualifizierten Fachkräften zu decken. Die Politiker und die Wissenschaftler hatten daraus die Forderung nach der Chancengleichheit gemacht, die seither nicht mehr aus der Debatte verschwand und sicher auch nicht wieder verschwinden wird. Immer wieder hieß es; wir wollen mehr Chancengleichheit. Wer auch immer sich für Reformen einsetzte – realisierte Reformen, wie Mittelpunktschulen, oder im Versuch steckengebliebene, wie die Gesamtschulen –, der versprach, daß durch sie mehr Chancengleichheit erreicht würde.

Chancengleichheit, das hieß – nach all der Mühe, die sich nicht nur die Werbeagentur Lintas im Auftrag der «Aktion Gemeinsinn» gegeben hatte – für die meisten Menschen: der Lohn für den längeren Schulweg meines Kindes wird dereinst die besser bezahlte Stellung sein. Diese Vorstellung hatte kaum ihre Früchte in Form von mehr Oberschülern und Studierenden getragen, da mehrten sich die Anzeichen, daß das Versprechen nicht gehalten werden konnte: Schon 1967 war zu erfahren, daß 6000 Studenten, darunter 3000, die gern Medizin studiert hätten, sich nicht mehr ohne weiteres für das Fach ihrer Wahl einschreiben konnten. Die Entwicklung nahm trotz aller Bemühungen der Bildungspolitiker sehr schnell ihren Lauf, und im Jahre 1973 wurde der Zulassungsstopp über die Universitäten verhängt.

Es erscheint sehr nützlich, sich die Situation vor und nach Einführung des Numerus clausus z. B. in einer Arzt-Familie vorzustellen. Der älteste Sohn, der ganz fraglos einmal die elterliche Praxis übernehmen sollte, konnte vor Einführung des Numerus clausus in Medizin noch ohne große Probleme dem Familienplan folgen. Es mußte lediglich dafür gesorgt werden, daß er das Abitur bestand. Das war zwar nicht ganz einfach, aber mit hinreichender Unterstützung durch Nachhilfeunterricht und dergleichen im allgemeinen kein unlösbares Problem. Und plötzlich, so ganz ohne Vorwarnung, steht dieselbe Familie beim jüngsten Kind vor einer schier unlösbaren Aufgabe. Reichte vor einigen Jahren beim Abitur noch ein Vierer-Zeugnis, damit das älteste Kind den Familienerwartungen gemäß das Medizinstudium absolvieren konnte, so ist das Selbstverständliche nun in Frage gestellt, abhängig von einer Traumnote im Abitur, wobei das Ganze sehr den Charakter einer Lotterie angenommen hat: Welche Stelle hinter dem Komma zum Schluß ausschlaggebend ist, das wird erst nach dem Abitur bekanntwerden, wenn die Dortmunder Zentralstelle für die Vergabe von Studienplätzen ihren Computer befragt hat.

Es ist also kein Wunder, daß die Schule ab 1973 gerade in den Familien problematisch wurde, für die bis dahin die höhere Schule und die akademische Laufbahn der Kinder eine Selbstverständlichkeit waren.

Aber auch jene Familien, die in den 60er Jahren den Ruf gehört hatten «Schick Dein Kind länger auf bessere Schulen», sahen sich angesichts von Aufnahmebeschränkungen an der Universität, angesichts plötzlich einsetzender Lehrerarbeitslosigkeit (viele dieser Kinder strebten den Lehrerberuf an), angesichts eines plötzlich einsetzenden Geredes von akademischem Proletariat, um ihre Hoffnungen betrogen. Die gleichzeitig einsetzende Wirtschaftskrise und die damit verbundene Arbeitslosigkeit unterstrichen die Ernsthaftigkeit der dunklen Zukunftsaussichten. Darüber hinaus machte die Krise für viele der Eltern die Unterstützung ihrer Kinder zu einer schwierigen Angelegenheit, zu einem wirklichen Opfer.

Nicht zuletzt wurden durch diese Ereignisse auch jene Familien wachgerüttelt, deren Kinder «nur» auf der Hauptschule unterrichtet wurden.

Ihre Hoffnung, daß die Kinder einen soliden Beruf erlernen könnten, wurde durch die drückende Lehrstellenknappheit zerstört und machte der Angst vor einer ungewissen Zukunft Platz.

Neben dieser allgemeinen Verunsicherung, die alle betraf und betrifft, sind mindestens zwei weitere Auswirkungen festzuhalten:

1. Alle die, die den Versprechungen der Bildungswerbung geglaubt und ihre Kinder zum erstenmal in der Familientradition länger auf bessere Schulen geschickt hatten, sahen sich jetzt betrogen. Die Folge davon: eine allgemeine Skepsis gegenüber der Politik, das, was der frühere Bundeskanzler Willy Brandt Ende 1976 mit «Staatsverdrossenheit» bezeichnete.
2. Alle jene, in deren Familien es zur Tradition gehörte, höhere Schulen zu besuchen, sahen und sehen nun eine Selbstverständlichkeit in Frage gestellt. Die Selbstverständlichkeit nämlich, daß mit dem Durchlaufen der höheren Schule die ganze Palette der akademischen Berufe für die Kinder offensteht. Ein Privileg ist dahin. Ein selbstverständliches Privileg. Zugleich beobachten die Eltern an ihren Kindern einen erhöhten Einsatz, ja, sie fordern von ihnen mehr Engagement in der Schule. Sie sehen aber auch, daß Überforderung zu Angst und Stress, daß der Kampf um die Zehntelnote zu psychischen Schwierigkeiten führt. Die, wie mir scheint, selbstverständliche Folge: das Interesse dieser Eltern konzentriert sich auf das vergleichsweise größere Leid der Kinder und die krankmachende Funktion der Schule.

Beides ist Folge der Bildungsreform-Diskussion der 60er Jahre. Denn diese Diskussion im Zeichen der Chancengleichheit hatte verschwiegen, daß es nur um Chancengleichheit im Bildungssystem und nicht um Chancengleichheit im Leben geht. Sie hatte verschwiegen, daß es nur um die Deckung eines relativen Bedarfs an qualifizierten Fachkräften ging und nicht darum, allen Menschen die gleiche Bildung zu vermitteln.

Um es in einem Bild auszudrücken: Anfang der 60er Jahre liefen zu wenige auf den Aschenbahnen der Gymnasien, um den Lorbeer des Abiturs zu erringen. Also erging die Einladung an alle, sich an diesem Wettlauf zu beteiligen. Plötzlich fanden sich viele, für manche zu viele, auf der Rennstrecke. Das Ergebnis: einerseits entpuppte sich das Versprechen, daß alle einen Preis bekämen, als Lüge, andererseits sahen sich die bedroht, die seit eh und je auf diesem Parcours zu laufen gewohnt waren und nun plötzlich mit hängender Zunge kämpfen mußten. Noch Mitte der 60er Jahre hatte sich die CDU an der Verbreitung der Einladungen beteiligt. Aber als die ersten Zeichen der Überfüllung deutlich wurden, als gerade die von ihr repräsentierten Gruppen ihre Chancen im Bildungswettlauf gefährdet sahen, da zog sie sich zurück. Statt von Chancengleichheit sprach sie nun lieber von Chancengerechtigkeit. Und der baden-württembergische Kultusminister Hahn erfand das Wort: «Nicht jedem das Gleiche, sondern jedem das Seine.»

Einige fortschrittliche Bildungspolitiker jedoch halten den Anspruch der Bildung für alle aufrecht. Sie sehen das Problem darin, daß die Bildung in unserer Gesellschaft mit Berechtigungen verknüpft ist, die ein angenehmes Leben sichern. Diese Bildungspolitiker möchten die Koppelung zwischen Bildung und Lebenschancen aufheben. Das würde, so meinen sie, eine Förderung aller Kinder ermöglichen. Denn Bildung ist nicht nur für den Beruf da, sondern auch dazu notwendig, die Menschen zu befähigen, als kritische Staatsbürger am politischen Leben teilzunehmen und ihr eigenes Dasein sinnvoll und menschenwürdig zu gestalten.

Eine solche Entkoppelung von Bildungswesen und Arbeitswelt aber fürchten die Konservativen. So birgt nach Meinung des bildungspolitischen Sprechers der CDU/CSU-Bundestagsfraktion, Anton Pfeiffer, eine akademische Ausbildung «deutliche gesellschaftspolitische Gefahren», wenn ihre Absolventen in nicht-akademischen Berufen arbeiten müssen. Diese Leute würden sich «überqualifiziert» vorkommen und wären am Arbeitsplatz unzufrieden.

Noch deutlicher hat es bereits 1974 ein Mann aus der Industrie gesagt, Joachim von Oertzen, Vorstandsmitglied des größten deutschen Elektro-Konzerns, der Siemens AG, der dort für Personalfragen verantwortlich ist. Er meinte, es werde häufig übersehen, daß die Aufgabenverteilung innerhalb der Unternehmen eine entsprechende Struktur der Beschäftigten nach ihrer Vorbildung erfordere. Und weiter sagte er, es sei eine ständige Aufgabe der Betriebe, eine «optimale Beschäftigungsstruktur» herzustellen. Das bedeute: Aufgaben und Vorbildung der Mitarbeiter müssen aufeinander abgestimmt werden. Ein Zuviel an Ausbildung sei ebenso nachteilig wie ein Zuwenig. Wenn mehr Akademiker ausgebildet würden, als entsprechende Arbeitsplätze zur Verfügung stehen, dann würde sich die Auswahl derjenigen, die niedere und schlechter bezahlte Arbeiten machen müßten, nur auf einen späteren Zeitpunkt verschieben. Dies aber «wird in Zukunft vermehrt dazu führen, daß bis in mittlere Lebensjahre hinein Rivalitäten, Friktionen und im Gefolge vermehrte Frustrationen im Berufsleben entstehen». Um es deutlich zu machen. Die Wirtschaft möchte gerade so viel Hochqualifizierte angeliefert bekommen, wie sie braucht. Sie möchte sich nicht mit den negativen Folgen des Konkurrenzkampfes in den Betrieben auseinandersetzen, das Bildungssystem weiterhin als staatliche Sortiermaschine behalten.

Wir können also gemeinsame Interessen feststellen:

- Die Wirtschaft will nicht, daß mehr Leute höher qualifiziert sind, als sie benötigt.
- Jene, die bisher umstandslos die höhere Schule und die damit verbundenen Lebenswege als ihr Terrain angesehen haben, möchten die eigenen Kinder von dem plötzlich aufgetretenen Konkurrenten befreien, möchten also das Terrain wieder als ihr eigenes zurückgewinnen.

Die konservative Bildungspolitik macht sich zum Sprachrohr dieser

Interessen. Dabei wird die wieder in den Blick gekommene (und zudem vermehrte) Schulangst zum vielbeschworenen Argument gegen die Reformen der letzten Jahre. Zugleich aber hat die Verbreitung der Botschaft von der Schulangst über die Stereo-Anlagen der öffentlichen Medien die Wirkung, daß der Effekt der Bildungswerbung wenigstens zum Teil wieder aufgehoben wird. Während noch Anfang der 70er Jahre weit über 90 % der Abiturienten ein Hochschulstudium aufnahmen, so waren es 1976 nur noch 73 %. Wie sich das Ganze politisch darstellt, das zeigte der bayerische Kultusminister Professor Hans Maier (CSU) bei einer Expertenanhörung «Unsere Kinder – überlastet und überfordert?» in München. Er charakterisierte das Problem so:

1. «70 % der erwachsenen Bevölkerung der Bundesrepublik haben Volksschulbildung.»
2. «Von diesen sind aber nur 25–30 % bereit, auch für ihre Kinder Volksschulbildung zu akzeptieren, die Mehrheit wünscht eine bessere Ausbildung.»
3. «Diesen Wunsch der Gesellschaft an die Schule aber kann die Schule von der Kapazität her nicht erfüllen.»
4. «Die Folge ist die verschärfte Konkurrenz, die Auslese in der Schule.»

Die Bildungs-Journalistin Luc-Jochimsen kommentiert dies so: «Jetzt wissen wir genau, woher all dies (Schulangst und, und, und, und) kommt: von den vielen Eltern mit Volksschulbildung, die sich für ihre Kinder mehr Bildung wünschen – heute. Die selbst nicht viel gelernt haben – und nun auf einmal für ihre Kinder Ansprüche stellen – heute, maßlos überzogene, die Schule kaputt machende Ansprüche.

Da haben wir es also. Früher war das einfach. Da sind Akademikerkinder aufs Gymnasium gegangen, die Kinder der ehemaligen Realschüler auf die Mittelschule und die Kinder von Volksschülern eben auf die Volksschule. Heute aber wollen die Volksschüler nicht für alle Ewigkeit Volksschüler bleiben, von einer Generation in die andere in ununterbrochener Erbfolge sozusagen. Zwei Drittel der ehemaligen Volksschüler wollen mehr Schulbildung für ihre Kinder, stellen Bildungsansprüche, und nun platzt die Schule der Nation aus den Nähten, die bisher nur eine Schule der Wenigen war. Der Kultusminister hat die Schuldigen an der Misere gefunden und genannt. Er sagt ganz einfach:

‹Die Schule kann diesen Wunsch der Gesellschaft von der Kapazität her nicht erfüllen.›

Wieso *kann* sie eigentlich nicht?

Weil wir keine Lehrer hätten? Wir haben genug und bekommen noch mehr in jedem kommenden Jahr – das wissen wir doch. Weil wir keine Schulen hätten – fahren Sie mal durchs Land, und zählen Sie die vielen leerstehenden, 1950–1960 gebauten Schulen, Klassenzimmer an Klassenzimmer, Physikraum noch eingerichtet, aber verstaubt – die es gibt.

Wieso *kann* die Schule den Wunsch der Gesellschaft an sie nicht erfüllen?» (Jochimsen 1976)

Halten wir also fest:

Das heftige Aufflammen der Schulangst-Debatte in den letzten Jahren hat seine Gründe darin,

- daß die Versprechungen von Chancengleichheit mit der Gleichung «Bildungschancen = Lebenschancen» nicht aufgingen, weil sie in der Wirtschaft zu Schwierigkeiten zu führen drohten,
- daß die bis dahin selbstverständlichen Rechte der Privilegierten auf einen relativ ungefährdeten Aufstieg über das Gymnasium in Frage gestellt wurden.

Dieser Zusammenhang kann nun keineswegs davon ablenken, daß Schule tatsächlich krank macht, daß Schulangst ein Phänomen ist, welches untersucht werden muß. Die aufgekommene Debatte über Schulangst und Schulstress bietet die Möglichkeit, die krankmachenden Elemente von Schule in das Bewußtsein der Öffentlichkeit zu rücken und auf diese Weise dazu beizutragen, daß Schule ein Stück verändert wird. Zwar wollen die Konservativen mit der Diskussion um die Humanisierung der Schule Privilegien erhalten oder zurückgewinnen und ihre Interessen durchsetzen. Dennoch kann nicht gesagt werden, daß alle Argumente in der Debatte falsch sind. Vielmehr gilt es, jedes einzelne auf seine Brauchbarkeit abzuklopfen.

Demnach scheinen mir zunächst einmal zwei Dinge von besonderer Bedeutung zu sein:

1. Es muß genau untersucht werden, welche Wirkungen die Schulangst-Diskussion hat und welche Gefahren und Chancen sie birgt.
2. Die Argumente sind daraufhin zu überprüfen, ob und inwieweit sie das Leiden von Eltern und Schülern an der Schule aufklären und inwieweit sie Perspektiven zur Veränderung der Schule zeigen.

Kapitel 2
Eine Sache mit zwei Gesichtern
Oder: Wie wirkt die Schulangst-Diskussion?

1. Die große Verwirrung

«Unverständliche Lehrbücher machen neurotisch», schrieb die «Süddeutsche Zeitung» in einer Schlagzeile am 20. April 1976. «Die Welt» fragte am 8. September 1976 ebenfalls in einer unübersehbaren Überschrift: «Schlechte Noten durch schlechtes Essen?» Der Westberliner «Abend» am 13. Oktober 1976: «Kinderärzte fordern übereinstimmend: Schluß mit der Superschule!»

Wer die Schulstress-Debatte in der Presse und im Fernsehen verfolgt, findet kaum etwas, was nicht als Grund für die Schäden von Kindern, für Lernunlust und dergleichen angeführt wird. In einem Artikel der Millionen-Illustrierten «Wochenend» führte der «Chefreporter Peter Pflug» unter der Überschrift «Die Schule macht unsere Kinder krank» am 12. Juni 1976 an: «Rücksichtslos wird mit unseren Kindern immer wieder herumexperimentiert. So, als wären sie nichts weiter als Versuchskaninchen. Die Kinder und ihre Eltern fürchten sich vor Mengenlehre, vor der Ganzheitsmethode und anderen Lehrversuchen.»

In der Berliner «Morgenpost» wurde am 8. September 1976 über den Kongreß der Deutschen Gesellschaft für Kinderheilkunde berichtet: «Zu hohe Leistungsanforderungen in der Schule machen die Kinder krank.» Da heißt es unter anderem:

- «Überforderung setzt auch dann ein, wenn nur theoretisch-intellektuelle Leistungen erwartet, musisch-kreative und praktisch-technische Fähigkeiten aber vernachlässigt werden.»
- «Verantwortlich ist die Überbewertung von Zeugnissen und Noten.»
- «Je jünger das Kind, um so kleiner muß die Klasse sein. Anfängerklassen sollten nicht mehr als 18–22 Schüler haben.»
- «Wenigstens in den ersten 6 Schuljahren sollte die Stammklasse als Organisationseinheit bestehen bleiben, weil das kleinere Kind feste und dauerhafte Beziehungen braucht.»
- «Ende der Mammutschulen mit bis zu 2000 Schülern. Große Schulgebilde verlieren ihren menschlichen Zweck und bedeuten eine ernste psychische Gefährdung des Kindes.»
- «3 Stunden Sport in der Woche müssen für jede Klasse erreicht und gesichert werden.»

In der Osnabrücker Zeitung vom 29. Mai 1975 finden sich weitere Punkte:

- «Die steigende seelische Not der Schüler im Bundesgebiet beginnt ...

bereits beim Schulweg, der durch die zunehmende Zentralisierung der Schulen erschreckend länger und manchmal gefährlicher geworden sei.»

- «Aus einer von Eltern oft falsch verstandenen Chancengleichheit (‹Jeder ein Student›) ergebe sich . . . für die Kinder dazu ein Leistungsdruck, der durch den zu hohen Lehrstoff noch bedrohlich gesteigert werde.»

Weiter werden noch Reizüberflutung, übermäßiger Fernsehkonsum und viele andere Dinge genannt, die mit dem neuentdeckten Schulstress im Zusammenhang stehen sollen.

Immer wieder sind es andere Ursachen, die für den Schulstress verantwortlich gemacht werden; das Sitzenbleiben, die fehlende Freizeit, der 10-Stunden-Tag von Schülern – in den stets wechselnden Zusammenstellungen schält sich eine Forderung aber immer wieder heraus: «Schließlich sollten die Kinder nicht auf die ‹bessere›, sondern auf die richtige Schule geschickt werden», wie der «Münchener Merkur» am 25. Oktober 1976 über eine Landesversammlung des Verbandes der Kinderärzte in Bayern berichtete. Auf ihr forderte dann auch der Kinderarzt und Psychotherapeut Professor Gerd Biermann einen «toleranten, kindgemäßen, nicht primär leistungsbezogenen» Unterricht in den ersten beiden Grundschulklassen sowie die Abschaffung der Benotung in dieser ersten Schulzeit und außerdem den Abbau von «Ehrgeizhaltungen» bei Eltern und Lehrern. Insgesamt: ein Durcheinander von halbwegs plausiblen, leicht absurden, teilweise unverständlichen, in fast allen Fällen unverbundenen Begründungen, aus denen als Kern immer wieder eines herausfällt: «Nicht jeder muß studieren! Das Kind auf die richtige, nicht auf die ‹bessere› Schule schicken!»

Es sieht gerade so aus, als habe sich ein Kartell von Taschenspielern zusammengefunden, um eine möglichst perfekte Verwirrung in dieser Sache hervorzubringen.

Vor allen Dingen stehen viele dieser Äußerungen im Widerspruch zu unserer eigenen Erfahrung. Sind die Lehrbücher heute unverständlicher als früher? Oder nehmen wir die Klassenfrequenzen. Da wird als Ursache für den Schulstress angegeben, die Anfängerklassen seien zu groß, sie sollten nicht mehr als 18–22 Schüler haben. Sind wir nicht selber in Anfängerklassen mit 30, 40, 50 und noch mehr Schülern gewesen? «Verantwortlich ist die Überbewertung von Zeugnissen und Noten.» Aber ist es nicht eine Tatsache, daß gute Noten und gute Zeugnisse den Weg in bessere Berufe öffnen? Auch die langen Schulwege sollen für den Stress verantwortlich sein. Was haben sie mit den Noten und Zeugnissen zu tun?

Lauter ungeklärte Fragen, auf die wir uns noch einlassen müssen, wenn wir diese Diskussion besser durchschauen wollen.

2. Schulangst-Meldungen als Sensationen
Oder: Übungen zur Abstumpfung

Viele der Berichte in der Presse über Schüler, die unter Schulstress leiden, nehmen ihren Ausgang oder ihr Ende bei Kindern, die sich wegen schulischer Probleme das Leben genommen oder es zumindest versucht haben. Kaum ein Bericht über Schulangst und Schulprobleme, der nicht an eine aufwühlende Story dieser Art anknüpft. Als der bayerische Landtag Anfang 1976 über Schulstress debattierte, konnte der «Münchner Merkur» mit der Überschrift «Bei der Schulstress-Debatte Kunde vom Schüler-Selbstmord» die Bedeutung der parlamentarischen Auseinandersetzung unterstreichen. Und sehr merkwürdig nahm sich unter dieser dreispaltigen Schlagzeile die Unterzeile aus «Landtagsabgeordnete ergriffen – SPD für weniger Lehrstoff – CSU verteidigt bayerische Politik».

Was bewirkt diese Dauerberieselung mit Meldungen über Schüler, die aus dem Leben schieden, mit Berichten über gestreßte Kinder, die die Wartezimmer von Ärzten bevölkern? Hilft sie, eigene Probleme mit der Schule zu erkennen, die Schwierigkeiten der eigenen Kinder besser zu verstehen, oder hilft sie den Schülern, die eigenen Lernprobleme anzunehmen und sich tapfer zu ihnen zu bekennen?

Wer in eine ganz normale Elternversammlung einer ganz normalen Schule geht, wer dort z. B. darauf hinweist, daß durch den Leistungsdruck der Schule Menschenleben gefährdet werden, daß nach Ansicht von Psychoanalytikern 15–20% der Kinder gestört und die meisten von ihnen behandlungsbedürftig sind, wer dies versucht, der erhält eine ernüchternde Antwort auf die Frage, ob der Presseboom in Sachen Stress die Menschen sensibilisiert hat.

«Schüler-Selbstmord?», heißt es dann da, «Können Sie mir mal sagen, wann hier ein Schüler-Selbstmord vorgekommen ist? Und 20% gestörte Kinder? Zeigen Sie mir die doch mal! Sie wollen doch nicht im Ernst behaupten, daß jedes fünfte Kind an dieser Schule geistig gestört ist. Oder sind es Ihre vielleicht?»

Tatsächlich werden Schlagzeilen wie «Mit einer Fünf in den Tod» von den meisten Menschen eher wie exotische Meldungen aufgenommen: Sie haben so gar keine Verbindung zu der eigenen Realität. Die Art der Berichterstattung tut ihr übriges dazu.

So berichtete z. B. «Der Spiegel» im Februar 1976: «Binnen 10 Tagen erhängten sich in München drei Schuljungen, der eine mit dem Schal, der andere mit der Schnur, der dritte mit dem Strick, alle aus demselben Grund: der 13jährige Hauptschüler hatte einen Leistungstest für die Realschule nicht bestanden; der 14jährige Realschüler kam in Englisch nicht mehr mit; der 14jährige Hauptschüler wollte wegen einer Fünf in der Mathematik-Klassenarbeit nicht länger leben. Als am Freitag letzter Woche die Halbjahres-Zeugnisse in Bayern verteilt waren, gab es auch an der

Aus Angst vor dem Sitzenbleiben

16jähriger sprang vom Schuldach

yd Gedern (Wetteraukreis). — Zu einer entsetzlichen Verzweiflungstat entschloß sich am Donnerstag der 16jährige Realschüler Hubert R. aus Gedern, nachdem er ein zweites Mal vom Sitzenbleiben bedroht war. Eine Stunde vor Schulbeginn stieg er auf das Dach seiner Schule und stürzte sich zwölf Meter in die Tiefe. Der Schüler war sofort tot.

Hubert R. hatte bereits zum zweiten Mal die neunte Klasse der Gesamtschule von Gedern absolvieren müssen, nachdem seine Zensuren für eine Versetzung in die Abschlußklasse nicht ausgereicht hatten.

Auch diesmal mußte er befürchten, sitzenzubleiben. Seine Lehrer hatten durchblicken lassen, daß seine Leistungen erneut nicht ausreichen und er wahrscheinlich die Schule verlassen müsse.

Da drehte Hubert R. durch. Durchs Fenster schlich er sich in aller Frühe aus der elterlichen Wohnung und ging zur Schule. Er kletterte auf ein niedriges Vordach und erreichte über den Blitzableiter das Dach.

Von dort stürzte er sich in den Hof und blieb blutüberströmt neben dem Haupteingang liegen.

Dort wurde er vom Hausmeister etwa um die gleiche Zeit gefunden, als ihn zu Hause seine Mutter wekken wollte: gegen sieben Uhr. Wenig später hätte er das Ergebnis der am Mittwoch abgehaltenen Zeugniskonferenz erfahren. Hubert R. wäre nicht versetzt worden...

Die Eltern des Selbstmörders haben noch zwei weitere Söhne, die angeblich gute Leistungen in der Schule zeigen. Der Rektor der Gesamtschule weigerte sich am Donnerstag, eine Stellungnahme zu dem Tod des 16jährigen abzugeben. Er schloß am Donnerstag die Schule und schickte sämtliche Schüler nach Hause.

Quelle: Abendpost-Nachtausgabe vom 4. 6. 1976

Suicid-Ziffer nichts mehr zu rütteln: zehn Schulkinder hatten sich aus Angst vor schlechten Noten umgebracht, und auch andernorts in der Bundesrepublik, in Hamburg wie in Hessen, zogen Jugendliche den Tod der Schule vor, in der es offensichtlich mörderisch zugeht.»

Die Schule, in der es offensichtlich mörderisch zugeht. Da kann der Schul-Normalverbraucher sich nur beglückwünschen, daß seine Schule ja wohl noch ganz erträglich sein muß. Sicher: da wird natürlich auch sitzengeblieben – in der Bundesrepublik pro Jahr immerhin an die 400000mal. Und diese und jene Unzulänglichkeit kann auch nicht geleugnet werden. Aber insgesamt: immerhin.

Diese Art von Berichterstattung sensibilisiert nicht für die manchmal wirklich schlimmen Folgen von Schule, sondern impft das Gefühl ein, die eigenen Sorgen seien harmlos – angesichts solch schlimmer Vorkommnisse.

Hier ist eine große Maschine der Abstumpfung am Werk, die aus dem Blick geraten läßt, daß morgendliches Bauchweh, Kopfschmerzen, die von der Schule erzeugte Lernunlust (von vielen Menschen als Faulheit diagnostiziert), daß die gewöhnlichen Folgen von Schule ernst zu nehmen sind. Die schon geschilderte Verwirrung, die von den Medien hervorgerufen wird, und diese Abstumpfung, die sie permanent erzeugen, werden gemeinsam in vielen Fällen dazu beitragen, eine neue Distanz zur Schule zu schaffen, zu jenem «unbekannten Wesen», das, mit seinen Berechtigungen verlockend und mit seinen Anforderungen abschreckend, doch wohl eher die Sache jener schon immer Privilegierten ist, die damit umzugehen keine Angst haben.

Verwirrung und Distanz lassen es angeraten scheinen, die Sache jenen Experten zu überlassen, die sich so selbstlos und wortreich um die «Humanisierung» der Schule kümmern.

So schlimm und schmerzlich der Selbstmord eines Schülers ist, der Sensationsbericht darüber fördert kaum die Einsicht in den Zusammenhang alltäglicher Schulangst, sondern verstellt den Blick auf sie.

3. «Keine Experimente»
Oder: Die Abneigung gegen Veränderungen

Da die Geschichte der Schulangst in Vergessenheit geraten war, wurde ihr Auftauchen mit den Schulreformen der letzten Jahre in Verbindung gebracht. Immer und immer wieder. Keine Sonntagsrede über Schulstress und Schulangst, ohne daß die «Mammutschulen» beschuldigt werden, kein Artikel zum Problem, in dem nicht die langen Schulwege eine Rolle spielen, keine Podiumsdiskussion, auf der nicht die Lehrplanreform als Ursache für Schülerleid und Elternstress angeprangert wird. Es soll nicht geleugnet werden, daß in manchen dieser Argumente ein rationaler Kern steckt. (Ich werde mich mit ihnen deshalb später noch ausführlicher beschäftigen.) Aber: wenn wir bedenken, daß es Mammutschulen, wie sie von diesen Rednern angeprangert werden (mit 2000 Schülern), nur in ganz geringer Anzahl in der Bundesrepublik gibt, wenn man bedenkt, daß die Lehrplanreformen den Unterricht nur an wenigen Stellen und dort nur sehr oberflächlich verändert haben, wenn man bedenkt, daß Gymnasiasten z. B. auf dem Lande schon immer «Fahrschüler» gewesen sind, so muß doch arg fragwürdig erscheinen, ob diese Argumente wirklich den Stellenwert haben, der ihnen auf Grund der ungezählten Wiederholungen in der Öffentlichkeit zuzukommen scheint.

Diese stereotypen Wiederholungen aber erfüllen ihren Zweck: Die meisten Menschen waren durch die Schulreformen und mehr noch durch den lauten Streit in der Öffentlichkeit darüber, durch viele verwirklichte und nicht-verwirklichte Modelle schon sehr verunsichert. Jetzt haben sie noch ein gutes Argument, um diese Verunsicherung mit einem glatten Angriff auf alle Veränderungen im Schulwesen loszuwerden: Die Veränderungen der Schule haben die Kinder krank gemacht.

Und schon blüht auch in der Presse und in den Gesprächen wieder die Idylle von der einklassigen Zwergschule auf, in der es dann nur noch auf den Lehrer ankommt, ob es eine gute oder schlechte Schule ist. Differenzierende Stimmen wie z. B. die des ehemaligen Schulsenators von Westberlin, Carl-Heinz Evers, die dem «Zurück zur Zwergschule» entgegensetzen: «Wir können von der alten kleinen Schule lernen» (nämlich z. B. was es bedeutet, wenn Schüler nur einen Lehrer haben, wie jüngere und ältere Schüler voneinander lernen können), gehen im Getümmel unter. Die Schulreformen der letzten Jahre haben gewiß ihre Mängel. Aber der Blick zurück in die Geschichte zeigt, daß die Schulangst kaum durch sie hervorgerufen wurde.

Aber die öffentliche Debatte über Schulstress und Schulangst ist nicht nur geeignet, Verwirrung, Distanz, Abstumpfung und Fortschrittsfeindlichkeit hervorzubringen, sie hat auch ihre positiven Seiten. Mit ihnen möchte ich mich in den folgenden Abschnitten dieses Kapitels beschäftigen.

4. Positive Wirkung I; . . . daß überhaupt über den Zusammenhang zwischen Krankheit und Schule geredet wird

Es ist noch gar nicht so lange her, da hieß es über einen, der über Kopfschmerz klagte, wenn er zur Schule gehen sollte, er sei ein Simulant. Und über einen anderen, den die stupide Langeweile der Hausaufgaben Überwindung beim Lernen kostete, er sei faul oder (bestenfalls) «unkonzentriert». «Wer nicht geschunden wird, wird auch nicht erzogen», wußte das Sprichwort. Daß jemand durch die Schule krank werden konnte, galt als absurd oder – als «normal», wenn wir an Bauchweh und Durchfall vor Klassenarbeiten, an schlaflose Nächte vor Prüfungen und dergleichen denken.

Hier hat die Schulangst-Debatte einen Wandel geschaffen, der hoffentlich von Dauer sein wird. Auf dem 78. Deutschen Ärztetag im Mai 1975 verabschiedeten die Männer in den weißen Kitteln eine «Entschließung zur ‹Überforderung von Schulkindern›». Darin heißt es unter anderem: «Die Zunahme von Schulschwierigkeiten in der letzten Zeit und daraus sich ergebendes Versagen, das zu körperlichen und seelischen Beschwerden und zu Dauerschäden führen kann, stellt für Staat und Gesellschaft ein ernsthaftes Problem dar.»

Und: «Aus statistischen Übersichten über Verhaltensstörungen ergibt sich, daß die Ärzte während der Einschulungszeit vermehrt von Eltern konsultiert werden, die über plötzlich auftretende Gesundheits- und Verhaltensstörungen ihrer Kinder beunruhigt sind. Dies ist insofern überraschend, als unter biologischen Aspekten dieser Abschnitt in der Entwicklung des Kindes keine besonderen Risiken aufweist.»

Zum Zeitpunkt dieser Entschließung (1975) arbeitete ein eigens dafür eingerichteter Ausschuß im wissenschaftlichen Beirat der Bundesärztekammer bereits drei Jahre an diesem Problem.

Der Saarbrücker Professor für Kinderheilkunde, E. Zapp, beschrieb 1976 in einem Interview mit der Zeitschrift der Arbeitskammer des Saarlandes «arbeitnehmer» seinen Befund so: «Die Häufung der Überforderungszeichen, wie wir sie in der Sprechstunde sehen, läßt . . . einen allgemeinen Realisationsfaktor (für Schulschwierigkeiten, H. S.) als vorhanden annehmen, und zwar ist das die Arbeitswelt des Kindes, eben die derzeitige Schulstruktur und die derzeitigen Lernbedingungen.»

Und der Arzt Johannes Meinhardt, zugleich Studienrat und einer der eifrigsten Förderer von Arbeitsgemeinschaften «Arzt – Lehrer», klagte: «Schulschwierigkeiten mit all ihren diagnostischen und therapeutischen Problemen sind zunehmend zum täglichen Brot der ärztlichen Praxis geworden. Nahezu ein Drittel der Patienten werden aus diesem Grunde dem Pädiater und Kinder- und Jugendpsychiater vorgestellt, wobei dies, wohlgemerkt, lediglich die Hälfte der behandlungsbedürftigen Fälle sein soll.»

Die Ärzte hatten angefangen, von «Schulkrankheit» zu reden. Und dies in aller Öffentlichkeit. Und nicht nur die Ärzte. Im Jahresbericht 1974 der «Psychologischen Beratungsstelle der evangelischen Erziehungs-, Ehe- und Familienberatung» in München heißt es unter anderem: Ein Schwerpunkt «ergibt sich daraus, daß das Alter derjenigen Kinder, die meinen, ihre Tagesanforderungen nicht mehr erfüllen zu können und daher sterben wollen, von der Pubertätszeit auf frühe Jahre herabsinkt; das heißt, bereits 7- und 8- und 9jährige leiden an depressiven Verstimmungen, die bis zur Resignation dem Leben gegenüber führen. In den uns bekanntgewordenen Fällen waren als auslösende Situationen für diese Verstimmungen fast regelmäßig schulische Leistungsprobleme zu eruieren, die unter tiefenpsychologischer Betrachtung erhebliche Kontaktnöte und Isolierungen als dahinterliegende, verursachende Faktoren deutlich machen konnten.»

Eine erstaunliche Entwicklung: Bei den Krankheiten, die Ärzte mit der Schule in Verbindung bringen, handelt es sich nicht mehr nur um Konzentrationsstörungen, Schwierigkeiten beim Lesen und Schreiben, sondern auch um «Schlafstörungen, nervöse Kopfschmerzen, Störungen des Magen-Darm-Traktes» (Meinhardt). Wenn man nur die häufigsten Störungen auflistet, die die Ärzte mit Schulproblemen in Zusammenhang bringen, so ergibt sich folgender Überblick:

- Nägelkauen,
- Haarausreißen,
- Stottern,
- Tics und Zuckungen,
- vegetative Störungen,
- Konzentrationsstörungen,
- Einschlaf- und Schlafstörungen,
- Bettnässen,
- Kopfschmerzen,
- Magenbeschwerden und Erbrechen,
- Verdauungsstörungen,
- Mager- und Fettsucht,
- Kreislaufstörungen.

Und selbstverständlich werden auch von den Ärzten allgemein «Aggressionen» als «Krankheiten» genannt, die schulbedingt sein können.

Noch vor zehn Jahren wäre es nur wenigen Ärzten eingefallen, bei der Suche nach den Ursachen z. B. für Kopfschmerzen oder Bettnässen auch die Schule mit in Betracht zu ziehen. Daß dies heute anders geworden ist, ist ein begrüßenswerter Fortschritt, zeigt es doch, daß die Ärzte nicht länger die Ursachen für körperliche Leiden nur oder vorwiegend im körperlichen Bereich suchen. Dieser Bewußtseinswandel ist einhergegangen mit einer Ausbreitung der psycho-somatischen (Psyche = Seele, Soma = Leib) Medizin im letzten Jahrzehnt, auch mit einem – gleichwohl bescheidenen – Ausbau der Erziehungsberatung und der schulpsychologischen Beratungsstellen in der BRD. Es darf also vermutet werden, daß die Zunahme von schulkranken Kindern in den Wartezimmern der praktischen Ärzte *nicht allein* auf eine Zunahme der tatsächlichen Leiden an der Schule zurückzuführen ist, sondern eben auch darauf, daß die Diagnose vieler Ärzte heute anders ausfällt.

Wie solche Lernprozesse bei Ärzten aussehen, schilderte der «Stern» in seiner Serie «Verdammte Schule» (Ausgabe vom 3. Juni 1976) sehr plastisch: «Es gibt bestimmt nicht viele ärztliche Sprechzimmer in der Bundesrepublik, in denen auf jeden einzelnen Patienten so viel Zeit und Mühe verwendet wird wie bei dem 34jährigen Kinderarzt Dr. Eckhard Schrickel im oberbayerischen Penzberg. 20 Minuten für jeden Patienten, das ist bei ihm die Regel. Wenn's sein muß, auch viel länger.

Der junge Arzt kann sich das leisten: Seine Praxis hat er erst vor anderthalb Jahren eröffnet, Penzberg ist klein und das Wartezimmer nicht überfüllt. Würde Dr. Schrickel einfach am Fließband Tabletten verschreiben, ihm wäre wahrscheinlich nie aufgefallen, wie sehr sich die scheinbar unterschiedlichen Krankengeschichten der einzelnen Kinder auf den zweiten Blick gleichen.

Erster Fall: ein 8jähriges Mädchen mit normaler Intelligenz leidet an schweren Brechkrämpfen. Eine klinische Spezialuntersuchung bleibt ohne Ergebnis. Medikamente nützen nichts. Da die Eltern das Kind nur unregelmäßig in die Sprechstunde bringen, braucht der Arzt Monate, bis ihm der Rhythmus der Krankheit klar wird. Am Montag wird dem Kind übel. Am Mittwoch braucht es Infusionen, um auf den Beinen zu bleiben. Übers Wochenende dann und während der Schulferien gesundet es von selbst.

Zweiter Fall: ein 8jähriger Junge krümmt sich vor Bauchkrämpfen. Der Arzt macht Nieren-, Darm- und Blutuntersuchungen. Er schickt den Jungen weg zum Röntgen. Er erforscht seinen Kreislauf. Tatsächlich ist da etwas nicht in Ordnung. Kreislauf-Medikamente aber nützen nichts. Dann, endlich! Die Tabletten scheinen gewirkt zu haben. Die Bauchkrämpfe haben aufgehört. Familie und Arzt feiern erleichtert das Weihnachtsfest. 14 Tage später ist alles schlimmer als zuvor. Ein Blick auf den Kalender: Schulbeginn.

Dritter Fall: eine 11jährige leidet an Bettnässen und schwerem Kopfweh. Der Arzt stürzt sich in alle möglichen neurologischen Untersuchungen und Kreislauftests. Nichts kommt dabei heraus. Tabletten nützen gar nichts. Und dann, mit einem Male, geht's dem kranken Kind von selbst besser. Ein Blick auf den Kalender im Wartezimmer: Ferienbeginn.»

Den Kinderarzt hat dieser Zusammenhang zwischen Krankheit und Schule sehr überrascht. Denn – wie er erklärte – hatte er während seiner ganzen Ausbildungszeit an der Uni und an der Klinik «nie ein Wort über die Schule» gehört. Das unterstreicht noch einmal die Vermutung, daß die Ärzte ein neues Gebiet betreten, wenn sie Krankheiten als schulbedingt anzusehen beginnen. (Und das heißt keineswegs, daß dieses Gebiet jetzt erst neu entstanden ist.)

Zudem muß angemerkt werden, daß nicht jeder Kinderarzt die Möglichkeit hat, solche Entdeckungen zu machen, wie Dr. Schrickel. Nicht nur – worauf schon hingewiesen wurde –, daß nicht jeder Arzt so viel Zeit hat, um sich eingehend mit den einzelnen Krankengeschichten zu beschäftigen. Hinzu kommt, daß so ausgeprägte Schulerkrankungen, wie sie in den drei Beispielen dargestellt wurden, recht selten sind. Auch bei vielen schulerkrankten Kindern dürfte, wenn der Arzt ihnen irgendwelche Pillen verabreicht, das eintreten, was man in der Medizinersprache den «Placebo»-Effekt nennt: In vielen Fällen nämlich wirken auch Tabletten oder andere Medikamente, die überhaupt keine wirksamen Substanzen enthalten, sondern nur aus Traubenzucker oder ähnlichem bestehen. Bei Kindern aber, die nach der Einnahme von Medikamenten Besserung (wenn auch keine vollständige) zeigen, wird der Arzt nur selten auf den Verdacht kommen, daß die Schule bei der Verursachung der Erkrankung eine Rolle spielen könnte – also wird er auch gar keine entsprechenden Nachforschungen in der Krankengeschichte anstellen (können) und auch nicht den Blick auf den Kalender werfen (können), um festzustellen, ob bei Besserung vielleicht gerade die Ferien angefangen haben. Seine Tabletten hatten ja gewirkt.

Auch wenn die ärztlichen Standesverbände zur Zeit viel zu diesem Problem verlautbaren und allerorten davon die Rede ist, so wird sich doch noch lange nicht jeder Arzt im Einzelfall dazu in der Lage sehen, bei einem Kind, das mit eindeutigem körperlichen Leiden auf Schulprobleme reagiert, die richtige Diagnose zu stellen. Die Debatte hat auch gerade erst eingesetzt und ist keineswegs verallgemeinert. Und bis vor einiger Zeit war dies ein von der Allgemeinmedizin kaum beachtetes Gebiet von Spezialisten: Psychotherapeuten und Psychoanalytikern sowie Psychologen. Und wenn schon die Erkenntnis dieses Zusammenhanges eine so neue Sache ist, so dürfte eigentlich auch einsichtig sein, daß die nähere Erforschung der Ursachen und eben jener Aspekte der Schule, die Schüler krank zu machen vermögen, noch in den Kinderschuhen steckt.

Wir erinnern uns an die Debatte um die Jahrhundertwende. Schulangst hat es immer gegeben. Mit Gewißheit auch all jene Krankheiten, die heute in Verbindung mit der Schule gebracht werden.

Wenn die Erkenntnis, daß Schule krank macht, bis hin zu körperlichen Leiden, sich heute auch noch lange nicht bei allen Ärzten und erst recht noch nicht bei allen Eltern und Lehrern herumgesprochen hat, so ist diese Einsicht aus der Schulangst-Debatte doch von ungeheurem Wert.

Vorausgesetzt allerdings, daß sie nicht in dem beschriebenen Wirrwarr steckenbleibt, vorausgesetzt auch, daß sie nicht von der abstumpfenden Wirkung der zahllosen Berichte über Schülerselbstmorde und extrem schwere Schäden zur Unwirksamkeit verurteilt wird; vorausgesetzt überdies, daß die Menschen nicht aus der scheinbaren Kompliziertheit der Diskussion in privates Nichtstun flüchten und die Sache der Schule den sogenannten Experten überlassen.

5. Positive Wirkung II:
. . . daß wir uns getrauen, über unsere Probleme öffentlich zu reden

Es ist heute noch weit verbreitet, daß Eltern sich schämen, wenn ihre Kinder den Anforderungen der Schule nicht genügen. Denn trotz aller Diskussion der letzten Jahre glauben noch viele, daß die schlechten Noten in Mathematik etwas mit «mangelnder Begabung» (sprich Dummheit) ihrer Sprößlinge, daß die schlechten Ergebnisse im Englisch-Unterricht etwas mit Faulheit oder «Unkonzentriertheit» zu tun haben. Wenn Kinder mit Krankheit reagieren, so werden ihnen dennoch häufig die Leistungen abverlangt, denen die Kinder gerade mit dieser Krankheit trotzen wollten. (Wobei zu betonen ist, daß dies kein bewußter Prozeß, sondern eine den Kindern selbst nicht bewußte Abwehrreaktion ist.)

Denn viele Eltern identifizieren sich sehr mit ihren Kindern, sie wünschen ihnen, daß sie es einmal besser haben, und sie hätten gern, daß alle sehen können, wie sie an der Erfüllung dieses Wunsches arbeiten.

Faulheit und Dummheit gelten nach wie vor bei vielen als Makel.

Eltern überfällt Scham über sich und ihren Nachwuchs, wenn die Leistungen in der Schule nicht den Vorstellungen entsprechen.

Hat die Debatte über Schulangst und Stress einerseits die Wirkung, daß ein Teil der Eltern sich von diesen Wünschen distanziert und – wie erwähnt – eine große Anzahl von Absolventen der höheren Schulen nicht mehr auf die Universität geht, ja sogar die Übertritte ins Gymnasium rückläufig sind, so hat die öffentliche Auseinandersetzung doch auch bei einem anderen Teil von Eltern die erfreulichere Wirkung, daß sie die Ursachen für das Versagen der Schüler nicht mehr nur bei sich und ihren Kindern sehen und suchen, sondern auch erkennen, in welchem Umfang die Lernbedingungen in der Schule an dem Versagen, am Leid ihrer Kinder, an ihrem eigenen Leid, beteiligt sind.

Dies hat nicht nur den positiven Effekt, daß sie nachsichtiger mit ihren Kindern umgehen können, sondern auch, daß sie ihre Probleme auf Elternabenden, in Gesprächen mit anderen Eltern, öffentlich äußern können. Indem das Versagen der Kinder nicht mehr als individuelles Problem erlebt wird, bietet die Diskussion die Chance, daß Eltern sich solidarisieren und organisieren (z. B. in Bürgerinitiativen) und gegen die krankmachenden Tatbestände in der Schule vorgehen.

Schon allein dadurch, daß die Eltern sich mit ihren Kindern solidarisieren und für sie aktiv werden, werden diese ein wenig von dem Stress entlastet, den die Schule ihnen abverlangt; zumindest können sie ihn etwas besser ertragen, da ihnen ihre Eltern die Schwierigkeiten nicht als persönliches Versagen anlasten und den Willen zeigen, ihnen zu helfen.

6. Zusammengefaßt: Die Folgen der verwirrenden Diskussion

Es hat sich gezeigt, daß die Auswirkungen der öffentlichen Diskussion über Schulangst und Schulstress keineswegs auf einen Nenner zu bringen sind, obwohl *eine* Absicht bei vielen Diskussionsteilnehmern erkennbar ist: unsichere Eltern davon abzubringen, ihre Kinder auf «höhere» Schulen zu schicken. Dazu dient vor allem die Verwirrung, die als erstes beobachtbares Ergebnis der Diskussion festzustellen ist. Weitere negative Aspekte sind:

- daß über Schulangst häufig im Stil von Sensationsberichten über Schülerselbstmorde berichtet und so Abstumpfung und Bescheidenheit bei der Kritik der realen Schulmisere erzeugt wird;
- daß darüber hinaus die Haltung «Keine Experimente» verstärkt wird, wenn Schulangst auf die Schulreformen der letzten Jahre zurückgeführt wird.

Dem stehen als positive Wirkungen gegenüber:

- daß sich langsam im Bewußtsein vieler die Einsicht festzusetzen beginnt, daß auch körperliche Leiden ihre Ursache in den psychischen Belastungen der Schule haben und

- daß schließlich durch die Öffentlichkeit dieser Diskussion Hemmungen bei Eltern abgebaut werden, über die Probleme ihrer Kinder zu reden.

Mit dem letzten Punkt ist eine wichtige Voraussetzung für gemeinsame Aktionen der Eltern gegen die Belastungen der Schule gegeben. Daß diese Aktivitäten häufig stecken bleiben oder nicht zu (wenn auch kleinen) tatsächlichen Erfolgen führen, hat zwei Hauptursachen:

1. Häufig berücksichtigen solche Aktionen nicht die Starrheit und Unnachgiebigkeit der Bürokratie, so daß sie nicht selten in allgemeiner Enttäuschung («Es nützt doch alles nichts») enden.
2. Auf Grund der Verwirrung, die die verbreitete öffentliche Diskussion über die Ursachen von Schulangst und Schulstress hervorgerufen hat, suchen sich solche Aktionen häufig Ziele, deren Erreichen nichts oder nur wenig an der allgemeinen Misere ändert. Denn sehr häufig gehen diese Aktionen nicht an die Wurzel des Übels, sondern kurieren an den Symptomen herum.

Als kleines Beispiel will ich hier den Kampf gegen die Großbuchstaben nennen. In dieser Auseinandersetzung, in der es um die Einführung der gemäßigten Kleinschreibung geht, haben sich viele Menschen engagiert. Es gibt Komitees, Aufrufe, Bücher usw. Dies ist bestimmt keine falsche Sache. Viele treten dabei allerdings für die Einführung der Kleinschreibung mit dem Argument ein, daß damit den schwächeren Kindern bessere Chancen geboten würden.

Wer so argumentiert, übersieht, daß die schwächeren Kinder nach Abschaffung der Großbuchstaben in der Schule es zwar leichter hätten, aber ein entscheidender Punkt würde dadurch nicht geändert: Die Zensuren für Rechtschreibung werden normalerweise am Klassendurchschnitt ausgerichtet. Das heißt aber, daß zwar alle Schüler weniger Fehler machen, wenn die Fallen und Haken der Groß- und Kleinschreibung beseitigt sind, aber noch lange nicht, daß die, die jetzt schwach sind, dann nicht auch ihre «Fünfer» kassieren. Es ist ja nicht so sehr die Schwierigkeit des Stoffes, die den Stress hervorruft, sondern es sind die schlechten Noten, die in ihnen enthaltene Mitteilung «Du schaffst es ja doch nicht», die die Abneigung gegen die Schule hervorbringen.

Es erscheint also notwendig, die Ursachen für Schulangst und Schulstress genauer zu untersuchen und dabei die wirklich wichtigen Faktoren herauszustellen. Damit läßt sich vielleicht ein kleiner Beitrag dazu leisten, daß nicht so viel wertvolle Energie im Kampf gegen die krankmachende Schule an falschen Stellen eingesetzt wird, wo sie notwendigerweise wirkungslos verpuffen muß. Doch bevor wir uns (in Kapital 4) an diese Untersuchung machen, möchte ich – quasi als Vorbereitung – genauer jene Argumente sichten, die zur Zeit in den Medien von verschiedenster Seite für die Entstehung von Schulangst und Schulstress ins Feld geführt werden.

Kapitel 3
Vom Schulweg bis zum Lehrplan: die meistgenannten Ursachen für Schulstress und Schulangst unter der Lupe

1. Lange Fahrwege

Schon immer mußten Schüler, die auf dem Lande wohnten und die Angebote höherer Schulen in Anspruch nehmen wollten, längere Fahrwege, ja sogar den Aufenthalt im Internat in Kauf nehmen, um zu den Weihen höherer Bildung zu gelangen.

Durch die Zentralisierung des Bildungswesens in Mittelpunktschulen sind besonders auf dem Lande in letzter Zeit die «Zwergschulen» abgeschafft worden. Manches Kind wird schon einem «Fahrschüler-Schicksal» unterworfen, wenn es in die 1. Klasse kommt. Die Psychologin Christa Mewes berichtet von einem Kind, das in der 1. Klasse jeden Morgen 40 Minuten zur Schule in einem Schulbus fährt und dieselbe Strecke natürlich auch auf dem Rückweg zurücklegen muß. Dieses Kind – Heike – «versagt in dieser Schule. Sie träumt», sagt die Lehrerin, «sitzt müde in der Bank, beteiligt sich nicht am Unterricht.» Heike selbst klagt: «Wir sind immer so viele, und die Jungens sind immer so laut, sie schubsen und hauen – auch im Bus, und oft müssen wir nach der Schule noch so lange warten, bis der Bus losfährt.»

Da die drei älteren Geschwister von Heike in die Dorfschule gingen und dort nie Schwierigkeiten hatten, da sie alle drei jetzt erfolgreiche Oberschüler geworden sind, schließt die Psychologin umstandslos, daß das Versagen Heikes in der Schule auf die Belastung durch die Schulbusfahrerei zurückzuführen sei. Denn sie fand bei ihren Tests, daß Heike eine recht gute Intelligenz hat.

Diese Lösung scheint mir zu einfach zu sein, als daß sie stimmen könnte. Ohne daß wir den Fall näher kennen, müssen doch einige Fragen gestellt werden. Zunächst einmal muß davon ausgegangen werden, daß jüngste Kinder oft die besondere Zuwendung und Fürsorge ihrer Eltern haben, was nicht selten dazu führt, daß das plötzliche, durch den Schulanfang gegebene Herausgerissenwerden aus dem Schoß der Familie, aus der Geborgenheit der Beziehung zu den Eltern, dem Kind Schwierigkeiten macht. Ist dieser Frage hier genügend Aufmerksamkeit geschenkt worden? Intelligenz ist nur einer unter mehreren Faktoren, die für den Schulerfolg von Bedeutung sind. Emotionale Sicherheit und Stabilität ist ein zweiter wichtiger Faktor. Häusliche Unterstützung ein dritter. Fand Heike sie in ausreichendem Maße oder hatte sie unter der Tatsache zu leiden, daß ihre Geschwister gute Schüler waren und ihr als Vorbild ständig vor Augen standen? Daß das plötzliche und unvermittelte Versetzen eines Menschen aus einem Milieu in ein anderes (wie dies durch eine Busfahrt geschieht) die Anpassungsfähigkeit von Kindern sehr strapazieren kann, dies ist durch Untersuchungen hinreichend belegt. Wir können also davon ausgehen, daß eine lange Busfahrt für Kinder tatsächlich eine Belastung darstellt. Eine solche Belastung aber, die von einem gesunden Kind normalerweise recht gut verarbeitet wird, zur alleinigen Ursache für das Schulversagen von Heike zu erklären, das heißt, das Pferd am Schwanze aufzuzäumen.

Die Ursachen für Heikes Schulversagen sind mit großer Wahrscheinlichkeit woanders zu suchen. Der Stress des Schulwegs ist mit Gewißheit nur *ein* Faktor, der zu anderen Belastungen hinzugekommen ist.

Wenn ich hier versuche, darzulegen, daß der Schulweg nicht von so eminenter Bedeutung für die Entstehung von Schulstress ist, so soll dies nicht heißen, daß ihm nicht auch Aufmerksamkeit gewidmet werden soll. Aber: die Belastungen durch den Schulweg sind mit Gewißheit bei den Verursachungsfaktoren für Schulangst und Schulstress ziemlich weit hinten anzusiedeln. Wer den Kampf gegen Schulangst und Schulstress aufnehmen will, der wird sich aber sehr wohl für jene Faktoren interessieren müssen, die weit oben in der Skala rangieren.

Von hierher muß beurteilt werden, ob es lohnend ist, sehr viel Energie in den Kampf gegen bürokratische Schulreformen zu stecken, die den Schulweg verlängern. Bedacht werden muß dabei allerdings auch, daß es nicht nur um psychische Schädigungen gehen kann, sondern daß Schulwege auch wegen der Möglichkeit von Verkehrsunfällen usw. kurz gehalten werden sollten.

2. Mammutschulen

Es gibt kaum einen Bericht zum Problem, in dem nicht die Größe der Schulen als Ursache für die festgestellte «steigende Tendenz von Schulangst» genannt wird. Dabei spielen drei Faktoren eine Rolle:

1. Die Zwergschulen wurden während der Schulreform der 60er Jahre fast überall aufgelöst und die Schüler in «Mittelpunktschulen» zusammengefaßt, die eine Größe von mehreren hundert (zumeist um die 500) Schülern haben.
2. In einigen besonders großen Schulsystemen, insonderheit Gesamtschulen mit über 2000 Schülern, macht sich die Aggression der Schüler (weil es eben so viele Schüler sind) besonders deutlich sichtbar, ohne daß bisher der Nachweis dafür geführt worden wäre, daß, bezogen auf die Zahl der Schüler an diesen großen Schulen, mehr Aggressionen vorkämen als an anderen (wo die Aggressionen auch zugenommen haben).

Aber da diese Schulen von Anfang an die besondere Aufmerksamkeit von Reformgegnern fanden, wurde jedes einzelne Ereignis dieser Art an die Öffentlichkeit gezerrt.

3. An großen Schulsystemen, wo die Klassenverbände aufgelöst sind und die Schüler in Fachleistungskursen mit ständig wechselnden Schülergruppen und «Bezugspersonen» zusammenkommen, gibt es spezifische Schwierigkeiten. Diese Schwierigkeiten kommen vor allen Dingen daher, daß ein Teil der Schüler sich nur schwer auf die immer neuen Bezugspersonen einstellen kann. Sie rühren auch daher, daß die Lehrer die Schüler nicht so gut kennen und deshalb auf ihr Verhalten nicht so individuell reagieren können, wie das an Schulen der Fall ist, in denen Klassenverbände erhalten geblieben sind.

Aus der neuen Größe von Schulen ergeben sich in der Tat ernsthafte und wichtige Probleme, mit denen sich die Erziehungswissenschaftler und die Schulplaner auseinandersetzen: mangelnder Kontakt zwischen Schülern und Lehrern sowie Schülern und Schülern, mehr Bürokratisierung und Unverbindlichkeit der Beziehungen.

Aber auch wenn es sich hier um wichtige und ernsthafte Probleme handelt, so können sie doch nicht im Ernst als Gründe für eine Vermehrung von Schulangst und Schulstress herangezogen werden. Denn: nur etwa 1 1/2 % der Schüler besuchen zur Zeit (1977) Schulen mit über 1000 Schülern. Und selbst wenn unterstellt wird, daß ein größerer Anteil dieser (*relativ* wenigen) Schüler unter der Organisationsform leidet, so kann doch dieser Tatbestand nicht dafür ins Feld geführt werden, daß eine *allgemeine* Vergrößerung von Schulangst und Schulstress festgestellt worden ist. Von hierher muß beurteilt werden, was es bedeutet, wenn der Berliner Sozialpädiater Professor Hartung als eine von sieben Forderungen aufstellt: «Ende der Mammutschulen mit bis zu 2000 Schülern. Große Schulgebilde verlieren ihren menschlichen Zweck und bedeuten eine ernste psychische Gefährdung des Kindes. In der Massenschule droht der pädagogische Hospitalismus, also die seelische Vereinsamung und Verkümmerung des Kindes. Eine Schule sollte nicht mehr als 700 Schüler haben.» Eben diese 700 Schüler, von denen der Professor spricht, sind in der überwiegenden Mehrzahl der Fälle die Höchstzahl der Schüler an den normalen Schulen.

Die Forderung nach Abschaffung der Mammutschulen mag richtig sein, dennoch führt sie in diesem Diskussionszusammenhang in die Irre. Wenn die Ärzte wirklich eine Steigerung von Schulstress und Schulangst diagnostiziert haben: dieser genannte Grund kann nur sehr bescheiden zu dem entdeckten Tatbestand beigetragen haben.

3. Lehrpläne

«Die Konstruktion der Lehrpläne, ausschließlich nach den Ergebnissen der Fachwissenschaft, hat zu einer Überlastung des Stoffkataloges geführt. Das Lerntempo ist bis zur psychischen und physischen Leistungsgrenze der Schüler gesteigert.» Es ist wieder einer der Ärzte, die gegen die Schulangst aufgestanden sind, von dem dieses Zitat stammt: der Saarbrücker Professor Dr. E. Zapp.

Es ist eine Tatsache, daß an den Lehrplänen in den letzten Jahren sehr viel geändert und reformiert wurde. Eine Tatsache ist aber auch, daß der Unterricht in den Schulen weitgehend von den Büchern bestimmt wird, die für den Unterricht zur Verfügung gestellt werden. Und wer diese Bücher studiert, der wird sich dem Urteil kaum anschließen können, daß die Veränderung der Lehrpläne zu einer «Verwissenschaftlichung» des Unterrichts, jedenfalls in weitem Umfange, geführt hat. Zwei schwerwiegende und in der Öffentlichkeit heiß diskutierte Ausnahmen müssen allerdings genannt werden: die Ganzheitsmethode beim Anfangsunterricht im Lesen-Lernen und die «Mengenlehre», die teilweise den alten Rechenunterricht ersetzt. Und diese beiden Themen werden in der Tat häufig angesprochen, wenn es konkret darum geht, daß Eltern und Schüler von der Schule überfordert sind. Auf beide gehen wir noch kurz ein.

Im übrigen aber hat sich nicht sehr viel geändert. Zwar stehen in den Deutsch-Lesebüchern heute nicht mehr nur kindertümliche oder klassische Gedichte und Lesestücke, sondern auch Zeitungsausschnitte, Reportagen und andere Texte aus dem Alltag, aber dies ist ja wohl kaum mit Verwissenschaftlichung des Unterrichts oder der Lehrpläne gemeint.

Auch wird wohl kaum jemand für die angebliche Verwissenschaftlichung des Unterrichts reklamieren wollen, daß Kinder heute schon in der 3. Klasse in einfacher Form Englisch lernen, obwohl über den Erfolg solcher Unternehmungen sehr wohl gestritten werden kann.

Ebensowenig dürfte die Tatsache, daß in der Grundschule weitgehend ein elementarer Sachkundeunterricht eingeführt worden ist, der den alten Heimatkundeunterricht ersetzt, als Beweis dafür genügen, daß die Kinder überfordert werden.

So müssen denn die Schreiber, die die inhaltliche Überforderung der Schüler nachweisen wollen, ziemlich hoch greifen – beispielsweise der «Spiegel» in seinem Artikel «Schulangst»: «Neue Themenbereiche wie Rechts- und Verbraucherkunde, Sexual-, Verkehrs- und Umwelterziehung erscheinen auf den Stundenplänen, alte sind wenigstens wissenschaftlich überhöht: Singen als Musikerziehung, Kochen als Haushaltswissenschaft, Basteln als Arbeitslehre.» (Schule 1976, S. 42) Wer sich wirklich die Mühe macht, diese Schlagwörter in der Schulwirklichkeit aufzusuchen, wird wenig finden. So ist es eben bezeichnend, daß die Juristen darüber klagen, die Rechtskunde werde in den Schulen vernachlässigt; daß die Verbraucherverbände darüber klagen, die Verbrauchererziehung käme in den Schulen zu kurz; und von Umwelterziehung ist bestenfalls in einigen Paradeprojekten einiger fortschrittlicher Schulen die Rede. Sexualerziehung ist in alten Fächern wie Biologie untergebracht; und die Verkehrserziehung, deren Notwendigkeit ja kaum jemand bestreiten wird, ist auf einige wenige Veranstaltungen während des Schuljahres beschränkt.

Daß bei einigen Fächern ein Schilderwechsel stattgefunden hat («Singen als Musikerziehung») will wenig besagen. Und was das in die Lehrpläne neu aufgenommene Fach Arbeitslehre angeht, mit dem mancherorts Schüler auf die Arbeits- und Wirtschaftswelt vorbereitet werden, so ist immerhin zu bedenken, daß noch vor zehn Jahren die Schulzeit fast überall nur acht Jahre in der sogenannten «Volksschule» betrug. Auch hier gibt es also nicht einmal eine zeitliche Mehrbelastung.

Zwei Themen allerdings gibt es in der Diskussion, die nicht schnell abgetan werden können: die Ganzheitsmethode beim Lesen-Lernen und die Mengenlehre.

3.1. Die Ganzheitsmethode

Seitdem in der Schule die Anwendung von Intelligenztests häufiger geworden ist, sind die Psychologen und in ihrem Kielwasser auch die Lehrer darauf aufmerksam geworden, daß es eine ganze Anzahl von Schülern gibt, die zwar einen durchschnittlichen oder sogar hohen Intelligenzquotienten haben, aber im Lesen und Schreiben total versagen. Da dieses Phänomen nicht ohne weiteres erklärbar erscheint, ist es zu einer «Krankheit» erklärt worden. Ihr Name: Legasthenie.

Die gehäufte Anwendung von Tests zur Feststellung von Intelligenz und die damit gehäufte Feststellung von Legasthenikern ist zeitlich ziemlich genau zusammengefallen mit der Einführung der Ganzheitsmethode im Anfangsunterricht beim Lesen-Lernen.

Während früher das Buchstabieren («synthetische Methode») und das Zusammensetzen der Wörter das entscheidende Merkmal des Lesen-Lernprozesses waren, geht der Lehrer nach der Ganzheitsmethode anders vor. Ganzheitsmethode bedeutet, daß zunächst Wortbilder gelernt werden wie «Baum» oder auch Satzbilder wie «Uli und das Mädchen spielen». Erst danach, wenn viele solcher Satzbilder gelernt worden sind und die Kinder sie «lesen» können, werden die einzelnen Buchstaben gelernt («ausgegliedert»).

Es gibt einen langen Streit darüber, welche Methode wirksamer ist. Aber bisher gibt es keine Untersuchung, die wissenschaftlichen Kriterien genügt, die diesen Streit hätte entscheiden können.

Beide Methoden haben ihre Vor- und Nachteile (vergleiche dazu meine

Ausführungen in dem Buch «Umgang mit der Schule», Speichert 1976).

Das Zunehmen von Legasthenie jedenfalls kann nicht ernsthaft auf die Einführung der Ganzheitsmethode zurückgeführt werden. Bei dieser «Zunahme» handelt es sich weniger um eine tatsächliche Vermehrung als um eine Vermehrung der aufgedeckten Fälle.

3.2. «Mengenlehre»

Über Sinn und Unsinn der Mengenlehre ist viel gestritten worden (vergleiche das entsprechende Kapitel in meinem Buch «Umgang mit der Schule», Speichert 1976).

Einer der wichtigsten Einwände gegen diese «Neue Mathematik», mit der heute schon Kinder in der Grundschule zu tun bekommen, ist, daß diese Art von Unterricht den Kindern in ihren Zielsetzungen verborgen bleibt. Sie müssen Dinge tun, deren Sinn sie nicht begreifen, was wenigstens ansatzweise beim alten Rechenunterricht noch möglich war. (Wozu das Zusammenzählen gut ist, erfährt ein Kind spätestens beim Einkaufen.) Die massive Kritik an der Mengenlehre hat ja auch inzwischen dazu geführt, daß Mengenlehre und alter Rechenunterricht heute nebeneinander herlaufen.

Aber: Die Kinder werden durch die formalisierte Sprache der Mengenlehre und deren nicht ohne weiteres begreifbaren Operationen nicht verunsichert. Im Gegenteil machen ihnen die für die Mengenlehre typischen Spiele («Alle Mädchen mit roten Hosen in einen Kreis») immer noch mehr Spaß als das stupide Zusammenzählen bei Rechenpäckchen. Im übrigen schneiden Arbeiterkinder im Mengenlehreunterricht besser ab als beim herkömmlichen Rechnen (Gnirk 1970). Arbeiterkinder aber haben im Durchschnitt die höchste Schulangst. Verunsichert werden vielmehr, wie der massenhafte Besuch entsprechender Volkshochschulkurse beweist, die Eltern.

Bedenkt man, daß etwa die Hälfte der Eltern den Kindern regelmäßig bei den Hausaufgaben hilft, so muß für diese Eltern die Feststellung schlimm sein, daß sie die Schulaufgaben ihrer Kinder in Mengenlehre nicht verstehen, falls sie sich nicht durch Lektüre von Büchern oder besagte Volkshochschulkurse entsprechend weitergebildet haben.

Wenn also davon gesprochen werden kann, daß die Einführung der Mengenlehre Verunsicherung, Schulangst und Schulstress herbeigeführt hat, so doch wohl weniger bei den Kindern, als vielmehr bei den Eltern (und vermittelt über diese selbstverständlich in vielen Fällen rückwirkend auch wieder bei den Kindern).

Wenn wir unseren Exkurs über die Bedeutung des Arguments «Die Verwissenschaftlichung der Lehrpläne ist schuld am Schulstress» zusammenfassen, so bleibt unterm Strich fast ebensowenig wie bei den beiden vorherigen Argumenten Schulweg und Mammutschulen.

Es ist offenbar so, daß das sichtbar gewordene Phänomen «Schulangst» Erklärungen verlangt, und Berufene wie Unberufene das Nächstliegende als Ursache dafür in Anspruch nehmen. Das führt zur Konstruktion von Zusammenhängen, die alle etwas für sich haben, aber doch den Blick von den entscheidenden Punkten ablenken.

4. Das «Zensuren- und Leistungs-Trauma»

Als einer unter vielen Punkten wird in der Debatte immer wieder die hohe Leistungsanforderung der Schule genannt. «Schulangst ist in sehr erheblichem Maße Leitsymptom für eine krankmachende, weil den schulischen und familiären Alltag eines Schülers nahezu total beherrschende, permanente Prüfungssituation.» So beschreibt es der Lehrer und Arzt Johannes Meinhardt (1975, S. 5). Und der schon zitierte Kinderarzt Professor Zapp: «Es gehört nämlich ausdrücklich zu den Aufgaben der Schule, dem Kind zu Erfolgserlebnissen zu verhelfen. Zur gesunden, seelischen und geistigen Entfaltung bedarf nämlich jeder Mensch regelmäßiger Selbstbestätigung. In der Schule geschieht aber genau das Gegenteil. Für viele Kinder stellt die Schule und der Unterricht ein einziges Mißerfolgserlebnis dar. Eine besonders bedenkliche Rolle spielt dabei die Überbewertung der Klassenarbeiten. Schon allein von der physiologischen und psychologischen Ausgangslage des einzelnen Schülers her gesehen, hängt das Ergebnis einer solchen Klassenarbeit von seiner Tagesform mehr oder weniger ab. Und damit kann eine Klassenarbeit kein objektiver Bewertungsmaßstab für sein Leistungsvermögen sein. In der Schulpraxis wird aber deren Ergebnis überbewertet. Und genau so ist es mit dem Leistungsdruck durch die Überprüfung, Zeugnisnoten usw., die ja jetzt im Mittelpunkt der Diskussion stehen.» (Zapp 1976)

Auch hier wird ein Tatbestand der Schule beschrieben, der keineswegs neu ist. Wenn Professor Zapp feststellt, daß für viele Kinder die Schule und der Unterricht ein einziges Mißerfolgserlebnis darstellen, so ist das eine Aussage, die auch die Schulverhältnisse von vor 20 Jahren oder vor 40 Jahren richtig beschreibt.

Es mag eingewandt werden, daß der Numerus clausus die Situation verschlimmert habe. Das ist sicherlich richtig. Aber darum geht es hier zunächst einmal nicht, sondern um die Frage, welches Gewicht die Argumentation mit dem Leistungsdruck zur Erklärung von Schulangst und Schulstress hat.

Der Arzt Meinhardt stellt das schon erwähnte Problem des Lehrplans neben das Problem der Zensuren: «Eine Überfütterung mit Stoffen, der seelenlose Zwang zur Erfüllung eines Stoffplanes oder Stoffsolls, das ständige Zensieren, wie weit der Stoff beherrscht wird, führt zur Krise der

Menschwerdung und Menschlichkeit in der Pädagogik.» (Meinhardt 1975, S. 5)

Fragen wir uns einmal, woher denn der «seelenlose Zwang zur Erfüllung eines Stoffplanes oder Stoffsolles» kommt. Wodurch fühlt sich der Schüler bemüßigt, einen Stoff in sich hineinzupauken, der ihm egal ist, der vielleicht zu viel für ihn ist? Zunächst einmal doch deshalb, weil er eine gute Zensur ergattern will.

Diese Jagd nach dem Leistungsnachweis scheint der Angelpunkt von Angst und Stress in der Schule zu sein.

Es ist eben nicht gerechtfertigt, Lehrplan und Zensur nebeneinander zu stellen als Verursachungsfaktoren. Nicht der Lehrstoff ist schuld daran, daß die Zensuren schlecht ausfallen, sondern umgekehrt sind die Zensuren und die Jagd nach ihnen schuld daran, daß der Lehrstoff drückt.

Welche Schüler so erfolgreich sind, daß sie einen der begehrten Studienplätze bekommen, und welche unter «ferner liefen» enden, das entscheidet nur scheinbar der Lehrplan. In Wirklichkeit entscheidet darüber die Zensur, die mit Hilfe des Lehrplans bzw. des Stoffs erreicht wird.

Ziel ist die Zensur; die Inhalte, die die Schule zu vermitteln hat, sind nur Hilfsmittel. Das bedeutet aber: Auch wenn die Inhalte geändert werden, wenn sie mehr oder weniger werden, so bleiben doch die Zensuren und die raren Studienplätze, deren Erreichen von ihnen abhängig ist. Das Rennen findet auf jeden Fall statt. Das Ziel sind und bleiben die Zensuren. Gleichgültig, ob die Strecke nun kurz oder lang ist, gleich auch, in welchem Trikot gelaufen wird, es geht immer in dieselbe Richtung.

5. Fazit: Argumente von verschiedenem Wert

Wir haben vier der meistgenannten Ursachen für die neuerlich festgestellte Schulangst etwas näher betrachtet und festgestellt:

- Lange Fahrwege sind keineswegs eine Erfindung der Schulreform; sie mögen Kinder zwar belasten, aber sie können – im Vergleich mit anderen Ursachen – nur eine minimale Bedeutung haben.
- Wenn die Mammutschulen als Ursache für gesteigerte Schulangst ausgegeben werden, so wird übersehen, daß immer noch nur ein winziger Bruchteil der Schüler in solche Schulen geht.
- Die Verwissenschaftlichung der Lehrpläne ist zwar eine Realität, für die Entstehung von Schulangst aber ohne besondere Bedeutung – denn in der Schulwirklichkeit hängen die Lernprozesse von den Lehrbüchern ab, die weder besser noch schlechter geworden sind.
- Von ganz anderer Bedeutung scheint dagegen der Kampf um die Leistung zu sein, der sich symbolisch im Kampf um die Zensuren ausdrückt. Bei diesem Kampf sind Schüler mit anstrengendem Schulweg gegenüber anderen sicherlich etwas benachteiligt (ohne daß deshalb

schon der Schulweg die Ursache von Schulangst ist).

In der öffentlichen Diskussion werden alle diese Argumente nebeneinander genannt, hintereinander aufgezählt, wodurch der Anschein erweckt wird, als seien sie alle gleichwertig. Tatsache ist, daß hier Wichtiges und Unwichtiges, Falsches und Richtiges nebeneinandergestellt werden.

Die genannten Argumente sind bei weitem noch nicht alle, die in der Schulangstdebatte vorgebracht wurden. Was sie und andere zur Aufklärung des Problems (und das muß immer zugleich auch heißen: zu seiner Lösung) beitragen, wird im weiteren Verlauf unserer Untersuchung deutlich werden. Hier ging es zunächst einmal darum, die Notwendigkeit aufzuzeigen, daß wichtige und unwichtige Argumente unterschieden werden, damit die Energien im Kampf gegen die Schulangst nicht auf Nebenkriegsschauplätzen vergeudet werden.

In den bisherigen Kapiteln haben wir uns mit der öffentlichen Diskussion über die Schulangst befaßt und dabei festgestellt, daß sie so neu nicht ist, wie uns die Zeitungen suggerieren. Schulangst ist keine Erscheinung der 70er Jahre dieses Jahrhunderts, doch gibt es Gründe dafür, warum die Debatte über sie gerade jetzt wieder aufgeflammt ist:

- weil durch die Reformversprechen der 60er und 70er Jahre Erwartungen geweckt worden waren, die dann als Seifenblasen zerplatzten und
- weil durch die Überfüllung auf den höheren Bildungswegen die dort erhältlichen Berechtigungen (insonderheit das Abitur) entwertet wurden.

Die von konservativer Seite geäußerte Besorgnis über die Belastung der Kinder dient dazu, Abschreckung zu verbreiten, die höheren Bildungswege zu entvölkern und somit die Privilegien jener zu sichern, die tradionellerweise einen Anspruch auf höhere Bildung zu haben meinen. Dies soll zugleich den Arbeitgebern die Sorge nehmen, hochqualifizierte Arbeitskräfte auf niederen, unzufrieden machenden Posten beschäftigen zu müssen. Die öffentliche Diskussion über Schulangst wirkt auf die Teilnehmer verwirrend und abstumpfend. – Sie öffnet aber auch die Möglichkeit, bisher geleugnete Ursachen zwischen körperlichen Krankheiten und schulischen Erfahrungen zu erkennen, und kann dazu ermutigen, über früher schamhaft verschwiegene Schulprobleme der eigenen Kinder öffentlich zu reden und somit solidarisches Handeln herbeizuführen.

Die Diskussion hat außerdem gezeigt, daß es notwendig ist, die Argumente zu gewichten, um vernünftige Auswege aus der Misere zu finden.

Soweit die «Anatomie einer zeitgemäßen Diskussion». In den folgenden Kapiteln wollen wir uns mit der Sache selbst näher befassen. Zunächst mit der Frage: Was bedeutet Schulangst für die Hauptbetroffenen, die Schüler, selbst?

Kapitel 4
Die authentischen Zeugen: Schüler über ihr Schulschicksal

Wenn ich mir die Schule und die Schüler vor Augen rufe, so nimmt das Bild oft die Züge eines großen Schlachtfeldes an, auf dem die einen zerschunden und zerschlagen liegen blieben, andere sich mühsam humpelnd fortschleppen, wieder andere in panischem Schrecken die Flucht ergreifen, und dann gibt es da welche, die unverletzt und lachend ihren Sieg genießen. Diese sehen nicht das Elend, sondern genießen in der Vorstellung schon den Jubel, der sie bei ihrer triumphalen Rückkehr empfangen wird.

Jedenfalls fiel mir dieses Bild ein, als ich die verschiedenen Äußerungen von Schülern über ihr Schulschicksal studierte. Denn die authentischen Zeugen von Angst und Leid in der Schule sind ja weder die Ärzte noch die Eltern noch die Lehrer, sondern zunächst einmal die Betroffenen: die Schülerinnen und Schüler.

Im November 1976 lud die Wochenzeitung «Die Zeit» junge Leute ein, über die Anforderungen in der Schule in kleinen Beiträgen zu diskutieren. Dabei zeigte sich, daß ein Teil der Schüler durchaus nicht der Meinung war, daß die Schule sie überfordere.

«Wenn man bedenkt, daß vor 50 Jahren die Schüler eines humanistischen Gymnasiums täglich 50 Homer-Verse übersetzen mußten, kann man das heutige Klagen über die aufgegebenen 20 Verse nur unangemessen finden. Im allgemeinen verlangte man früher viel mehr, obwohl die Hilfsmittel für die Schüler (öffentliche Bibliotheken, Kommentare zu Texten, Möglichkeiten zur außerschulischen Information) längst nicht in diesem Maße vorhanden waren. Die Gründe für den heutigen Stress liegen beim Schüler selbst. Geistig kaum interessiert, richtet ein großer Teil sein ganzes Sinnen und Trachten auf die Noten. Geistige Auseinandersetzung wird gescheut, sie wird ersetzt durch unglaublichen, ungesunden Fleiß. Der Grund für diese sklavische Abhängigkeit von den Noten liegt meist in dem geringen geistigen Interesse dieser Schüler, die sich nur auf diese Weise bis zum Abitur durchdrängeln können, um so den Wünschen ihrer durch eine verfehlte Bildungspolitik verleiteten Familie zu genügen, aber neurosebeladen die Schule verlassen. Nicht die Anforderungen der Schule sind zu hoch, der Ehrgeiz der Eltern ist zu groß.» Dieser 16jährige Schüler hat offenbar keine Schulprobleme. Er sieht zwar, daß andere zu kämpfen haben, aber er schiebt ihnen die Schuld dafür zu: sie sind «sklavisch abhängig von den Noten», denn sie haben ein «geringes geistiges Interesse» und wollen sich nur bis zum «Abitur durchdrängeln».

Überhaupt zeichnete die jungen Leute, die in der «Zeit» zu Wort kamen, in vielen Fällen eine bemerkenswerte Besserwisserei aus.

«Die Anforderungen sind nicht zu hoch, aber sie sind falsch konzipiert. Das Gymnasium legt viel Wert auf stupides Auswendiglernen in allen Fächern, wobei meist nicht einmal die Methoden für diese Lernform den Schülern beigebracht werden. Als Amateur-Nachhilfelehrer habe ich festgestellt, daß Schüler oft in der 7. Klasse noch kein System fürs notwendige Wörterlernen kennen. Diese Schüler, die ihre ganze Freizeit mit Lernen verbringen, nur weil sie keine Methode dafür besitzen, fühlen sich zweifellos überfordert; aber ihnen ist wenigstens zu helfen.»

Wurde hier indirekt die Schule, die keine Methoden zur Verfügung stellt, zum Schuldigen erklärt, so soll hier noch einmal eine Stimme folgen, in der die «Schuld» den Schülern zugeschoben wird.

«Die Anforderungen der Schule zielen darauf hin, dem Schüler durch eigene Erarbeitung den Stoff besser verständlich zu machen und ihn zu selbständigem Arbeiten zu erziehen. Das erfordert jedoch einen größeren Arbeitsaufwand und eigenständiges Denken. Es stellt sich die Frage, ob es nicht der Schüler ist, der den bequemeren Weg – Vorgekautes zu büffeln – vorzieht und den Anforderungen deshalb nicht gerecht werden kann, weil er sich gegen die Lernmethode sträubt.»

Schon in unserem ersten Beispiel ist der «Ehrgeiz der Eltern» angesprochen worden. Offenbar ist dies eine Erfahrung, die viele Schüler machen. So heißt es in einem der kleinen Beiträge in der «Zeit»: «Sind die Anforderungen der Schule zu hoch? ‹Ja›, so hört man es von seiten der Schüler. ‹Ja›, so hört man es auch von seiten der Lehrer, was einen schon in Erstaunen versetzen kann. Doch ebenso erstaunlich ist das ‹Nein› von Elternseite. Es erscheint einem beinahe unglaublich, aber es ist wahr. Die lieben Eltern sind es, die die Anforderungen an ihre Kinder und somit an die Schule stellen.»

Insgesamt wird von diesen jungen Leserbrief-Schreibern nicht geleugnet, daß es Schulangst und Stress gibt, aber sie selbst haben offenbar nicht viel davon erfahren. Offenbar gehören sie zu jenen, die bisher gut über die Runden kamen und sich deshalb mit dem Problem in mehr oder weniger theoretischer Weise und Absicht auseinandersetzen können. So kommt bezeichnenderweise in dem folgenden Brief das Wort «ich» überhaupt nicht vor, dafür aber das ganze Ensemble der Argumentations-Versatzstücke, die wir aus der öffentlichen Diskussion kennen: «In der Bundesrepublik bleiben jährlich 400000 Schüler sitzen. Jeder dritte Schüler leidet an psychischen Störungen, und jeder fünfte hätte eine psychotherapeutische Behandlung nötig. Andere leiden an Konzentrationsschwäche, motorischer Unruhe, Schlaf- und Eßstörungen, Übelkeit und Kopfschmerzen. Das geht bis zu schweren Depressionszuständen und Lebensüberdruß. Solche niederschmetternden Tatsachen zeigen in eindringlicher Weise, daß an unseren Schulen zu viel und vor allem unnützes Wissen gelernt wird, das den Schüler schon in der Grundschule in hohem Maße überfordert.

Ihm wird heute das abverlangt, was früher Gymnasiasten lernen mußten. Die Lehrpläne der gymnasialen Oberstufe ähneln vielfach denen von Oberseminaren an der Universität.»

Besonders typisch erscheint mir die folgende Äußerung, in der zunächst zugegeben wird, daß der Leistungsdruck gestiegen sei, dann aber alles wieder zurückgenommen wird. In Wirklichkeit sei alles besser geworden: «An der Tatsache, daß der Leistungsdruck beängstigende Formen angenommen hat, läßt sich kaum rütteln. Rütteln läßt sich jedoch an der Berechtigung neuer Modewörter wie etwa ‹Schulstress›. Was ist denn Schulstress eigentlich? Vergleicht man die Anforderungen früherer Jahre mit denen von heute, so zeigt sich klar eine Tendenz der Lockerung und Milderung. Zudem genießen die Schüler von heute neue Errungenschaften wie etwa die zahlreichen audiovisuellen Hilfsmittel, nicht zu vergessen die reformierte Oberstufe, die doch auch zum Nutzen der Schüler eingeführt wird.»

Bleibt festzuhalten: Es gibt offenbar eine Gruppe von Schülern, die (schon auf Grund der Tatsache, daß Schulangst und Schulstress öffentlich diskutiert werden) diese Probleme nicht ganz verleugnen können. Aber sie sind nicht selbst betroffen. Für sie ist es ein Thema, das sie behandeln wie andere Themen in der Schule auch: ganz gleich, ob es sich dabei um die Vermehrung von Schmetterlingen oder um die Auslegung von wissenschaftlichen Texten handelt.

Aber längst nicht alle Schüler können es sich leisten, die Schule und die Angst, welche mit ihr verbunden ist, mit einer solchen Distanz zu betrachten. Noch relativ gefaßt ist die Äußerung eines Jungen, der zwei Jahre vor dem Abitur steht: «Am Montag habe ich eine Fünf geschrieben. Diese Zensur kann ich eigentlich überhaupt nicht wieder gutmachen. Denn alles, was ich in der Oberstufe leiste, wird in der Abiturnote berücksichtigt. Ich darf mir keinen Ausrutscher erlauben. Zwei Jahre ununterbrochener Stress also» («Hamburger Abendblatt» vom 4. 4. 76).

Hatten wir es bisher mit Schülern auf dem Weg zum «Sieg» zu tun, die vielleicht mit kleinen Schwierigkeiten zu kämpfen hatten, aber ansonsten den Unterlegenen bestenfalls theoretische Überlegungen widmeten, so wenden wir uns nun den Berichten einiger Schüler zu, die von Gymnasium oder Mittelschule abgehen mußten (alle in: Arbeitsgemeinschaft Hauptschule 1975).

«Ich hatte, als es zum Schluß zu ging, zwei Sechser drin. Zwei Sechser im Zeugnis, ein paar Dreier und Vierer. Die Sechser waren in Rechnen – Mathematik also – und in Englisch. Und dann war es noch irgendwo in den Kopfnoten, ich weiß aber nicht mehr welche.

Also da hatte man wirklich die Lust an der Schule verloren. Also einmal, habe ich mein Zeugnis überhaupt nicht abgegeben zu Hause. Da habe ich es drei Monate versteckt gehalten, bis es doch herausgekommen ist. Da haben meine Eltern zwar geschimpft, aber geschlagen haben sie mich nicht. Meine Eltern haben dann gesagt, ich brauchte keine Angst zu haben, sie würden mir nichts machen, ich sollte halt nur ehrlich sein.»

Halbwegs verständnisvolle Eltern haben hier dafür gesorgt, daß die Angst nicht überbordete. Eine Angst, die – wie wir wissen – schlimme Folgen haben kann.

«Ich war – ehrlich, als ich auf dem Gymnasium war – in einer psychologischen und psychischen Krise. Das war furchtbar. Wenn ich nicht zu feig' gewesen wär', ich glaub', ich hätte Selbstmord begangen ... Ich meine, ich möchte noch einmal was dazu sagen. Die Lehrer bedenken eigentlich gar nicht, was sie damit anrichten können, wenn sie einen solchen Unterricht machen.»

Die beiden folgenden Zitate zeigen, wie Angst in der Schule mit Isolation und Alleinsein zusammenhängt. Zunächst ein Mädchen: «Ich hab' so eine Angst gehabt dort in der Mittelschule, das war furchtbar. Morgens im Bus habe ich manchmal noch die Aufgaben gemacht. Und in der Schule: ich bin rumgelaufen, heulend, und hab' gesagt: komm, gib mir doch mal deine Aufgaben, laß mich doch mal abschreiben. Und dann hat mich keiner mehr abschreiben lassen.»

Waren es in diesem Fall die Mitschüler, die die Solidarität verweigerten und so die Angst steigerten, so ist es im nächsten Beispiel der Lehrer, der Freundlichkeit nur geben mag, wenn die Leistungen «stimmen».

«Wenn z. B. – was Herr X. auch den großen Fehler macht und alle Lehrer den großen Fehler machen – wenn einer nicht gut ist, können sie ihn gleich nicht richtig leiden. So ging es mir im Gymnasium. Ich war nicht gut, und so war ich gleich untendurch bei den Lehrern. Ich konnte mir noch so viele Mühe geben. Ich war anständig zu ihr, ich war höflich, nichts, ich war untendurch bei der. Nur bei unserem Erdkundelehrer, da habe ich mich gut ausgekannt, und deshalb kam ich mit ihm auch gut aus.»

Ähnliche Leiden finden sich in Aufsätzen, die vor Jahren die Erziehungswissenschaftlerin Elfriede Höhn zum Thema «Der schlechte Schüler» (1967) schreiben ließ. Praktisch alle Varianten, die wir eben gesehen haben, kommen auch in den Aufsätzen vor. Hatten wir vorhin gesehen, daß ein Schüler sein Zeugnis versteckte, so findet sich in einem der Aufsätze eine ähnliche Variante: «Als sie das Heft aufschlug, sah sie, daß sie eine Sechs geschrieben hatte. Daheim riß sie das Blatt aus dem Heft und schrieb die Arbeit fehlerfrei noch einmal und schrieb dann eine Eins darunter. So zeigte Christel die Arbeit dann ihrer Mutter.»

Auch der Selbstmordgedanke ist in den Aufsätzen häufig zu finden: «Sie war wieder mal die Schlechteste! Sie warf sich auf ihr Bett und weinte. ‹Warum immer ich›, rief sie, ‹immer ich bin so schlecht, und ich lerne doch immer!› ... ‹Ich bin ja nur eine Plage für die ganze Familie, immer wegen mir gibt es Ärger. Warum lebe ich eigentlich?›»

Wer hat, dem wird gegeben – dieser Satz gilt auch in der Schule, im Guten wie im Bösen. Wer versagt, der muß nicht nur den Tadel der Lehrer und der Eltern einstecken, ihn lassen auch die Mitschüler im Stich, wie wir schon an dem Mädchen sahen, das vergeblich jemand suchte, bei dem es die Aufgaben hätte abschreiben können.

Eine 12jährige Schulversagerin beklagte ihre Isolation so: «Ich habe keine Freundin in meiner Klasse und auch sonst nicht. Keiner will mit mir spielen. Ich muß immer allein in der Pause sein.»

Die Ängste, die durch Schulversagen ausgelöst werden, bekommen ihre Bedeutung durch die vielen negativen Folgen, die mit diesem Versagen verbunden sind. Häufig bestehen diese darin, daß andere Menschen enttäuscht werden. Es ist also nicht so sehr die Angst vor der Strafe, sondern davor, anderen weh zu tun oder weh getan zu haben. Dies verdeutlicht der Auszug aus einem Aufsatz eines Jungen der 8. Gymnasialklasse: «Die Mutter öffnet ihm die Tür mit den Worten: ‹Na, wie ist das Zeugnis ausgefallen?› Er schüttelt nur den Kopf und bricht schließlich in lautes Geheule aus. Er öffnet die Schulmappe und streckt ihr das Zeugnisheft entgegen. Als die Mutter es öffnet, ist sie selber den Tränen nahe. Der Junge kann diese Spannung nicht ertragen, er reißt die Glastüre auf, rennt die Treppen hinunter und entschwindet den Augen seiner Mutter. Sie ruft ihm nach, aber er hört nicht. Nach zwei Stunden klingelt ein Polizist an der Tür und meldet: ‹Hier hab ich Ihren kleinen Ausreißer mitgebracht, er wollte sich gerade in den Fluß stürzen.›»

Die Traurigkeit, die Enttäuschung der Mutter oder des Vaters sind oft eine schlimmere Belastung – wenn das Kind seine Eltern liebt – als es selbst körperliche Züchtigung wäre (was selbstverständlich kein Argument für die Prügelstrafe ist).

Aber auch Prügel als Folge eines schlechten Zeugnisses oder schlechter Noten sind immer noch eine weitverbreitete Realität. In den Aufsätzen, die Elfriede Höhn schreiben ließ, waren Schläge die häufigste Reaktion, die die Kinder in ihren Geschichten schilderten. Körperliche Gewalt spielt nicht nur bei manchen Eltern eine Rolle, sie gehört auch noch zum Repertoire vieler Lehrer. Das bedeutet aber, daß in der Schule Angst nicht nur durch die Androhung schlechter Noten und Zeugnisse, sondern auch durch die Androhung «nackter Gewalt» erzeugt wird. Dabei wird Gewalt offenbar häufiger auf der Hauptschule angewendet als an anderen Schulen.

Ein Mädchen berichtet: «Die Unterrichtsmethode. Zu streng war sie. Deswegen konnten wir sie auch nicht leiden. Ach so ja, und so wild ist sie mit einem umgegangen. Wir waren noch so klein. Ich habe mal an der Tafel gestanden, da hat sie mich am Arm hin- und hergerissen, und sie hat immer so lange Fingernägel gehabt, und da hat sie mich am Arm gekratzt. Es war Sommer, und ich hatte ein kurzärmeliges Ding angehabt und ich hatt sie mich da gekratzt. Bin ich nach Hause geheult gekommen und hab gesagt: ‹Sie hat mich gekratzt.› Und da hab ich am Morgen immer noch die Streifen gehabt. Da ist meine Mutter mit mir in die Schule gegangen und hat gesagt: ‹Was haben Sie mit meiner Tochter gemacht?› Und da hat sie gesagt: ‹Tja, ich kann mich daran nicht erinnern, daß ich das gemacht hab.› Und, daß ich spinnen würde.» (Arbeitsgemeinschaft Hauptschule 1975).

Ist es verwunderlich, daß Kinder Angst vor einem Ort entwickeln, an dem ihnen solche psychischen und körperlichen Demütigungen widerfahren?

Ein Schüler, der wegen schlechter Leistungen beim Lehrer nicht beliebt war: «Das war ein fieser Hund, das war ein Drachen. Da hab ich gegenüber von B. gesessen. Das war so ein Doppeltisch. Und da hat er mir gegens Schienbein getreten, und da hab ich ‹Aua› geschrien. Dann ist er zum B. gegangen und hat den gefragt, was er gemacht hat. Der hat nichts gesagt. Dann hab ich gesagt, der hat mir gegens Schienbein getreten. ‹Was hast du gemacht? Dem gegens Schienbein getreten?› Wumm! Schon hatt' ich eine geschossen gehabt, obwohl er mir gegens Bein getreten hatte. Was'n Idiot» (Arbeitsgemeinschaft Hauptschule 1975).

Rufen wir uns die Auswahl an Schüleräußerungen noch einmal in Erinnerung: Da gibt es offenbar Schüler, die von Schulangst, von Belastung durch Schule verschont sind oder sie sich zumindest nicht bewußt machen. Aber zahlreiche andere geben ihrem Leiden an der Schule, das zugleich im Zusammenhang steht mit Leiden an den Erwartungen ihrer Eltern, Ausdruck. Immer wieder wird dabei deutlich, daß die Angst vor Isolation von den Eltern, aber auch durch die Mitschüler eine große Rolle spielt.

Dies ist die gewöhnliche Wirklichkeit der Schulangst, wie sie von den Schülern erlebt wird. Nur mit einer winzigen Spitze ragt diese Wirklichkeit in das öffentliche Blickfeld, wenn in den Zeitungen über einen Schülerselbstmord berichtet wird. Ein Selbstmord ist nicht die normale Folge der Schulangst. Kinder entschließen sich offenbar dazu nur, wenn die negativen Erfahrungen in der Schule mit anderen negativen Erfahrungen multipliziert werden: wenn die Eltern keinerlei Unterstützung zu geben vermögen, wenn auch die Freunde sich abgewendet haben oder wenn aus der Angst heraus ein Unternehmen gestartet wurde, das wiederum neue Angst produziert, wie in der folgenden Geschichte, die sich tatsächlich zugetragen hat.

Ein Junge, nennen wir ihn Manfred Köhler, besuchte die 9. Klasse eines Gymnasiums. Er war zum zweitenmal nacheinander nicht versetzt worden und hatte deshalb die Schule verlassen müssen. Dies aber mochte er seinen Eltern nicht mitteilen. Er fälschte sein Zeugnis und zeigte dieses den Eltern. Als die Schule wieder anfing, verließ er wie gewöhnlich morgens das Haus, um zur Schule zu gehen. Nachmittags saß er wie immer über seinen Hausaufgaben. So gelang es ihm, seinen Eltern über ein halbes Jahr vorzuspielen, er sei inzwischen Schüler der 10. Klasse. Dieses Spiel muß für den Jungen eine ungeheure Anstrengung gewesen sein. Da erfuhr die Mutter aus einer Zeitungsnotiz, daß ein Elternsprechtag an seiner Schule bevorstehe. Sie sagte dem Jungen, daß sie dort hingehen werde. Wenige Tage vor dem Elternsprechtag fand ihn seine Mutter in seinem Zimmer tot auf. Er hatte sich mit dem Kleinkalibergewehr seines Vaters erschossen (Erzählt nach Rosemann, 1976, S. 168). Solche Katastrophen sind – darüber sollte sich niemand hinwegtäuschen lassen – die Ausnahme. Wir dürfen uns durch sie nicht den Blick verstellen lassen auf die normale, die gewöhnliche Schulangst, von der in den Beispielen vorher die Rede war. Viele Kinder versuchen, sie tapfer zu ertragen. So, wie die 12jährige Doris, die den folgenden Aufsatz geschrieben hat:

«Achtung Schule! Lebensgefahr! Macht die Schule unsere Kinder krank?

Also eigentlich macht mich die Schule nicht krank. Manchmal, wenn ich morgens aufwache, dann ist mir schlecht, oder ich habe Bauchweh, aber meistens nur, wenn wir eine Arbeit schreiben oder einen Test machen. Wenn man Zeugnisse bekommt, hat man, glaube ich, am meisten Angst. Ich kann mir auch gut vorstellen, daß große Angst auftritt, wenn man drangenommen wird und man das nicht weiß und dann ausgelacht wird, das stört mich auch etwas. Oder eine Arbeit ist geschrieben worden, und nun hat man sie wiederbekommen und eine Fünf geschrieben und andere eine Eins oder Zwei.

Vielleicht lachen sie dann, und das Kind schämt sich so sehr und traut sich nicht nach Hause, weil es zu Hause Strafe bekommt und ausgemeckert wird. Vielleicht muß das Kind ja dann auch immer zu Hause bleiben, darf nicht runter zum Spielen oder wird sogar geschlagen. Am meisten, glaube ich, liegt es an den Eltern, daß die Kinder krank werden, weil sie immer arbeiten müssen, ich meine die Kinder, und daß die Eltern auch nie Zeit haben. Vielleicht stört es die Kinder, daß einige Eltern bei den Hausaufgaben dabeisitzen. Sie werden vielleicht auch immer gestört, wenn die Eltern sagen: ‹Du mußt das noch einmal schreiben.› Ich selber kann das auch nicht ab, wenn jemand mir über die Schulter schaut. Dann kribbelt es im Bauch. Aber ansonsten werde ich von der Schule nicht krank. Und Hausarrest würde ich auch nicht bekommen. Schläge erst recht nicht. Man kann die Kinder bedauern, die solche Eltern haben, die Hausarrest erteilen. Aber weglaufen würde ich auch nicht.» («Die Zeit» vom 9. April 1976).

«Und Hausarrest würde ich auch nicht bekommen. Schläge erst recht nicht.» – Doris drückt hier ein Stück Vertrauen aus, das ihr die Kraft gibt, die schwierigen Situationen in der Schule zu meistern: Prüfungen, Tests und Zeugnisse.

Was können wir aus den Äußerungen der Betroffenen lernen? Halten wir uns zunächst an jene, die über eigene Angsterfahrung konkret berichten. Da fällt auf, daß alle Erzählungen entweder mit Schulversagen oder Prüfungssituationen zusammenhängen: «Ich hatte, als es zum Schluß ging, zwei Sechser drin.» Oder: «. . . sah sie, daß sie eine Sechs geschrieben hatte.» «Na, wie ist das Zeugnis ausgefallen?» «Ich habe mal an der Tafel gestanden, . . .» «Manchmal, wenn ich morgens aufwache, dann ist mir schlecht, oder ich habe Bauchweh, aber meistens nur, wenn wir eine Arbeit schreiben oder einen Test machen.»

Aber auch von körperlicher Gewalt erfahren wir, vom Leiden unter der Abneigung der Lehrer und der Isolation durch die Schüler. Auch darüber berichten nur Schüler, die es offenbar mit den Leistungsanforderungen der Schule schwer haben, und sie stellen selbst diesen Zusammenhang her: «Wenn einer nicht gut ist, können sie ihn gleich nicht richtig leiden.» «Ich muß immer allein in der Pause sein.» «Da hat sie mich (in der Prüfungssituation an der Tafel, H. S.) am Arm hin- und hergerissen.»

In den Selbstäußerungen von Schülern steckt als konkrete Erfahrung: Wer nichts leistet in der Schule, hat auch wenig Zuneigung von Lehrern und Mitschülern zu erwarten.

(Dabei sei darauf hingewiesen, daß die Aufsätze, die Elfriede Höhn gesammelt hat, aus der Zeit von vor 1967 stammen, als von Numerus clausus und dergleichen an den Schulen weit und breit nichts zu sehen und zu hören war.)

Und noch einen weiteren Erfahrungsbereich erschließen uns einzelne Geschichten oder Bemerkungen in ihnen: Die Belastung, die Schüler mit schlechten Schulleistungen spüren, hängt zusammen mit den Erwartungen der Eltern oder mit dem, was die Kinder aus eigenem Selbstverständnis den Eltern und der Familie schuldig zu sein glauben. «Ich bin ja nur eine Plage für die ganze Familie.» «Am meisten, glaube ich, liegt es an den Eltern, daß die Kinder krank werden.» «Als die Mutter es (das Zeugnis) öffnet, ist sie selber den Tränen nahe.» Aber eben auch (der Junge, der sein Zeugnis drei Monate versteckt hatte): «Da haben meine Eltern zwar geschimpft, aber geschlagen haben sie mich nicht.»

Die meisten Schüler, von denen wir hier etwas über konkrete Schulängste erfahren konnten, sind schlechte Schüler, Schulversager. Eine Ausnahme macht allerdings die 12jährige Doris, die von Bauchweh vor Prüfungen zu berichten weiß, aber offenbar doch eine gute Schülerin ist: Auch ihr Aufsatz über die Schulangst wurde mit einer glatten zwei bewertet. Sie vermag sich mit bemerkenswerter sozialer Phantasie in die Probleme anderer Kinder zu versetzen: «Man kann die Kinder nur bedauern, die solche Eltern haben, die Hausarrest erteilen . . .» Doris möchte zwar offenbar eine gute Schülerin sein (das Bauchweh vor den Prüfungen!), sie braucht aber nicht zu fürchten, daß eine «Fünf» in der Schule (über die sie sicher traurig wäre) elterliche Enttäuschung und Strafaktionen nach sich ziehen würde.

Aus diesen wenigen Äußerungen konnten wir, wie ich meine, mehr über die Realität von Schulangst erfahren, als aus der ganzen öffentlichen Debatte über das Problem. Die Erfahrungen der Schüler mit ihrer Angst bleiben zu berücksichtigen, wenn wir (ab Kapitel 7) die Wissenschaft daraufhin befragen, was sie uns an Erklärungen und Hilfen anzubieten hat:

- Wie hängen Angsterfahrungen in der Schule mit den Erfahrungen in der Familie genauer zusammen?

- Welche Rolle spielen Ablehnung und Isolation?
- Wie hängen Schulerfolg und Schulangst zusammen?

Leiden Schüler unter Schulangst, weil sie versagen? Oder versagen Schüler, weil sie Angst haben? Anders ausgedrückt: Ist Angst eine Folge von Dummheit? Oder ist Dummheit eine Folge von Angst? In der öffentlichen Diskussion ist immer wieder der Satz zu hören: «Jedem das seine.» Dem liegt offenbar die Vorstellung zugrunde, daß Schüler unter Schulangst leiden, weil sie im Hinblick auf ihre Begabung «überfordert» (sprich zu dumm) sind. Ist das eine brauchbare Vorstellung? Davon handelt das nächste Kapitel.

Kapitel 5: Schulangst und Begabung – Kummer aus den Genen?

Der Vorsitzende des Bayerischen Lehrer- und Lehrerinnenverbandes, Ebert, hat einmal geäußert: «Nur Kinder mit extrem guter Kondition können der Schulbelastung standhalten.» Wir haben Beispiele und Äußerungen von Schülern gefunden, die offenbar eine «gute Kondition» haben, und von solchen, die darüber nicht verfügen.

Aber was bedeutet es, wenn wir sagen, daß es «starke» und «schwache» Schüler gibt?

Schwäche könnte dasselbe sein wie «Ängstlichkeit». Aber was bedeuten «Stärke» und «Schwäche» im Schulalltag?

Wenn wir herausbekommen wollen, was Lehrer unter «Stärke» der Schüler verstehen, welche Eigenschaften sie dafür verantwortlich machen, daß Schüler den «Schulbelastungen» standhalten oder nicht, dann müssen wir ihnen zuhören, wie sie über ihre Schüler reden. Da heißt es von dem einen: «Der kann, wenn er will. Der ist nur faul.» Von einem anderen: «Fleißig, ordentlich, aber nur mittelmäßige Begabung.» Über einen dritten vernimmt man: «Wenn er wenigstens arbeiten würde! Aber da ist überhaupt nichts! Strohdumm und dazu noch faul, unordentlich und aufsässig.» Und noch ein viertes Zitat: «Hochintelligent, und dazu fleißig und interessiert. Der bringt es mal zu was.»

Lehrer beurteilen ihre Schüler in erster Linie nach zwei Kategorien. Bei der ersten Kategorie handelt es sich um eine Fähigkeit, über die das Kind verfügt oder nicht verfügt: Intelligenz oder Begabung. Entsprechend werden Schüler als «hochintelligent», «durchschnittlich begabt», «unintelligent», «schlecht begabt» oder «dumm» eingestuft. Die zweite Eigenschaftsskala, mit deren Hilfe Lehrer vorzugsweise ihre Schüler beschreiben, ist jene von «faul» bis «fleißig».

Dabei wird die «Begabung» oder «Intelligenz» als eine relativ feststehende Größe betrachtet, von der die Schule auszugehen hat. «Fleiß» bzw. «Faulheit» hingegen werden als veränderlich und von der Schule in Zusammenarbeit mit den Eltern beeinflußbar angesehen.

Wenn ein Lehrer sagt: «Dieser Schüler ist ja völlig überfordert», dann meint er im allgemeinen, daß die Intelligenz des Schülers für die Anforderungen des Unterrichts zu gering ist.

Wir haben schon in der Analyse der Diskussion um die Schulangst gesehen, daß dort immer wieder die Forderung erhoben wird: «Jedem das seine». Damit ist gemeint, daß nur «begabte» Schüler auf das Gymnasium gehören. Und genau diese Botschaft wird tagtäglich in den Zeitungen verbreitet. Eine von vielen Meldungen: «Die Pädagogen meinen, daß zu viele Kinder aus der Volksschule genommen und in die Oberschule geschickt würden. Dort seien sie dann mittelmäßige Schüler, während sie in der Volksschule wohl recht gut abgeschnitten hätten. Nach vorsichtigen Schätzungen gehörten rd. 30% der Oberschüler eigentlich nicht in die Oberschule, sondern höchstens in die Realschule, besser aber nur in die Volksschule. Zu viele Eltern hätten heute den Drang, ihre Kinder unter allen Umständen durch die Klassen einer Oberschule zu bringen.» («Westfälische Nachrichten» vom 8. Mai 1976).

Ob einer faul oder fleißig ist, das mag ja zu beeinflussen sein. Und wenn alle Mühe der Lehrer und Eltern nichts hilft, dann ist der Schüler eben «selbst schuld», wenn ihm der gehörige Schulerfolg versagt bleibt. Bei der Begabung aber – so die weitverbreitete und von vielen Wissenschaftlern gestützte Meinung – ist nichts zu machen: entweder einer hat sie, oder er hat sie nicht. Sie ist angeboren, wie die Haarfarbe angeboren ist, die Körperkonstitution oder ähnliches – so meinen jedenfalls viele. Und wenn der Präsident des Bayerischen Lehrer- und Lehrerinnenverbandes, Ebert, kritisiert, daß nur Schüler mit besonders guter Kondition der Schulbelastung standhalten, so ist zumindest mitgemeint, daß die Schulanforderungen zu sehr auf die Hochintelligenten abgestimmt sind. Ähnlich klingt es überall: die Lehrpläne seien zu wissenschaftlich, das Handwerkliche, Musische usw. kämen zu kurz. Und besonders an den Lehrplänen der Hauptschule ist in letzter Zeit immer wieder kritisiert worden, daß sie zu «wissenschaftlich» seien.

All dieser Kritik liegt offenbar zugrunde, daß Begabung vererbbar ist, daß es eine wissenschaftliche Begabung gibt, die aufs Gymnasium gehört, und eine praktische, die auf die Hauptschule gehört. Dementsprechend habe die Schule ihr Lehrangebot einzurichten. Und daraus folgt ebenfalls: Wenn Eltern ein nur praktisch begabtes Kind auf die höhere Schule schicken, so setzen sie es unter unverantwortlichen Stress, erzeugen «Schulangst».

Wir müssen uns also der Frage stellen, ob und inwieweit es diese «Begabung» tatsächlich gibt, ob die «Intelligenz» eine durch die Erbausstattung festgelegte Größe ist, ob sie veränderbar ist, wovon Intelligenz abhängt.

Unter Intelligenz verstehen die Wissenschaftler, allgemein gesprochen, die Fähigkeit zum Lösen von Problemen. Entsprechend sind Tests, die diese Fähigkeit prüfen sollen, Sammlungen von Aufgaben, deren Lösung «intelligentes» Verhalten voraussetzt. Allerdings gibt es in Intelligenztests auch Fragen wie die folgende: Warum müssen Frauen und Kinder bei einem Schiffsunglück zuerst gerettet werden? Wobei die Antworten, die die meisten Punkte bringen, lauten: «Frauen sind wichtiger für Betreuung von Kindern . . . Frauen und Kinder sind hilfsbedürftiger als Männer» (so im Hamburg-Wechsler-Intelligenztest für Kinder [HAWIK]). Da es recht schwierig ist, festzustellen, ob solche Fragen und Antworten wirklich Intelligenz abprüfen, haben bescheidenere Wissenschaftler Intelligenz anders bestimmt. Sie sagen einfach: «Intelligenz ist, was der Intelligenztest mißt.» (Dies sei hier nur angemerkt, damit die Schwierigkeit, «Intelligenz» zu messen, ein wenig erhellt wird.)

Bis zum Ausgang des vorigen Jahrhunderts galt es als selbstverständlich, daß Intelligenz eine Eigenschaft des Menschen ist, ähnlich wie die Haarfarbe oder die körperliche Konstitution, daß die Geistesgaben dem Menschen also von Gott gegeben oder, in naturwissenschaftlicher Terminologie, von den Eltern vererbt sind.

Noch heute gibt es kaum ein Lehrbuch der Biologie, in dem bei der Erklärung der Mendel'schen Vererbungsgesetze nicht auch die Erbfolge in der so überaus musikalischen Bach-Familie als Beispiel für die Vererbung musikalischer «Begabung» angeführt würde.

Das macht verständlich, daß die Pädagogen in der ersten Hälfte dieses Jahrhunderts in ihrer blumenreichen Sprache die Schule häufig mit einem Garten und den Pädagogen mit einem Gärtner verglichen. Denn an diesem Ort, der Schule, sollten die Kinder die Gaben entfalten, die Mutter Natur ihnen in die Gene gelegt hatte. Wie die Blume im Garten ihre Blätter, so glaubte man, entfalteten die Kinder in den Schulkasernen ihre Anlagen. Dieser Glaube an die Vererbbarkeit der Intelligenz gab in der Revolution von 1918 sogar den Revolutionären Kraft. Der Pädagoge Hermann Nohl berichtet als Augenzeuge: «Wer 1918 im November nach Hause fuhr, konnte erleben, daß ihm ein aufgeregter Matrose im Abteil erzählte, jetzt werde es nur noch eine Schule geben, wo alle, arm und reich, hineingingen, und dann werde man schon sehen, wo die eigentlich Begabten säßen.» (Nohl 1949, S. 72)

Die Vorstellung war also: die Begabung wird vererbt, aber da es damals schon für die Schulanfänger der Reichen besondere Schulen («Vorschulen») gab, würde verhindert, daß die begabten Arbeiterkinder ihre Anlagen entfalten könnten.

Heute wissen wir, daß dieser Glaube ungerechtfertigt war. Seit 1920 gibt es eine vierjährige Grundschule für alle Kinder. Trotzdem hat sich nichts daran geändert, daß die meisten Arbeiterkinder weiterhin die Hauptschule besuchen und die Kinder aus der Mittelschicht die Realschule oder das Gymnasium.

Ist Intelligenz also doch vererbbar? Sicher ist jedenfalls, daß intelligente Eltern im statistischen Durchschnitt intelligentere Kinder haben als weniger intelligente Eltern. Irgendeine Art von «Vererbung» passiert offenbar wirklich. Doch während bis zum Ausgang des vorigen Jahrhunderts eben davon ausgegangen wurde, daß die Intelligenz durch die Erbmasse festgelegt sei, so erklärten in diesem Jahrhundert immer mehr Wissenschaftler diese «Vererbung» anders. Sie sagen: Der Grund dafür, warum Kinder von intelligenten Eltern intelligent und Kinder von weniger intelligenten Eltern im Durchschnitt weniger intelligent sind, liegt darin, daß sie in derselben oder einer ähnlichen Umgebung groß werden wie diese Eltern. Die Vererbung geschieht also nicht durch die Weitergabe von bestimmten Genen, sondern durch die Wiederholung ähnlicher Erfahrungen, wie sie die Eltern schon in ihren eigenen Lernprozessen machten.

Diese neue Begründung für die «Vererbung» von Begabung ist von großer Bedeutung. Betrachtete sich – wie schon gesagt – früher der Pädagoge als eine Art Gärtner, der das Wachstum der kindlichen Gaben in der Schule nur behüten konnte, so läßt diese neue Vorstellung neue Perspektiven zu: Wenn Kinder schlechte Bedingungen für die Entwicklung ihrer Lernfähigkeit hatten, so müßte es der Schule möglich sein, durch die Verbesserung dieser Bedingungen diese Kinder weiterzubringen, als das bisher für möglich gehalten wurde.

Damit wird Intelligenz nicht mehr als feste Größe angesehen, die das Schicksal und den Lebenserfolg eines Menschen (und damit auch seine Schulangst) bestimmt, sondern sie wird zu einer trainierbaren Fähigkeit.

1. Wieviel Prozent der Intelligenz sind ererbt?

Selbstverständlich hat es um diese neue Theorie erbitterte Kontroversen gegeben – und es gibt sie noch heute. Allerdings: daß die Fähigkeiten eines Menschen einzig und allein durch seine Ausstattung mit Genen vorprogrammiert sein sollen, das glaubt heute niemand mehr. Denn es hat sich gezeigt, daß «Intelligenz» tatsächlich umweltabhängig und trainierbar ist. Die Verfechter der erblichen Weitergabe von Intelligenz haben sich heute auf einen Prozentstandpunkt zurückgezogen. Sie sagen: 80 % der Begabung sind vererbt, 20 % gehen auf das Lernen in der jeweiligen Umwelt zurück, in der ein Mensch groß wird. Einer der heftigsten Verfechter dieser 80:20 %-Theorie ist der amerikanische Psychologe Jensen. Er hat sich besonders Untersuchungen über die Zusammenhänge der Intelligenz bei eineiigen Zwillingen, zweieiigen Zwillingen, Geschwistern und nicht miteinander verwandten Personen angesehen, die entweder zusammen oder getrennt aufgezogen wurden. Obwohl die Ergebnisse aller dieser Studien nicht einheitlich sind, zeigen sie doch, daß die Intelligenzleistungen der untersuchten Personengruppen um so höher miteinander zusammenhängen, je näher diese Personen miteinander verwandt sind.

Bei eineiigen Zwillingen (deren Gen-Ausstattung identisch ist) läßt die Übereinstimmung ihrer IQ-Test-Werte darauf schließen, daß 80 % der Intelligenz beider auf *gemeinsame Ursachen* zurückgeführt werden müssen. Daraus zieht Jensen umstandslos den Schluß, daß eben 80 % des «Intelligenzpotentials» auf *vererbten Anlagen* beruhen.

Das Problem mit diesen statistischen Untersuchungen ist, daß die Wissenschaftler alle eineiigen Zwillinge, welche getrennt aufgewachsen sind (und derer sie habhaft wurden) testeten und die Testergebnisse verglichen, ohne Rücksicht darauf, wie unterschiedlich die Umgebungen waren, in denen sie aufgewachsen sind.

Bringt man nun, wie der amerikanische Psychologe Bloom dies getan hat, eineiige Zwillinge miteinander in Beziehung, die in sehr unterschiedlichen Milieus groß geworden sind, so zeigt sich, daß der Zusammenhang zwischen Intelligenz und «gleicher Erbausstattung» nur noch sehr gering ist.

Es können nach den Berechnungen von Bloom nur noch etwa 10–20 % der Intelligenzausprägung auf den gemeinsamen Faktor «angeborene Anlage» zurückgeführt werden. (Bloom 1971, S. 81, Anmerkung 13)

Ein weiteres Problem bei diesen Untersuchungen ist, daß bisher nur sehr wenige eineiige Zwillingspaare getestet wurden. Bisher ist dabei als größter Unterschied in den Intelligenzpunktwerten eine Differenz von 24 gefunden worden. Das Zwillingspaar, um das es sich dabei handelte, war erst im Alter von 18 Monaten (!) getrennt worden, dann aber offenbar in recht unterschiedlichen Umwelten groß geworden. Wir können also durchaus erwarten, daß noch größere Unterschiede auch bei eineiigen Zwillingen gefunden werden, wenn die entsprechenden Forschungen fortgesetzt werden.

2. Was Intelligenzunterschiede bedeuten

Aus der mitgeteilten Tatsache, daß der höchste bisher gemessene Intelligenzpunktwert-Unterschied bei eineiigen Zwillingen 24 beträgt, könnte nun einer schließen wollen, daß die Sache mit der 80:20 %-Theorie von der Vererbung wenigstens ungefähr doch ihre Richtigkeit hat. Denn schließlich beträgt der durchschnittliche Intelligenzquotient 100.

Daß diese Rechnung aber nicht aufgeht, kann man daran erkennen, wie der durchschnittliche Intelligenzwert der Bevölkerung von 100 zustande gekommen ist: Er ist nämlich von den Psychologen so festgesetzt worden, indem gesagt wurde, jene Ergebnisse, die von der Mittelgruppe beim Intelligenztest erreicht werden, setzen wir gleich 100. Wer mehr als den Durchschnitt erreicht, bekommt höhere Punktwerte; wer weniger Intelligenztest-Aufgaben gelöst hat als der Durchschnitt, bekommt einen entsprechenden Punktwert von 100 abgezogen. Eigentlich wäre es sinnvoller, den Durchschnitt gleich Null zu setzen und jene Testpersonen, die mehr Aufgaben lösen als der Durchschnitt, mit positiven Intelligenztestwerten zu bedenken, während dann die «Schlechteren» negative Intelligenzpunktwerte bekämen.

Wer also heute üblicherweise einen IQ von 128 aufweisen kann, dem würde bei einem solchen Verfahren attestiert, daß er einen IQ von 28 hat, während jemand, der heute einen IQ von, sagen wir, 93 hat, dann mit einem IQ-Wert von minus 7 ausgestattet wäre.

Bei diesem an und für sich richtigeren Verfahren würde deutlich, was ein IQ-Wert aussagt, nämlich: ob einer mit seinen Intelligenztestleistungen über oder unter dem Durchschnitt liegt. Bei einem solchen Verfahren würde auch deutlich, daß es absurd ist, einen Unterschied von 24 Intelligenztestpunkten zwischen zwei Menschen in Prozenten ausdrücken zu wollen.

Im übrigen kann ein solcher Unterschied von 24 IQ-Punkten zwischen zwei Menschen sehr Verschiedenes bedeuten. Wenn einer einen IQ von 90 hat, so ist er damit schon in beträchtliche Nähe zur Sonderschulbedürftigkeit gerückt, sein Vergleichspartner mit 114 dagegen kann sich beinahe schon Studierfähigkeit bescheinigen. Nehmen wir hingegen zwei, deren IQ 55 und 79 beträgt, so unterscheiden sie sich nicht sehr: Sie gehören beide zu jenen zwei Prozent der Bevölkerung, denen mindestens ein Testpsychologe in unserer Gesellschaft kaum noch Chancen einräumen würde. Wenn wir zwei vergleichen, deren IQ 130 und 154 beträgt, so ist auch dieser Unterschied praktisch bedeutungslos: Mindestens ihrem IQ nach stehen beiden alle Möglichkeiten offen. Sie gehören zu den zwei Prozent «klügsten» Menschen – jedenfalls nach den Maßstäben der Intelligenz-Tester. Wenn eine repräsentative Auswahl der Bevölkerung mit einem Intelligenztest getestet wird, dann erreichen ca. 68 % Testwerte, die zwischen 85 und 115 liegen, 16 % bleiben unter 85, und ebenfalls 16 % erreichen Werte über 115 (und zwar deswegen, weil die Intelligenztests so konstruiert sind).

Halten wir also fest: Unterschiede zwischen Menschen, die sich in Intelligenztest-Werten ausdrücken, bedeuten sehr Unterschiedliches. Auf keinen Fall ist es möglich, Intelligenztestwerte so ähnlich zu betrachten wie etwa Angaben in Kilogramm oder Kilometer.

3. Die Bedeutung der Umwelt

Selbst wenn ein Teil der Intelligenz von Erbanlagen abhängig sein sollte, so sind doch die Verfechter dieser Theorie bis heute den Nachweis dafür schuldig geblieben, daß diese erbliche Abhängigkeit der Intelligenz für die Entwicklung zu einem tüchtigen und (hoch)leistungsfähigen Menschen in unserer Gesellschaft von Bedeutung sein könnte.

Eindeutige Beweise für die Vererbbarkeit der Intelligenz gibt es nur dort, wo es sich um genau in den Genen lokalisierbare Erbschäden handelt. Eine der Erscheinungsformen einer solchen Erbkrankheit ist der Mongoloismus, der allerdings auch (wenn auch in geringem Umfang) der positiven Beeinflussung durch Umwelteinflüsse (= Therapie) zugänglich ist.

Daß allerdings körperliche Merkmale für die Entwicklung von Intelligenz (im Zusammenhang mit spezifischen Reaktionen der Umwelt darauf) eine Rolle spielen können, das möchte ich – ohne Ironie – an der Hautfarbe der Schwarzen in den USA zeigen. Dort haben Schwarze im Durchschnitt eine Intelligenz, die um 15 Punkte niedriger liegt, als Weiße sie haben. Von vielen wird dies als Beweis dafür genommen, daß Schwarze eben von Geburt an «dümmer» sind. Schaut man sich die Sache aber näher an, so liegt etwas anderes nahe.

Der Anteil von Kindern unter den Schwarzen, bei denen die Psychologen leichten Schwachsinn diagnostizieren, ist um ein Vielfaches höher als unter den Weißen. Vergleicht man aber Kinder der Weißen, die als «leicht schwachsinnig» eingestuft worden sind, mit solchen unter den Schwarzen, so zeigt sich folgendes: Die weißen Kinder machen im Alltagsleben einen zurückgebliebenen Eindruck, viele farbige Slum-Kinder dagegen mit gleich niedrigem Intelligenzquotienten wirken außerhalb der Schule in ihrer gewohnten Umgebung aufgeweckt und normal intelligent.

Dies ist also wohl eher ein Hinweis darauf, daß Amerika jenen Menschen mit schwarzer Haut so begegnet, daß sie ihre Fähigkeiten, die vom Intelligenztest geprüft werden, anders entwickeln als die Weißen selbst. Schwarze sind in den USA diskriminiert und verachtet.

Diese Diskriminierung wird auch deutlich, wenn man sich einzelne Fragen aus den Intelligenztests ansieht, mit denen die Intelligenz der schwarzen Kinder ermittelt wird. So sollen diese z. B., die in einem Negergetto aufgewachsen sind, die in ihrem Leben kaum Bäume zu Gesicht bekamen, in einem solchen Test ihr Denkvermögen dadurch beweisen, daß sie etwa folgenden Satz ergänzen: «Eine Treppe hat Stufen, ein . . . hat Äste.»

Und wenn es in einem Intelligenztest, der weißen wie farbigen Kindern vorgelegt wird, die Frage gibt: «Ich bin schwarz und glücklich und wedle mit dem Schwanz. Was bin ich?», so ist schwer zu sagen, ob es sich hier um Gedankenlosigkeit der Testkonstrukteure handelte oder um eine schlichte Gemeinheit.

Selbstverständlich sind die gemessenen Intelligenzunterschiede zwischen schwarz und weiß in den USA nicht allein darauf zurückzuführen, daß die Tests solche Fragen enthalten. Diese Unterschiede hängen selbstverständlich auch damit zusammen, daß schwarz in den USA gleich arm ist und weiß (jedenfalls im Durchschnitt) gleich wohlhabend. Sie hängen damit zusammen, daß Schwarze vielfach im Getto groß werden unter primitivsten Lebensbedingungen. Aber gewiß auch hängen diese Unterschiede damit zusammen, daß das weiße Amerika von den Schwarzen erwartet, daß sie «dumm» sind. Der schwarze Intellektuelle in den USA gilt ebenso als «Ausnahme», wie wenn ein schwarzes Kind intelligentes Verhalten zeigt. Beides ist «regelwidrig». Damit haben die Schwarzen in den USA zu leben und fertig zu werden. Das aber heißt für sie, daß sie – wenn sie ihre eigene Identität bewahren wollen – diese Art von Intelligenz, wie sie von den Intelligenztests der Weißen gemessen wird, als für sich nicht angemessen nicht akzeptieren und sie also auch nicht lernen können.

Daß sie dazu allerdings sehr wohl in der Lage wären, das zeigten die Untersuchungen eines Forscherteams unter Leitung des Psychologen Dr. Earl Schaefer vom National Institute of Mental Health. Wie der «Spiegel» darüber berichtete (28/1969), beobachtete die Gruppe «64 willkürlich ausgesuchte Kinder von 15 Monaten aus den Washingtoner Slums. Die Hälfte der Kinder wurde in Ruhe gelassen, die andere Hälfte hingegen durch Hauslehrer beschäftigt: Täglich eine Stunde betätigten sich die Hauslehrer als Vizemütter, sprachen und spielten mit den Kindern, lasen ihnen vor, gingen mit ihnen spazieren. Nach 21 Monaten hatte die so umsorgte Kindergruppe aus den Elendsquartieren einen durchschnittlichen Intelligenz-Quotienten von 106, um 6 Punkte höher also als der Durchschnitt der Gesamtbevölkerung. Die anderen, vernachlässigten Slum-Kinder hingegen wiesen einen Durchschnitts-IQ von nur 89 auf.»

Der durchschnittliche Unterschied zwischen beiden Gruppen betrug also nach nur 21 Monaten 17 IQ-Punkte, und das, wenn man bedenkt, daß die Kinder in der «besseren» Gruppe lediglich jeden Tag eine Stunde zusätzliche Betreuung hatten. Wieviel mehr Unterschiede hätten durch intensivere Betreuung, und wieviel mehr Unterschiede hätten durch eine längere Betreuung hervorgerufen werden können!

Ganz gleich, was unser Erbgut bewirkt und wie es auf die Intelligenzentwicklung wirkt: Durch die Umwelteinflüsse können entscheidende Unterschiede hervorgebracht werden, Unterschiede, die die Differenz zwischen Schwachsinn und Hochbegabung ausmachen können. Und darauf kommt es an.

Wie wichtig die Umgebung für die Entwicklung der Intelligenz ist, will ich noch mit einem zweiten Beispiel zeigen. Dabei handelt es sich um eine Untersuchung, die durch Zufall zustande gekommen ist. Ende der 30er Jahre waren ein 13 Monate altes Kind mit einem IQ von 46 und ein 16 Monate altes Kind mit einem IQ von 35 aus der recht eintönigen Umgebung eines staatlichen Waisenhauses in die lebhafte Umgebung einer Anstalt für schwachsinnige Kinder gebracht worden.

Obwohl man ja wohl kaum sagen kann, daß eine Anstalt für schwachsinnige Kinder eine vorzügliche Umgebung für die Entwicklung von Intelligenz ist, stellte 6 Monate später ein Psychologe beim Besuch dieser Anstalt Erstaunliches fest: Beide Kinder hatten einen unglaublichen Entwicklungsstand erreicht. Die Teilnahmslosigkeit und die Entwicklungsverzögerung ihrer Bewegungen, charakteristische Merkmale bei der Einweisung in die Anstalt, waren verschwunden. Daraufhin wurden die beiden Kinder erneut getestet. Das jüngere Kind hatte inzwischen einen IQ von 77, das ältere einen von 87 – eine Verbesserung um 31 bzw. 52 Punkte in einem halben Jahr! Auf Grund dieser «klinischen Überraschung» machten die beiden Wissenschaftler Skeels und Dye ein Experiment. Sie brachten 13 Kinder aus dem Waisenhaus in die Anstalt für Schwachsinnige. Eine Vergleichsgruppe von 12 Kindern derselben Altersstufe, mit einem etwas höheren Durchschnitts-IQ, ließen sie im Waisenhaus. Während die 13 Kinder in der Anstalt für Schwachsinnige einen Zuwachs zwischen 7 und 58 IQ-Punkten aufwiesen, wurden bei den 12 Kindern, die im Waisenhaus verblieben waren, bei Tests in der Folgezeit (zwischen 21 und 43 Monaten später) IQ-Punkt-Rückgänge zwischen 8 und 45 Punkten registriert.

Aber die Sache geht noch weiter.

Zu Beginn der 60er Jahre hat Skeels 3/4 der beteiligten Personen noch einmal untersucht. Er stellte dabei fest, daß alle, die vom Waisenhaus in die Anstalt für Schwachsinnige überwiesen worden waren, sich heute im Leben gut bewähren. In der Gruppe aber, die im Waisenhaus geblieben war, hat er niemanden gefunden, der heute ohne öffentliche Unterstützung lebt. Diese Untersuchung zeigt mit aller wünschenswerten Deutlichkeit, daß es keinesfalls möglich ist, den Anteil der Umwelt bei der Ausprägung der Intelligenz lediglich mit 20 % anzunehmen. Bei dem einen der beiden Kinder, die als erste aus dem Waisenhaus in die Anstalt für schwachsinnige Kinder kamen, hat diese merkwürdige Milieuveränderung allein in einem halben Jahr zu einer Steigerung des Intelligenzquotienten um über 100 % (von 35 auf 87) geführt (zit. nach Hunt 1970, S. 51ff).

4. Zusammengefaßt: Die Ergebnisse der Intelligenzforschung

Eine genaue Betrachtung wissenschaftlicher Forschungsergebnisse führt zu dem Schluß:

- Es gibt bis heute keine hinreichenden Beweise für die Vererbung von «Begabung» bzw. Intelligenz. Ausnahme: in den Genen konkret lokalisierbare Gen-Schäden (Mongoloismus).
- Auch die Annahme, daß 80 % der Begabung vererbbar seien, ist nicht haltbar, da bei eineiigen Zwillingen die festgestellten 80 % gemeinsame Verursachungsfaktoren für die Intelligenzübereinstimmung nicht nur auf die Erbanlage, sondern auch auf Gemeinsamkeiten in der Umwelt zurückgeführt werden müssen.
- Intelligenzpunkt-Unterschiede von 24, wie sie inzwischen bei eineiigen Zwillingen gefunden wurden (obwohl nur wenige Zwillingspaare untersucht wurden) können sehr unterschiedliche Bedeutung haben. Im IQ-Bereich um 100 machen sie beinahe die Differenz zwischen Hilfsschulbedürftigkeit und Studierfähigkeit aus. In höheren und niederen Bereichen sind sie ohne besondere Bedeutung.
- Wie durch einzelne Experimente bewiesen ist, können Unterschiede der Umgebung unglaubliche Entwicklungsbeschleunigungen bzw. -retardierungen hervorrufen.

Nach allem müssen wir den Schluß ziehen, daß Intelligenz eine veränderbare Größe ist, die also keinesfalls in entscheidendem Maße von den Genen bestimmt sein kann. Bisher haben wir immer abstrakt davon gesprochen, daß die Intelligenzentwicklung von der «Umwelt» abhängig ist. Die beiden letzten Mitteilungen über Experimente, in denen Kinder durch eine solche Umweltveränderung zu Entwicklungsschüben in ihrer Intelligenz gekommen sind, lassen auch erkennen, wieso Umwelt fördernd oder hemmend auf die Intelligenzentwicklung wirkt. Es ist intensive und anregungsreiche Zuwendung, die solche Effekte hervorbringt. Bei den Kindern aus dem Schwarzen-Getto genügte eine Stunde Beschäftigung mit den Betreuerpersonen, um durchschnittliche IQ-Gewinne von 17 Punkten hervorzubringen; auch der Unterschied zwischen der Anstalt für schwachsinnige Kinder und dem Waisenhaus bestand darin, daß in der Anstalt für schwachsinnige Kinder die Kommunikation und der Anregungsgehalt dichter und intensiver waren als in dem kommunikationsarmen Waisenhaus.

Wir können also sagen:
Schwache Kinder sind schwach, weil ihnen die nötige Unterstützung gefehlt hat und fehlt, starke Kinder sind stark, weil sie Anregung und Unterstützung gehabt haben und haben.

Wenn das aber so ist, so muß auch die Frage gestellt werden können, ob schwache Kinder nicht stark gemacht werden können. Oder muß in Kauf genommen werden, daß die «Schwachen» ein Leben voller Schulangst, voll schlechter Zensuren auf sich zu nehmen haben? Liegen die Starken wirklich richtig, wenn sie in ihrem unerschütterlichen Optimismus die Schwächen und die Ängste der anderen nur als exotisches Problem aus der Ferne betrachten und bereden, so als könne sie ein ähnliches Schicksal nie treffen?

Kapitel 6
Es schaffen oder scheitern – zwischen Anforderung und Unterstützung

Schulangst steht im Zusammenhang mit schlechten Schulleistungen. Intelligenz, die allenthalben als eine wichtige Voraussetzung von Schulerfolg betrachtet wird, ist allerdings, wie wir gesehen haben, keine feste – von der Erbausstattung unabänderlich bestimmte – Größe. Vielmehr ist diese Fähigkeit in weitem Umfang von Anregung und Unterstützung abhängig.

Freilich geht es uns nicht so sehr um die abstrakte Fähigkeit «Intelligenz», sondern um die konkreten angstauslösenden Erfahrungen in der Schule und um ihren Zusammenhang mit Versagen, beziehungsweise darum, wie dieser Zusammenhang durch Unterstützung aufgelöst werden kann.

In vielen Stationen der Schullaufbahn kann es das Ende bedeuten, wenn die Anforderungen nur um ein weniges höher sind, als der Betroffene im Augenblick zu schaffen vermag. Scheitert er, sind Hoffnungen und meist auch ein gehöriges Stück Selbstbewußtsein dahin.

1. Von den Grenzen der Stärke

Der amerikanische Lehrer James Herndon beschreibt in seinem Buch «Die Schule überleben» (1972), wie er mit einigen anderen Kollegen eine Gruppe von Schülern zu betreuen hatte, die in der Schule vollständig «versagt» hatten. Er beschreibt die Schüler folgendermaßen: «Typisch waren bei uns Kinder, die sich bei Tests in der ersten Klasse als sehr gescheit erwiesen hatten, zur Spitzengruppe zählten, bereits auf Viertklässler-Niveau lesen konnten usw.; und die dann in der vierten Klasse nochmal getestet wurden, und nun stellte sich heraus, sie konnten weder lesen noch schreiben, ihr Intelligenzquotient lag so um 85, und ihre Eltern waren zu keiner ‹Zusammenarbeit› bereit. Was war in der Zwischenzeit passiert? Waren die Kinder unter eine Dampfwalze gekommen? Nein, nichts war offenbar passiert, außer daß sie vier Jahre in der Schule gewesen waren.» (Herndon 1972, S. 147)

Wir haben hier einen Fall vor uns, der kaum zu begreifen ist. Starke Schüler sind innerhalb von vier Jahren «schwache» Schüler geworden. Und an der Schule, an der Herndon unterrichtete, war dies eine nicht unbeträchtliche Gruppe.

Aber schauen wir uns in unserem eigenen Lande um: da gehen jedes Jahr Hunderttausende von Schülern aus der Grundschule auf Realschule oder

Gymnasium. Bei fast allen dieser Schüler handelt es sich um solche, die gut abgeschnitten hatten, die Erfolg gehabt hatten, die Selbstbewußtsein gelernt hatten. Gutachten von Lehrern über ihre zukünftige Karriere stärken ihnen den Rücken, Tests haben bezeugt, daß sie «gut» sind. Und dennoch: Nur die Hälfte von ihnen wird das Schulziel, das Abitur, erreichen. Die andere Hälfte wird abgeschlagen auf den Plätzen landen, zurückgeschickt in die Hauptschule, oder irgendwann ins «Leben» entlassen. Schon bald nach dem Start in der neuen Schule wird bei einigen der Optimismus in Resignation umschlagen, so wie wir es im 4. Kapitel von einigen Schülern gehört haben. Andere quälen sich über die Runden, und wieder andere sind von ihren Erfolgen bestochen: Sie betrachten die Leistungsschwachen nur mit Hochmut und Überheblichkeit, bis sie selbst zu Opfern werden.

Aber verfolgen wir die Karriere der Erfolgreichen weiter. Sie machen das Abitur. Sie beziehen die Universität. Da beginnen neue Probleme. Die Selbstmordrate bei Studierenden ist – wie eine Statistik der psychotherapeutischen Beratungsstelle der Universität Göttingen ergab – doppelt so hoch wie bei gleichaltrigen Nichtstudierenden. Ein großer Teil der Studenten bringt das Studium nicht zu Ende. Aus selbstbewußten Abiturienten werden manche Studenten zu unsicheren, an sich selbst zweifelnden, «schwachen» Menschen.

Sehen wir uns einen konkreten Fall an, in dem einer von den «strahlenden Siegern», die das Abitur gemacht haben, auf der Universität an die Grenzen seiner Stärke gelangt. Es ist der Student Rolf M. Seinen Fall entnehmen wir dem Buch von Irmela Florin und Lutz von Rosenstiel «Leistungsstörung und Prüfungsangst» (1976). Im zweiten Studienjahr erschien Rolf M. in der psychologischen Beratungsstelle. Der Grund: Er mußte in vier Monaten eine Klausur schreiben, und dies ängstigte ihn sehr. Der Grund dafür lag in einer entsprechenden Erfahrung im vergangenen Jahr. Zwar hatte Rolf M. auch schon in der Schulzeit schriftliche Prüfungen als beängstigend erlebt, aber doch nie so schlimm wie jetzt.

Im ersten Studienjahr war noch alles eitel Sonnenschein gewesen. Rolf M. hatte dem Unterricht gut folgen können und ging deshalb ohne ernsthafte Beunruhigung an die Klausur. Da er vorher erfahren hatte, daß sein Wissen zu 50 % in der Form von Mehrfach-Wahlfragen geprüft werden würde, fühlte er sich sehr gut. Denn ein solches Prüfverfahren hatte er schon bei der Führerscheinprüfung kennengelernt und sich dabei gut zurechtgefunden. Als er dann allerdings am ersten Prüfungstag gemeinsam mit einem Freund zur Klausur erschien, schlug seine Stimmung schnell um. Die anderen Studenten waren ungeheuer aufgeregt, viele von ihnen lasen noch in Büchern oder Skripten oder diskutierten angeregt über verschiedene Prüfungsfragen.

Das Verhalten der Prüfer trug ein übriges zur Verunsicherung bei: Die Sitze wurden ausgelost, die Assistenten waren sehr streng und wiesen darauf hin, daß jeder, der bei Unkorrektheiten beobachtet werde, den

Raum sofort verlassen müsse und eine Fünf erhalte. Dann ging es los. Die Mehrfach-Wahlantworten, die im ersten Teil der Klausur zu beantworten waren, stellten sich als ein Heft heraus, bei dem einige Aufgaben fast eine ganze DIN A 4-Seite füllten, und dies alles sollte in 25 Minuten erledigt werden. Rolf M. stellte zu seinem Entsetzen fest, daß er alleine vier Minuten gebraucht hatte, um nur die Fragen durchzulesen. Sehr beunruhigt begann er mit der ersten Frage von 15. Er verstand sie nicht richtig, wurde nervöser, begann mit der zweiten, dann ziellos hin und her, zum Schluß, als 25 Minuten vorbei waren, hatte er bei ganzen acht Fragen Antwortkreuze stehen, und die meisten davon waren nur geraten. Beim zweiten Teil der Prüfung war er schon so niedergeschlagen, daß er die Aufgaben zunächst gar nicht las, sondern sich überlegte, ob er einfach gehen sollte. Schließlich blieb er doch und versuchte, die Aufgaben zu bewältigen, wobei er schon vom Mißerfolg überzeugt war, besonders wenn er sich seine Nachbarn ansah, die eifrig und viel schrieben, während er nur langsam vorankam.

Niedergeschlagen ging er nach Hause. Am nächsten Tag sollte die Klausur fortgesetzt werden. Nachts konnte er nicht schlafen, und am nächsten Tag ging es ihm nicht besser als zuvor. Er verließ daraufhin frühzeitig den Prüfungsraum, nahm an der zweiten Hälfte der Klausur nicht mehr teil und erschien auch zu den weiteren Teilprüfungen nicht.

Es liegt in der Natur der psychologischen Literatur, daß in ihr nur von Erfolgen berichtet wird. Die Geschichte ist also hier nicht zu Ende. Der Psychologe hilft. Rolf M. besteht die nächste Klausur. Aber die Wirklichkeit ist anders. Viele Studenten resignieren nach solchen Erfahrungen, geben ihr Studium auf oder bummeln noch einige Zeit herum, ohne je ein Examen zu machen. Ihre Fähigkeiten verkümmern, und irgendwann suchen sie sich einen Job. Es sind oft zufällige Dinge, die jemanden scheitern lassen. Und es sind zufällige Dinge, die dazu führen, daß Menschen «Erfolg» haben. Aber dennoch schreiben die meisten Erfolg und Mißerfolg ihren eigenen Fähigkeiten zu.

In der Wirklichkeit gehen solche Geschichten oft so aus, wie im folgenden Fall, den ich selbst miterlebte. Der Schüler Udo L. war das, was man ein «sonniges Gemüt» nennt, immer lustig, allseits beliebt, gewandt, ein ebenso guter Turner wie Rechner, seine Aufsätze sprühten vor Witz, und mehr als einmal wurden sie uns als gelungene Beispiele vorgelesen. Am Ende der 9. Klasse starb seine Mutter. Udo wurde ein bißchen stiller, aber sonst merkte man ihm nicht viel an. In der 10. Klasse bekamen wir einen neuen Lehrer in Deutsch. Der mochte den burschikosen Ausdrucksstil, der Udo noch im Vorjahr manches Lob eingebracht hatte, nicht. Die erste Arbeit war schon eine Vier. Die nächste gar eine Fünf. Udo, der zu Hause noch zwei Geschwister zu betreuen hatte, lehnte sich nicht auf, er nahm alles apathisch hin. Er erzählte uns, daß er sich in eine Liebschaft eingelassen hatte. Wir sammelten Geld für ihn, damit er sich von einer Geschlechtskrankheit heilen konnte. Denn sein Vater durfte nichts davon erfahren. Und zugleich ließ er auch in anderen Fächern nach. Noch bevor das Schuljahr zu Ende war, stand für alle Lehrer fest, daß Udo L. für die Oberstufe des Gymnasiums nicht geeignet war. Er bekam den Rat, abzugehen, und da er ihn befolgte, sogar noch ein passables Abgangszeugnis. Udo L. ist dann Dekorateur geworden. Ich habe ihn einmal wiedergesehen. Da hatte er den Schlag von damals längst verwunden. Aber ein bißchen wurmte es ihn doch noch. Er hätte zu gerne Kunst studiert, und er erzählte mir, daß er jedes Jahr überlege, ob er sich nicht bei einer Kunstakademie bewerben solle. «Doch irgendwie bringe ich den Schneid dafür nicht auf», sagte er zu mir.

Wäre alles ein bißchen anders gelaufen, so wäre er vielleicht heute ein berühmter Maler oder Professor an einer Kunsthochschule, so wie manche meiner Klassenkameraden, die vielleicht weniger intelligent waren, ähnliche Karrieren gemacht haben, wie eben die Fähigkeiten vieler Menschen zu solchen «höheren» Jobs ausreichten, die es nur nicht in ausreichender Zahl gibt.

2. Unterstützung, die über hohe Hürden hilft

Ich habe schon von dem Experiment erzählt, in dem Getto-Kinder innerhalb von 21 Monaten durch täglich eine Stunde zusätzliche Zuwendung im Durchschnitt IQ-Gewinne von 17 erhielten. Diese Art von Unterstützung ist für die Entwicklung von unschätzbarer Bedeutung.

Ganz gleich, ob es sich um intellektuelle Fähigkeiten, ob es sich um Schulleistungen oder andersartige Interessen handelt, Menschen brauchen Unterstützung, wenn sie irgendwo an Grenzen ihrer Leistungsfähigkeit stoßen. Erhalten sie diese Unterstützung, so werden sie sich weiterentwikkeln. Bleibt ihnen die Unterstützung versagt, so kommen sie nicht weiter.

Um Mißverständnisse auszuräumen: Unterstützung heißt keinesfalls, daß Menschen von Anforderungen verschont bleiben sollen. Anforderungen sind wichtig. Nur: Sie dürfen nicht überfordern. Und wenn sie überfordern, so ist Unterstützung notwendig, damit aus der Anforderung nicht ein Nachweis von Unfähigkeit wird.

Zwei Beispiele sollen zeigen, wie Unterstützung helfen kann. Das erste (aus meinem eigenen Erfahrungsbereich) ist ein alltäglicher Fall, wie er sich überall ereignen kann; der zweite ist komplizierter und machte die Hilfe von Psychologen erforderlich.

Der Fall Rita

Ein Mächen, nennen wir es Rita, hatte den dringenden Wunsch, das Abitur zu machen. Bis zur 6. Klasse klappte auch soweit alles ganz gut. Die Leistungen waren gut bis zufriedenstellend, und der Weg in die höhere

Schule schien gesichert. Da ergaben sich Schwierigkeiten. Rita hatte schon ein ausgedehntes Hobby, das Schwimmen, das sie an zwei bis drei Nachmittagen in der Woche beanspruchte. Irgendwann entwickelte sie nun noch ein zweites Hobby: Sie begann, voller Intensität und mit großem Erfolg Flöte zu spielen. Viele Stunden täglich saß sie in ihrem Zimmer und flötete. Kein Wunder, daß sich das in den Schulleistungen bemerkbar machte. Besonders im Fach Englisch. Es gab die ersten Fünfen. Rita bekam Wutanfälle, wenn sie nur das Englisch-Buch sah. Wenn es hieß, daß eine Englisch-Arbeit geschrieben werden sollte, war sie schier ungenießbar. Sie begann zu büffeln – aber ohne Erfolg. Sie erklärte, sie wolle Englisch am liebsten gar nicht mehr haben usw. Es kam zu mehreren Gesprächen mit den Eltern. Die Eltern erklärten ihr, daß sie selbst wählen könne, ob sie auf das Gymnasium (das erst nach der 6. Klasse anfing) gehen wolle oder vielleicht lieber auf die Realschule. Wenn sie auf das Gymnasium gehen wolle, so wollten sie ihr helfen, ihre Englisch-Leistungen zu verbessern.

Rita wandte ein, sie könne Englisch eben nicht, das würde sie nie lernen, außerdem interessiere es sie nicht. Gleichzeitig aber beharrte sie darauf, aufs Gymnasium zu gehen, weil sie doch Ärztin werden wollte. In diesem Konflikt erklärten ihr die Eltern, daß ihre bisherige Arbeitstechnik, immer nur vor den Klassenarbeiten zu pauken, schlecht sei. Sie würde sich damit nur verrückt machen und ihre Angst vergrößern, so daß sie bei den Klassenarbeiten noch weniger Chancen hätte. Sie schlugen ihr vor, jeden Tag zehn Minuten bis eine Viertelstunde mit ihr Englisch zu machen. Rita war durch die (relativ kurze) Erfahrung des Versagens aber schon so verunsichert, daß sie immer wieder behauptete, das hülfe doch nichts. Aber nachdem die Eltern ihr die Alternative klargemacht hatten, erklärte sie sich doch bereit, mit einem Versuch einverstanden zu sein. Die täglichen Übungen von zehn Minuten bis höchstens eine Viertelstunde fingen an.

Wenn Rita am Anfang irgendeine Vokabel nicht wußte oder sonst irgend etwas nicht konnte, dann war ihre stereotype Redewendung: «Siehst du, das kann ich eben nicht, das lerne ich sowieso nie.» Also konzentrierten sich die Eltern darauf, eben jene Dinge, von denen Rita meinte, sie würde sie doch nie lernen, ihr geduldig nahezubringen. Nach und nach häuften sich die Erfolgserlebnisse. Schon die nächste Arbeit fiel etwas besser aus. Aber die ständige Übung von zehn Minuten wurde fortgesetzt. Innerhalb von drei Monaten hatte Rita ihre erste Drei geschrieben. Die Übungen wurden lockerer, Rita bekam ihr Selbstbewußtsein langsam wieder.

Wie die Geschichte weiterging, wissen wir nicht. Dennoch dürfen wir wohl annehmen, daß nach einiger Zeit die elterliche Unterstützung wieder abgezogen werden konnte und Rita – im Vertrauen darauf, daß Hilfe kommt, wenn man sie braucht – ihre Schularbeiten wieder selbst und in eigener Verantwortung machen konnte.

Unterstützung kann sehr verschieden aussehen. Und manches, was als Unterstützung gemeint ist, ist in Wirklichkeit das Gegenteil. Wenn die Unterstützung nur in Fordern und aufgezwungenem Drill besteht, so kann das oft fatale Folgen haben und – wie das nicht selten der Fall ist – die Hilfe und tatsächlich wirksame Unterstützung von Fachleuten nötig machen.

Der Fall Udo

Ich möchte das an einem Beispiel demonstrieren, das ich dem Buch «Eltern, Kind und Neurose» von Horst-Eberhard Richter (1969) entnehme. Da war eine Frau, die, recht ehrgeizig, wegen einer Schwangerschaft mit 21 Jahren heiratete und ihre beruflichen Pläne aufstecken mußte. Ihr Mann, Elektriker, der im Akkord arbeitete, teilte ihre geistigen Ambitionen nicht. Zunächst setzte sie ihm zu, sich weiterzubilden und ein Stück von dem zu verwirklichen, was sie selber gern gemacht hätte. Aber er ging auf diese Wünsche nicht ein.

Als sie einen Sohn, Udo, zur Welt bringt, überträgt sie ihre Hoffnung offenbar auf das Kind. Richter schreibt: «Er sollte die Ziele dereinst erreichen, denen sie entsagen mußte.» Aber der jungen Mutter ging alles viel zu langsam, ihre Wünsche waren so groß, daß sie sie am liebsten gleich erfüllt gefunden hätte. «Erst mit fünf Jahren überwand er allmählich die Babysprache. Voller Ehrgeiz, ihm früh ein perfektes Hochdeutsch beizubringen, quälte ihn die Mutter ungeduldig mit verfrühten Sprechübungen, und schimpfte oft, wenn er noch nicht richtig artikulierte. Schon vor der Einschulung stellte sie ihm Rechenaufgaben und bemühte sich, ihn im Auswendiglernen zu trainieren.»

Horst-Eberhard Richter erklärt diese Entwicklung mit dem «niedrigen Intelligenzniveau», das bei ihm gemessen wurde. Aber wir dürfen durchaus annehmen, daß dieses niedrige Intelligenzniveau bereits ein Ergebnis der frühen Dressurversuche der Mutter war. Wenn das Kind erst mit fünf Jahren die Babysprache verlor, so dürfen wir dies durchaus als Ergebnis einer Resignation des Kindes vor den hochgesteckten Zielen der Mutter verstehen. Wenn wir die durch mütterliche Überforderung und Ungeduld hervorgerufene Intelligenzretardierung und die entstandene Angst in Rechnung stellen, so ist es höchst logisch, daß Udos Schulerfolge bescheiden blieben. Ebenso ist angesichts ihrer Erwartungen die Enttäuschung der Mutter verständlich. Dies nun führte dazu, daß der Junge nicht, wie die anderen Kinder, zum Fußballspielen auf die Straße durfte, sondern mit stundenlangen Leseübungen traktiert wurde. Bezeichnend für die ständige Überforderung, die jeden Erfolg gleich wieder zu einem Mißerfolg machte, ist folgende Mitteilung Richters: «Kaum beherrschte er das Alphabet, setzte sie ihm auch schon Zeitungsartikel vor. Mit ihrem überehrgeizigen Eifer brachte sie immer wieder die Situation zustande, daß Udo sich als Versager fühlte. Denn sie forderte stets mehr, als er konnte.»

Eine Zeitlang konnte Udo dieser ständigen Überforderung wenigstens noch teilweise folgen. Aber die Schulsituation verschlimmerte die Angelegenheit von Tag zu Tag. Denn auch in der Schule wird verglichen. Und da die ständige Überforderung der Mutter nicht zu dem erwarteten Erfolg in der Schule führte, waren auch die Reaktionen der Frau immer schlimmer. Ein «Teufelskreis»: Durch den Druck der Mutter steigerte sich die Leistungsangst und damit auch die Leistungsunfähigkeit. Je mehr dies zu einer Minderung der Schulerfolge führte, um so schärfer wurde der häusliche Konflikt. Die Mutter bekam Kopfschmerzen und machte Udo dafür verantwortlich. Die Angst des Jungen nahm gravierende Formen an. Richter schreibt: «Früher frisch und jungenhaft, wurde er nunmehr ängstlich. In der Schule erschrak er schon, wenn der Lehrer nur an seinem Platz vorbeiging (Bericht des Klassenlehrers). Zu Hause erschien er vor allem in Gegenwart der Mutter verstört und manchmal wie ‹abwesend›. Er wurde immer schweigsamer und scheinbar stumpfer. Dem Lehrer und der Schulärztin erschienen die Verhaltensstörungen Udos so beunruhigend, daß sie der Mutter rieten, unsere Sprechstunde aufzusuchen.»

Die Diagnose lautete «Neurose mit Kontakthemmung und Tics».

Die psychotherapeutische Beratung *der Mutter*, die sich über mehrere Jahre erstreckte, führte dazu, daß sie den Druck auf den Jungen verminderte. Wichtig für sie war dabei, daß sie in dieser Zeit wieder berufstätig wurde. So war auch ihr Bedürfnis, sich so stark auf ihren Jungen zu konzentrieren, ein Stück reduziert. Sie konnte ein Stück Selbstbestätigung aus ihrer Arbeit ziehen. Udo verlor in dieser Zeit seine schreckhaften Angstreaktionen und auch seine Tics. In der Schule kam er «gerade eben mit». Dieses Feld war wohl nach wie vor so angstbesetzt, daß er sich auf ihm nicht entfalten konnte. Dafür fing er an zu basteln und zeigte sich dabei geschickt. Offenbar nahm er sich dabei seinen Vater zum Vorbild. So berichtet Richter, daß Udo selbständig eine elektrische Leitung verlegt habe. Seine Schwester ist in der Schule wesentlich erfolgreicher als er (was auch kein Wunder ist, da sie nicht so große Erwartungen der Mutter zu erfüllen hatte). Nachdem die Mutter aufgehört hat, ihn ständig mit der erfolgreicheren Schwester zu vergleichen, hat sich auch die Beziehung zu ihr gebessert.

Dieser Fall zeigt nicht nur, wie mühsam und schwierig es sein kann, Kindern Unterstützung zu gewähren. Er demonstriert zugleich, wie ständige Überforderung Angst und Leistungsversagen produziert.

Er ist ein Beispiel dafür, wie Eltern zum Leistungsversagen ihres Kindes beitragen, ja es geradezu hervorbringen. Aber er ist auch zugleich ein Beispiel dafür, wie sich mit dem Eintritt in die Schule die Bedeutung von Leistung und Leistungsangst verändert und wie im Zusammenspiel von schulischen und elterlichen Leistungsforderungen der vollständige Zusammenbruch eines Kindes herbeigeführt werden kann.

Wie ich meine, zeigt dieser Fall nicht zuletzt, daß es berechtigte Hoffnung gibt, in weniger schweren Fällen durch ein Stück Selbstreflektion der Beteiligten eine gewisse Entspannung der Situation zu erreichen.

Die Frage, ob die Intelligenz vererbbar ist oder nicht, erscheint in diesem Zusammenhang fast bedeutungslos. Wenn Eltern ihren Kindern nicht jene Unterstützung geben können, die sie benötigen, um die gesteckten Ziele zu erreichen, so können sie hier lernen, daß Druck und Ungeduld keine Hilfen sind und nur das Gegenteil von dem erzeugen, wozu sie eigentlich eingesetzt werden.

Die konkreten Beispiele von Schulangst und Leistungsversagen, mit denen wir uns in diesem Kapitel beschäftigten, machen deutlich:

- Schul- oder Prüfungsangst und Leistungsversagen können an jedem Punkt der Entwicklung hervorbrechen und so stark werden, daß sie zur Resignation führen.
- Angemessene Unterstützung zur richtigen Zeit kann weiterhelfen.

So aufschlußreich schon diese Beispiele sind, so geben sie doch noch keine genauen Antworten auf die Zusammenhänge von Angst und Leistungsfähigkeit.

Diesem Fragenkomplex wenden wir uns in den nächsten Kapiteln zu.

Kapitel 7
Wie Angst entsteht und wie sie wirkt – Erkenntnisse aus dem Lernlabor

Wir haben schon ein vorläufiges Verständnis über den Zusammenhang von Angst und Leistung (in der Schule) gewonnen. Um mehr und Differenzierteres sagen zu können, befassen wir uns in den nächsten Kapiteln mit den Ergebnissen, zu denen Wissenschaftler gekommen sind. In diesem Kapitel geht es zunächst um die Erkenntnisse aus dem Lernlabor, in dem die Forscher mit Tieren experimentieren. Hier sind einige grundlegende Einsichten und Begriffe zu gewinnen, die auch für die Diskussion menschlicher Angst von Bedeutung sind.

Statistische Befunde über Prüfungsangst und Schulleistung sowie detailliertere Erkennntnisse über das Verhalten von Prüfungsängstlichen beim Lernen und in Test-Situationen folgen im nächsten Kapitel, bevor wir in Kapitel 9 auf jene Faktoren in unserem Leben eingehen, die in der kindlichen Entwicklung zur Entstehung von Ängstlichkeit beitragen.

1. Was «ist» Angst?

Da Angst etwas ist, das jeder schon einmal erlebt hat, über das wir uns auch umstandslos in der Alltagssprache unterhalten können, haben wir uns bisher auch ohne Schwierigkeiten über Angst verständigen können, ohne daß wir genauer gesagt hätten, was wir darunter verstehen. Und dies ist bei näherem Hinsehen gar nicht so einfach.

Angst ist eine Reaktion des Organismus auf eine bedrohliche Situation, die mit einer Reihe von selbst erlebbaren Begleiterscheinungen einhergeht: mit Aufregung, Spannung, Beengung, Flauheit im Magen, Herzklopfen, Knieschlottern, Schwitzen. Alle diese und andere Begleiterscheinungen können wir am «eigenen Leibe» feststellen.

Was wir dabei in uns spüren, hat auch eine äußerliche Seite. Es ist für einen Beobachter sichtbar. So z. B. unruhige Bewegungen, Lauschen und Sichumschauen, das, was der Jäger beim Wild «sichern» nennt. Aber auch das Gegenteil kann zu sehen sein: Erstarrung, Regungslosigkeit usw.

Wenn der Beobachter, z. B. ein Wissenschaftler, Gelegenheit hat, jemandem, der Angst hat, sozusagen unter die Haut zu schauen, so stellt er weiteres fest: Pulsbeschleunigung, Blutdruckzunahme, Zunahme der elektrischen Leitfähigkeit der Haut, Zunahme der Atmungsfrequenz, Pupillenerweiterung, Hemmung der Tätigkeit der Speichel- und anderer Verdauungsdrüsen, gleichzeitige Aktivierung der Darm-Motorik, Steigerung der Harnproduktion, gesteigerte Produktion von Adrenalin und anderen Hormonen.

Es fällt auf, daß sehr viele Körperfunktionen im Angstzustand aktiviert werden. Wenn wir so etwas beobachten oder feststellen, sagen wir: «Er (oder sie) hat Angst.» Für den Wissenschaftler sind diese Verhaltensäußerungen nicht die Angst selbst. Der Wissenschaftler bezeichnet mit dem Wort Angst die allen diesen Äußerungen zugrundeliegende Reaktion des Organismus. Er versteht Angst gleichsam als die Kraft, die durch eine äußere oder innere Gefahr aktiviert wird und alle die beschriebenen einzelnen Reaktionen hervorbringt. Was der Organismus aus dieser Kraft macht, das hängt davon ab, wie er die Situation, welche Angst ausgelöst hat, wahrnimmt. Im großen betrachtet, stehen dem Organismus zwei Verhaltensweisen zur Verfügung: sich entweder der Situation zu entziehen, die so bedrohlich ist, oder die Situation selbst so zu verändern, daß sie ihre Bedrohlichkeit verliert («Flüchten oder Standhalten»).

2. Angst und Lernen im Labor

Ich habe gesagt, daß Angst von den Wissenschaftlern als die Reaktion des Organismus auf eine «gefährliche Situation» verstanden wird. Im Lernlabor wird eine Situation für die Versuchstiere «gefährlich» gemacht, indem man ihnen Schmerz zufügt. Zu einer «Situation» wird die Angelegenheit allerdings erst dadurch, daß den Tieren kurz vor dem Schmerz noch ein anderes Zeichen gegeben wird (Lichtsignal, Ton oder ähnliches). Sehen wir uns dazu folgendes Experiment an (nach Fürntratt 1974, S. 207):

Hunde wurden in einem Käfig mit einem Boden gehalten, durch den elektrische Schocks verteilt werden konnten. Der Käfig war geteilt: In der Mitte befand sich eine Tür, die hochgezogen werden konnte. Täglich dreimal ereignete sich nun folgendes: In dem Abteil, in dem sich das Versuchstier gerade befindet, geht das Licht aus, und gleichzeitig wird die Falltür zwischen den beiden Abteilen hochgezogen und gibt eine Hürde frei. Zehn Sekunden später bekommt der Hund durch das Bodengitter einen starken Elektroschock. Diesem Schock kann der Hund entfliehen, wenn er über die Hürde ins andere Abteil springt.

In diesem Versuch zeigten die Hunde sehr rasch, gewöhnlich vom dritten Versuch an, äußere Zeichen von Angst, wenn das Licht aus- und die Tür hochging: Sie hatten gelernt, daß das Ausgehen des Lichtes und das Heben der Tür als ein drohendes Vorzeichen angesehen werden mußte. Setzte der Schock ein, so sprangen sie mit von Mal zu Mal kürzerem Zögern über die Hürde, und es dauerte nicht lange (im Durchschnitt etwa fünf Versuche), bis sie sprangen, bevor der Schock kam.

Vergegenwärtigen wir uns die wesentlichen Punkte dieses Experiments: Den Versuchstieren wird ein Schmerz zugefügt. Dieser Schmerz selbst ist unangenehm. Indem die Tiere aber «lernen», daß zwischen dem Ausgehen des Lichtes und dem folgenden Schmerz ein Zusammenhang besteht, wird das Ausgehen des Lichtes für sie zu einem Signal, das kommenden Schmerz ankündigt. Dieses Signal wird zum «Angst-Auslöser».

Wir können während des Experiments Angst nur so lange wahrnehmen und feststellen, bis die Tiere gelernt haben, sich rechtzeitig bei dem Ausgehen des Lichtes (dem drohenden Vorzeichen) in Sicherheit zu bringen. Von dem Zeitpunkt an vermeidet das Tier die Angst, indem es rechtzeitig springt.

Die sichtbar gewordene Angst-Reaktion können wir als «konditionierte» oder «bedingte» Reaktion verstehen. Eine «unbedingte» Reaktion haben wir z. B. vor uns, wenn uns angesichts eines üppigen Essens das Wasser im Munde zusammenläuft. Der russische Verhaltensforscher Pawlow hat herausgefunden, daß solche Reaktionen nicht nur durch die direkte Wirkung (Anblick und Geruch) des Essens hervorgerufen werden. Wenn er für seine Hunde, mit denen er experimentierte, regelmäßig kurz vor Verabreichung des Fressens eine Glocke anschlug, so setzten Speichelfluß und die Absonderung von Verdauungssäften im Magen nach einiger Zeit schon *mit diesem Glockenton* ein. Diese Reaktion nannte er «konditioniert» oder «bedingt».

Was unser Beispiel angeht, so wissen wir, daß Schmerz eine Aktivierung des Organismus hervorruft. Je nach den Umständen nutzt der Organismus die durch die Aktivierung bereitgestellte Energie entweder zur Flucht oder zum Angriff.

Dadurch, daß in dem geschilderten Experiment zehn Sekunden vor dem Elektroschock das Licht ausging, wird diese «Reaktion» zu einer «bedingten» Reaktion und tritt als Angst so lange sichtbar in Erscheinung, bis der Hund gelernt hat, sie durch einen Sprung in die andere Hälfte der Box zu vermeiden. Die Angst war solange sichtbar, solange der Hund «ratlos» blieb. Nun, nachdem er gelernt hat, sie zu vermeiden, können wir uns vorstellen, daß sie sozusagen ohne Umwege direkt in seine Beine fährt und ihn springen läßt.

An diesem Versuch konnten wir sehen:

- wie Angst gelernt wird,
- wie das Bedürfnis, Angst zu vermeiden, zum Erlernen einer Flucht- oder Vermeidungsreaktion führt.

Für das Erlernen einer solchen Fluchtreaktion müssen zwei Bedingungen erfüllt sein:

1. Die schmerzauslösende Situation muß in einem Zusammenhang mit anderen wahrnehmbaren, voraufgehenden Reizen stehen (in diesem Fall das Ausgehen des Lichtes).
2. Für die Fluchtreaktion muß eine Möglichkeit vorhanden sein (die hochgehende Falltür).

Das Erlernen einer solchen Flucht- oder Vermeidungsreaktion ist allerdings noch von einer weiteren Bedingung abhängig: Der Organismus muß – was keineswegs selbstverständlich ist – in der Lage sein, den Reiz, der dem Schmerz voraufgeht, genau zu identifizieren. Welche Grenzen hier den Lernprozessen gesetzt sind, soll an einem weiteren Experiment verdeutlicht werden. In diesem (Fürntratt 1974, S. 58) wurden zwei verschiedene Signale (ein Quadrat und ein Kreis) mit verschiedenen Reizen gekoppelt. Das Quadrat z. B. signalisierte Futter, der Kreis zeigte einen Elektroschock an. Die Versuchstiere lernten im allgemeinen schnell, auf beide Signale angemessen zu reagieren. Nun wurden die beiden Signale einander immer ähnlicher gemacht, bis schließlich ein Punkt erreicht war, an dem die Signale sich durchaus noch «objektiv» unterschieden, die Versuchstiere sie aber nicht mehr auseinanderhalten konnten. Dadurch war es ihnen unmöglich, angemessen zu reagieren: Sie zeigten sichtbare Zeichen von Angst.

Probleme dieser Art sind im menschlichen Zusammenleben nicht selten. Wenn z. B. ein Lehrer seine Schüler häufiger mit Ironie behandelt, so kann deren Wahrnehmungsfähigkeit durchaus überfordert sein: Die Folge ist allgemeine Unsicherheit und Ängstlichkeit.

Bisher haben wir uns mit Flucht- und Vermeidungsreaktionen befaßt. Oft aber ist Flucht nicht möglich: entweder weil es keine «warnenden Vorzeichen» gibt oder weil eine Möglichkeit zur Flucht nicht besteht.

Die Berichte aus dem Lernlabor zeigen, daß Organismen auf solche Situationen – je nach Möglichkeit – auf zweierlei Art und Weise reagieren können:

- Sie können eine Abschaltreaktion lernen oder
- sie lernen, den Schmerz zu ertragen und erwerben damit eine «Hilflosigkeit», die weitere Lernprozesse blockiert.

Wie Fürntratt (1974, S. 195) berichtet, lernen Versuchstiere unter anderem, auf ein Pedal zu treten oder ein Rad zu drehen, um einen Schock oder ein lautes Rauschen abzuschalten und damit zu beenden. In einem anderen Experiment lernte ein Versuchstier, mehrmals hintereinander (bis zu 16mal) auf ein Pedal zu drücken, um ein starkes, störendes Licht abzuschalten.

Im menschlichen Leben sind vergleichbare Reaktionen: bei lautem Straßenlärm das Fenster schließen; den Kopf senken und zu arbeiten anfangen, um das Schimpfen des Lehrers zu beenden; eine Tablette schlucken, um den Kopfschmerz aufhören zu lassen. Das sind sehr triviale Lernprozesse und Verhaltensweisen.

Von größerer Bedeutung für das Verständnis menschlichen Verhaltens ist das Lernen von «Hilflosigkeit», wie es in folgendem Beispiel aus dem Lernlabor deutlich wird. Wie Fürntratt (1974, S. 201 f) berichtet, erhielten Hunde in einem Experiment 64mal einen Schock von maximal 30 Sekunden Dauer, ohne daß sie dagegen etwas tun konnten. 8 andere Tiere wurden genauso behandelt, hatten aber Gelegenheit, durch Pressen einer

Platte den Schock abzuschalten, was sie auch lernten. Dann wurden alle 16 Versuchstiere in Käfige gesetzt, in denen sie den Schocks durch Sprung über eine Hürde entfliehen konnten. Außerdem wurden vor den Schocks Lichtsignale gegeben. Jene Hunde, die im Vorexperiment die Gelegenheit hatten, den Schock abzuschalten, lernten, beim Aufleuchten des Warnlichtes sich rechtzeitig in Sicherheit zu bringen. 6 von den 8 Tieren, die vorher keine Gelegenheit hatten, etwas gegen die Schmerzen zu tun, lernten hingegen in den ersten 10 Versuchen ein solches Vermeidungsverhalten nicht. Offenbar hatten die Tiere im ersten Teil des Experiments «gelernt», daß sie nichts gegen die Schmerzen tun konnten. Sie hatten gelernt, sie zu ertragen. Dieses Nicht-Verhalten wird von den Psychologen deshalb auch als «gelernte Hilflosigkeit» bezeichnet. Ein Organismus kann also nicht nur lernen, Angst zu vermeiden oder abzuschalten, sondern er kann auch lernen, Angst nicht zu vermeiden, d. h. sich an bestimmte Ängste zu «gewöhnen». Es ist wohl unbezweifelbar, daß der Schmerz bei den Versuchstieren eine Schmerz- bzw. Angstreaktion auslöste, aber die vorhergehende Lernerfahrung verhinderte, daß diese «Energie» nun der Motor für ein sinnvolles Verhalten (Vermeidungsverhalten) werden konnte.

Fassen wir bis hierhin zusammen:

- Körperlicher Schmerz setzt im Organismus ein Energiepotential frei, das wir Angst nennen.
- Diese Energie kann zu Flucht- oder Abschaltreaktionen benutzt werden. Ist beides nicht möglich, so tritt ein «Gewöhnungseffekt» («gelernte Hilflosigkeit») ein.
- Ist das Auftreten von körperlichem Schmerz mit vorausgehenden Signalreizen verbunden, so werden die vorausgehenden Signalreize zu «bedingten» Angstauslösern, auf die der Organismus ebenfalls mit Flucht oder Abschalten oder Gewöhnung reagieren kann.

Dies alles sind recht einfache Experimente, bei denen sich die Organismen zu dem Schmerz und der Angst (und sei es auch nur durch Gewöhnung) verhalten können. Der Schmerz ist vermeidbar, abschaltbar oder «erträglich». Eine kompliziertere (und deswegen auch für menschliches Verhalten bedeutungsvollere) Variante steht im folgenden zur Debatte: Ein gelerntes, für die Lebenserhaltung notwendiges Verhalten stellt sich plötzlich als bedrohlich heraus (Thews 1975, S. 43 ff). Katzen waren darauf trainiert worden, zwei Schalter nacheinander zu drücken (beim ersten ging eine Lampe an, beim zweiten gab es ein Glockensignal), um sich ihr Futter zu «verdienen»: Nach dieser Prozedur warf ein Automat jedesmal eine Futterpille zur Belohnung aus.

Nachdem die Katzen sich auf diese Weise eine Zeitlang redlich ernährt hatten, geschah plötzlich Schreckliches: Als sie ihre langerwartete und verdiente Futterpille aus dem Futterkasten holen wollten, wurden sie von einem kurzen Luftstrom angeblasen. Das ist für Katzen ausgesprochen unangenehm. Die Folge war, daß sie sich verstört in eine Ecke des Käfigs zurückzogen. Nach einiger Zeit versuchten sie es noch einmal, und einige Male ging es gut. Dann wieder dieser Luftstrom. Wenn sich diese Erfahrung nur wenige Male wiederholt hatte, gerieten die Katzen in einen merkwürdigen Zustand, der viele Anzeichen von Angst hat, und begannen, merkwürdige Verhaltensweisen zu entwickeln, die denen menschlicher Neurosen ähneln. So wurden unter anderem folgende Symptome festgestellt: erhöhte Herzfrequenz, flacher und unregelmäßiger Atem, erhöhter Blutdruck. Es entwickelten sich körperliche Krankheitssymptome wie Magen-Darm-Beschwerden, Asthmaanfälle, Durchfall, Muskelkrämpfe und sexuelle Impotenz.

Extreme Schreckreaktionen wurden registriert, die Katzen fürchteten sich vor harmlosen Geräuschen, vor geschlossenen Räumen und vor gefangenen Mäusen. Bei einer Katze wurde ein typisches «Zwangsverhalten» festgestellt. Stellte man ihr einen Napf mit Futter hin, so umkreiste sie ihn erst dreimal von links, bevor sie zu fressen begann. Wenn wir dieses Verhalten verstehen wollen, so müssen wir uns vor allen Dingen eines klar machen: Während normalerweise die Signale, die Angst ankündigen, außerhalb von uns selbst sind, so ist in diesem Falle ein körpereigenes Bedürfnis zum Signal für eine angstauslösende Situation geworden. Je stärker der Hunger wird, umso stärker wird das Bedürfnis, die eingeübten Griffe zu machen, um sich Futter zu beschaffen. Gerade mit diesen Griffen wird aber auch die Erinnerung an die schlimmen Erfahrungen reaktiviert, d. h. das Bedürfnis, Angst zu vermeiden, wächst mit dem Hunger. Die angstauslösende Situation ist in den Organismus selbst hineinverlegt worden. Offenbar gerät dieser unter zunehmendem Hungerdruck zugleich unter eine immer größere Angstspannung, eben jene Motivation, der angstauslösenden Situation zu entfliehen oder sie zu verändern, was aber beides vollends unmöglich ist. Diese Spannung wird über das parasympathische Nervensystem (vegetatives Nervensystem) dem ganzen Körper mitgeteilt, was zur Beeinträchtigung fast aller Körperfunktionen führen kann.

Gerade dieses Katzenbeispiel hat eine beträchtliche Nähe zu dem Verhalten der Kinder, mit deren Ängsten wir uns in diesem Buch beschäftigen, für die die Schule jener Ort ist, wo ihnen ständig «kalte Luftströme» ins Gesicht geblasen werden, die zu meiden sie aber durch ihr Gewissen und äußere Umstände gehindert sind. Viele von ihnen haben keine Möglichkeiten (darüber später mehr), den kalten Luftstrom abzustellen. Und so reagieren sie mit ähnlichen Symptomen wie die Katzen in unserem Beispiel. Können wir Magenbeschwerden und dergleichen als direkte körperliche Reaktionen registrieren, so sind Tics, Kaspern, Aggressionen und Teilleistungsschwächen wie «Legasthenie» eher in die Nähe des «Zwangsverhaltens» zu rücken.

Wenn die Katze dreimal um ihren Napf schleicht, bevor sie zu fressen anfängt, so ist das offenbar ein solches sinnloses (Zwangs-)Verhalten.

Wenn Menschen ähnliches Verhalten zeigen, nennen wir es «irrational».

Normalerweise lernen Organismen Verhaltensweisen, die sinnvoll auf die Befriedigung ihrer Lebensbedürfnisse bezogen sind: Tiere lernen, Fallen zu meiden und jene Stellen aufzusuchen, wo Futter zu finden ist. Menschen lernen, Werkzeuge zu gebrauchen, ihre Wohnungen zu wärmen und dergleichen.

Die Experimente der Forscher im Lernlabor haben uns aber auch gezeigt, wie sinnlose Verhaltensweisen entstehen können. Wenn eine Bedürfnisspannung (z. B. Hunger) im Zusammenhang mit einem sinnlosen Verhalten verringert wird, dann «lernt» der Organismus dieses Verhalten. Um solche Versuche erfolgreich zu einem Ende zu bringen, ist es allerdings nötig, daß der lernende Organismus insoweit in der Gewalt des Experimentators ist, daß der Forscher im Versuchstier künstlich Bedürfnisse erzeugen kann, z. B. indem er es hungern läßt. Solche Versuche hat der amerikanische Forscher Skinner gemacht. (Nebenbei sei bemerkt, daß er dann deren Ergebnisse als allgemeine «Lerngesetze» verkauft hat, obschon sich solche Bedingungen, wie er sie im Labor herstellte, in der Wirklichkeit selten finden.)

Auch Skinner ließ seine Tauben, mit denen er mit Vorliebe experimentierte, hungern. Wenn sie dann im Käfig zufällig eine Figur liefen, die einer Acht ähnelte, warf er ihnen ein Körnchen Futter zu. Wiederholten sie die Figur, gab es wieder Futter. So «lernten» die Tauben, daß es für sie eine «sinnvolle» (weil futtereinbringende) Tätigkeit war, in Achten zu laufen.

Dies ist ein exzellentes Experiment darüber, wie Organismen Sinnloses lernen können.

Es hilft uns auch verstehen, wieso die verunsicherte, hungrige Katze «gelernt» hat, dreimal um den Futternapf zu laufen, bevor sie zu fressen beginnt. Offenbar war sie nach all den Luftstrom-Experimenten so hungrig und zugleich voller Angst, welche durch den Hunger beim Anblick des Futternapfes noch verstärkt wurde, daß sie erst zögernd dreimal um den Futternapf herumschlich, bevor sie dann doch zu fressen wagte. Die Reduzierung des Hungers ohne die (erwartete) Störung verband sich fest mit dem voraufgehenden «Ritual» des Herumschleichens um den Futternapf. Mit ihm war – in menschlicher Sprache ausgedrückt – die Gefahr «gebannt» worden. Psycho-logisch, daß die Katze dieses an sich sinnlose Verhalten in Zukunft immer wiederholte, bevor sie zu fressen begann. Und da sich tatsächlich die gefürchteten Luftströme nicht einstellten, verfestigte es sich als ein «geeignetes Mittel», wieder ungestört fressen zu können.

Ziehen wir eine Zwischensumme:

1. Wenn ein Lebewesen schmerzhafte Erfahrungen macht, die im Zusammenhang mit anderen Signalen stehen, so «lernt» es Angst und ihre Vermeidung: Bereits die Signale leiten ein Verhalten ein, durch das der Schmerz vermieden wird («Flucht»- oder «Vermeidungs-Verhalten»).

2. Wenn Lebewesen in eine unangenehme (= angstauslösende) Situation geraten, der sie nicht entfliehen können, so können sie lernen – wenn dazu die Möglichkeit besteht – die Störung zu beseitigen («Abschaltverhalten»).
3. Wenn Organismen in eine Situation geraten, die schmerzhaft und angstauslösend ist, der sie aber nicht entfliehen können und die auch nicht durch eigene Aktivität zu beeinflussen ist, so tritt eine Art Resignation bzw. ein Gewöhnungseffekt ein («Gelernte Hilflosigkeit»).
4. Wenn Angsterfahrung im Zusammenhang mit der Befriedigung eines vitalen Bedürfnisses auftritt, so führt dies bei höherentwickelten Organismen zu Störungen, die menschlichen Neurosen ähnlich sind.

Wir können also zunächst einmal festhalten:

Angst kann gelernt werden, und durch Angst (zur Vermeidung von Angst) *können* Verhaltensweisen gelernt werden.

Betrachten wir die Verhaltensweisen, die unter Angstmotivation gelernt werden, noch einmal genauer. Zunächst das Fluchtverhalten (der Hund, der beim Ausgehen des Lichtes springt): Es ist ein Verhalten, das auch im menschlichen Leben eine große Rolle spielt. Zur Bedeutung dieses Verhaltens ist noch eine wichtige Information nachzuliefern: Ist ein bestimmtes Signal erst einmal mit Angst besetzt, so geschieht die Flucht automatisch – auch dann, wenn sich die Zusammenhänge geändert haben und das «Signal» gar keine Gefahr mehr anzeigt. Im Hunde-Beispiel: Wenn der Hund erst einmal gelernt hat, beim Ausgehen des Lichtes ins andere Abteil zu springen, kann man den 10 Sekunden später folgenden Stromstoß ruhig weglassen. Er springt trotzdem. Im menschlichen Leben wird durch diesen Tatbestand die hartnäckige Fortdauer von Vorurteilen erklärbar: Wer erst einmal mit einer bestimmten Art von Menschen «schlechte Erfahrungen» gemacht hat, meidet sie und hat so keine Gelegenheit zu gegenteiligen Erfahrungen mehr. Im schulischen Lernen: Wenn ein Schüler z. B. auf das Signal «Mathematikstunde» mit Schrecken reagiert, so mag er sich in der entsprechenden Stunde in die innere «Emigration» des Träumens zurückziehen, Schiffe-Versenken spielen oder gar schwänzen und hat so die Möglichkeit verloren, zu erfahren, daß das, was nun gerade dran ist, ihn doch interessieren könnte.

Diese Art des Lernens, die durch Angst hervorgerufen wird, macht also tendenziell dumm, indem sie Erfahrungsmöglichkeiten abschneidet.

Im zweiten Fall – es ist unmöglich, sich der schmerzauslösenden Situation zu entziehen – ist Lernen möglich, wenn eine Chance besteht, die Schmerzquelle abzuschalten. Ist dies nicht möglich, so tritt «Gewöhnung» ein, ohne daß dabei allerdings der durch die Angst hervorgerufene Erregungszustand abgebaut würde. Ein passives, mit menschlichen Augen gesehen: «stumpfes» Ertragen ist die Folge, die auch dann noch anhält, wenn sich die Situation verändert und Lernmöglichkeiten gegeben sind. Die Forscher sprechen hier von «gelernter Hilflosigkeit». Im menschlichen Umgang erscheint ein solches Verhalten häufig als «Dummheit», und wir können analoges Verhalten durchaus auch in der Schule auffinden: Ein Schüler, der sich lange genug vergeblich bemüht hat, aus dem Bereich der Vierer und Fünfer herauszukommen, resigniert. Er hat auch «Hilflosigkeit» gelernt. Seine Lernchancen sind ebenso eingeschränkt wie die des Hundes, der keine Chance hatte, den Schmerz abzustellen.

Bei der Angstsituation, in der eine Möglichkeit zum Abstellen des Schmerzes vorhanden ist, also ein positiver Lernprozeß in Gang gesetzt werden kann, ist allerdings zu berücksichtigen, daß es in diesen Laborexperimenten nur um sehr einfache Lernprozesse geht. Die Frage, ob und inwieweit Angst menschliches Lernen fördern kann, wird noch im folgenden Kapitel diskutiert. Hier sei schon, um falschen Rückschlüssen vorzubeugen, folgendes vorweggenommen: Beim Menschen kann Angst nur in sehr wenigen Fällen, wenn sehr wenige Informationen zu verarbeiten sind, Lernen positiv beeinflussen; in der Regel geht es beim menschlichen Lernen um die Verarbeitung von vielen Informationen und um komplexe Prozesse, welche unter Angstmotivation erschwert bzw. unmöglich sind.

Wenn Angsterfahrung mit vitalen Bedürfnissen verbunden wird, wenn also nicht nur das Bedürfnis, Schmerz zu vermeiden, betroffen ist, sondern auch andere Bedürfnisse, wie z. B. Hunger, können Lebewesen sinnlose Verhaltensweisen jeder Art lernen, wenn diese in einem Zusammenhang mit der Befriedigung des unterdrückten Bedürfnisses stehen, ohne daß dabei Angst ausgelöst wurde.

Auch in diesem Fall macht Angst also dumm.

Wir haben bis jetzt untersucht, wie lebende Organismen in den Laborexperimenten auf angstauslösende Situationen reagieren und dabei einige Erkenntnisse gewonnen, die Zusammenhänge zwischen Lernen und Angst auch beim Menschen besser verstehen helfen.

3. Wodurch Angst ausgelöst wird

Die angstauslösenden oder – wie die Forscher sie nennen – die «aversiven» Reize im Labor sind recht einfach: Elektroschocks, grelles Licht, ein starker Luftstrom usw. Bei Vergleichen der Tierexperimente mit menschlichen Situationen mußten wir unter der Hand die aversiven Reize aus dem Tierexperiment durch andere ersetzen. So trat an die Stelle des Elektroschocks bei den Hunden die schlechte Zensur bei den Schülern. Hätten wir einen Vergleich zwischen den neurotischen Katzen und Neurotikern unter den Menschen gezogen, so hätten wir den unterdrückten Hunger durch unterdrückte Sexualität ersetzen müssen. Zwar spielen auch im menschlichen Leben mit Gewißheit aversive Reize wie Hunger, Schmerz und dergleichen eine Rolle, daneben aber müssen wir eine «Schmerzquelle» in Betracht ziehen, die bei den bisher geschilderten Experimenten nicht vorkam, über die wir aber etwas aus Versuchen mit Affenkindern erfahren können.

Es gibt offenbar so etwas wie einen angstauslösenden Schmerz, der durch «Fremdes» verursacht und durch das Aufsuchen eines bekannten, Unterstützung und Sicherheit gewährenden Ortes aufgehoben wird. Das soll an einigen Experimenten des amerikanischen Verhaltensforschers Harlow (nach Thews 1975, S. 84) verdeutlicht werden. Harlow hatte Affenkinder mit «Ersatzmüttern» (Affenattrappen mit weichem Flanelltuch, die «Sicherheit» bedeuteten) aufgezogen, an die sich die Affenkinder häufig unter großem Wohlbehagen ankuschelten. Als Harlow nun in den Käfig von Affenkind und Ersatzmutter einen mechanischen Teddy-Bären stellte, der sich, indem er laut auf einer Trommel schlug, auf das Affenkind zubewegte, flüchtete das Affenkind in großer Aufregung zu seiner Tuchmutter und klammerte sich dort ganz fest. Zunächst preßte es das Gesicht ins Frotteefelltuch, aber nach und nach wurde es ruhiger. Immer noch fest an die Ersatzmutter geklammert, blickte es, zunächst noch zögernd, nach dem trommelschlagenden Aufzieh-Teddy. Nach einiger Zeit verließ es die schützende Zufluchtsstätte und begann sogar, das «Ungeheuer» zu untersuchen, das ihm vorher einen solchen Schrecken eingeflößt hatte.

Daß die Angst nicht allein auf die Bewegung und den Lärm des Teddys zurückzuführen ist, zeigt eine andere Variante des Experiments, bei der in den Käfig nur harmlose Gegenstände wie z. B. zerknautschtes Papier, ein kleiner künstlicher Baum, ein Holzklotz oder ein Türgriff gelegt wurden. Auch auf diese Gegenstände reagierten die Affenkinder zunächst mit allen Anzeichen von Angst. Sie flüchteten zu ihrer Tuchmutter, wo sie dann Zeichen der Erleichterung zeigten. Erst nach einiger Zeit kletterten sie wieder herab und begannen, die Dinge zu erforschen.

Während jene Arten von aversiven Reizen, die wir in früheren Experimenten betrachteten, durch ungezieltes Flüchten (irgendwohin) oder durch Abschalten «bekämpft» werden konnte, gibt es bei dieser Angst vor Fremden offenbar nur eine Möglichkeit: Zuflucht an den Sicherheit gebenden Ort.

Was geschieht, wenn diese Zuflucht versperrt ist? Wenn Harlow seine Affenkinder von der Mutter trennte und in einen Käfig mit fremden Gegenständen setzte, rannten sie im Käfig umher, kauerten sich, voller Anzeichen von Entsetzen, in eine Ecke und gaben laute Verzweiflungsschreie von sich. Sie lernten nicht, die fremden Gegenstände als interessante Spielzeuge zu begreifen. Sie konnten keine sichere Zuflucht aufsuchen und sich darum auch nicht über die Gefahr beruhigen. So hatten sie auch keine Chance, die Gegenstände als «ungefährlich» zu erkennen. Wie ein weiterer Versuch von Harlow zeigt (Thews 1975, S. 95), bedarf es offenbar nicht einmal «fremder Gegenstände», um diese Art von Angst auszulösen: Es ist die Isolation selbst, die katastrophale Folgen zeitigt. Wenn Affenkinder von ihren Müttern getrennt werden, so zeigen sie eine charakteristische Abfolge von Verhaltensweisen, die offenbar auf katastrophale Vorgänge schließen lassen. Zuerst «protestieren» sie, sie schreien und toben im Käfig herum. Schon nach kurzer Zeit aber werden sie stiller, sie verlieren jegliches Interesse für alles, was um sie herum vorgeht. Selbst gleichaltrige Affen, die mit ihnen im Käfig sind, werden von ihnen nicht beachtet. Sie kümmern dahin.

Fremdes ist offenbar ein Angstauslöser, dessen Folgen durch das Aufsuchen von «Sicherheit» überwunden werden können, so daß das Individuum sich letztlich das «Fremde» aneignen kann. Bei Vorhandensein von Sicherheit kann die Angst vor Fremdem also durchaus als Bestandteil eines sinnvollen Lernprozesses begriffen werden.

Wenn aber das Aufsuchen von Sicherheit unmöglich wird, so ist die Aneignung des Fremden unmöglich, die Absperrung von Sicherheit wird – als Isolation – zu einem zerstörerischen Faktor. Wir wollen diese Angst deshalb auch «Isolationsangst» nennen.

Der Psychoanalytiker René Spitz hat schon lange vor Harlow in Kinderheimen an Kleinkindern genau dieselben Reaktionsweisen auf die Trennung von der Mutter beobachtet und beschrieben, wie Harlow bei den Affenkindern. Im frühen Kindesalter sind solche Erfahrungen persönlichkeitszerstörend: Sie führen dazu, daß die Kinder sich nicht so entwikkeln, wie wir es als «normal» ansehen. Aber auch Erwachsene sind durch Isolation sehr gefährdet. Studenten z. B., die von Sozialwissenschaftlern in schalldichte und dunkle Räume gebracht worden waren, wo sie sich auch kaum oder nicht bewegen konnten, hielten diesen Zustand meist nur wenige Stunden aus. Sie zeigten «Störungen der wahrnehmungsmäßigen Orientierung, der intellektuellen Fähigkeiten und schienen empfänglich für Propaganda zu sein» (Richter 1976, S. 38). Außerdem wurden Halluzinationen beobachtet und folgende Veränderungen festgestellt: Verlangsamung der Hirnstromaktivität, Veränderung der elektrischen Hautleitfähigkeit, Veränderung des Zeiterlebens und Denkstörungen. Der Psychoanalytiker Horst-Eberhard Richter kommentiert diese Laborergebnisse: «Sie machen uns klar, in welch hohem Maße wir alle zur Aufrechterhaltung nicht nur unseres Wohlbefindens, sondern bereits unseres elementaren Denk- und Wahrnehmungsvermögens von einem ununterbrochenen Umweltkontakt abhängen. Wenn wir uns nicht mehr mit unserer Umgebung in Beziehung setzen können, ist unser psychisches Gleichgewicht sofort gefährdet, und wir können von Symptomen befallen werden, die über den Grad aller bekannten neurotischen Veränderungen hinausgehen» (Richter 1976, S. 38/39).

Die Laborergebnisse haben uns auf die Fährte der Bedeutung von Sicherheit und Isolation für menschliches Lernen und Verhalten gebracht. Aber ebenso wie angstauslösende Situationen ihre Bedeutung an andere «Signale» und Situationen weitergeben können, so geben auch im Lernprozeß des Menschen die ursprünglich «Sicherheit» bedeutenden Situationen (Mutter, Vater, Eltern, Geschwister etc.) ihre Bedeutung weiter: an andere Menschen (vor denen wir nicht gelernt haben, uns zu fürchten) schlechthin, aber auch an uns selbst, was in der Sprache durch den Begriff der «Selbstsicherheit» ausgedrückt wird. Selbstsicherheit, das bedeutet, die eigenen (akzeptierten) Bedürfnisse mit gelernten und sicher beherrschten Mitteln anzuzielen und zu erreichen.

Wenn diese Sicherheit zerstört wird, empfinden wir ebenfalls einen psychischen Schmerz, der Angst auslöst. Wenn unsere allgemeinen alltäglichen Erwartungen über die Folgen unseres Handelns von den tatsächlich eintretenden Folgen abweichen, stellt solcher Schmerz sich ein («Frustration»). Häufen sich solche Erfahrungen, so stellen sie unser Vertrauen in uns selbst, unser Selbstvertrauen, in Frage, ja sie vermögen sogar, es zu zerstören. Eine Vielzahl solcher Diskrepanzerfahrungen kann zu schweren Neurosen oder zu Psychosen führen, zum vollständigen Zusammenbruch des «Ich» (die Psychologen nennen das «Dekompensation»).

4. Zusammenfassung

Blicken wir noch einmal zurück.

Bei der Betrachtung der Art und Weise, wie Lebewesen auf Angst reagieren, haben wir gesehen, daß Angst die Lernfähigkeit einschränkt («dumm» macht):

- Vermeidungsverhalten erschwert es, festzustellen, ob es bei unter Umständen geänderten Bedingungen noch sinnvoll ist.
- Wenn ein Individuum einen aversiven Reiz nicht beseitigen konnte, lernt es «Hilflosigkeit».
- Wenn durch Angsterfahrung ein vitales Bedürfnis blockiert ist, kann das Individuum leicht «sinnlose» Verhaltensweisen lernen, die in keinem Zusammenhang mit der Bedürfnisbefriedigung stehen (die Katze, die dreimal um den Futternapf schleicht).

Neben den Ängsten, die durch aversive Reize verursacht werden, haben wir die «Isolationsangst» gefunden, die nicht so sehr durch die Anwesenheit von aversiven Reizen, sondern durch das *Fehlen* von Sicherheit definiert ist. Sicherheit kann dabei Verschiedenes bedeuten:

- die Pflegeperson, die dem Kind Sicherheit bietet,
- die bekannte «reizvolle» Umgebung, in der man sich sicher fühlt oder auch
- das eigene «Selbst», das einem sicheres Verhalten ermöglicht.

Im nächsten Kapitel wenden wir uns dem Thema Schulangst wieder direkter zu, und zwar aus der Perspektive jener Wissenschaftler, die sich dem Problem seit einiger Zeit mit immer größerem Interesse zuwenden.

Kapitel 8
Die Angst der Schüler bei der Prüfung und beim Lernen – Befunde aus der Wissenschaft

Angst wird durch «gefährliche» Situationen und/oder ihre Vorboten hervorgerufen. Solche Vorboten können Signale außerhalb des Organismus sein – wie die dunklen Wolken, die ein Gewitter ankündigen; sie können aber auch im Lebewesen selbst spürbar werden, wenn ein körpereigenes vitales Bedürfnis mit Angst gekoppelt und so zum Angstauslöser wurde. Bei der Katze im Experiment war es der Hunger, der in dem Tier den erlernten Gang zum Futterkasten auslösen sollte und zugleich die Angst hervorrief, die dieser Futterkasten verursachte.

Selbstverständlich kann jedes andere Bedürfnis eines Lebewesens auf diese Art «konflikthaft» werden.

In diesem Kapitel sichten wir zunächst die Ergebnisse von Wissenschaftlern, die sich um den Zusammenhang von Angst und Leistung bei Schülern drehen. Es geht also um das Bedürfnis nach Leistung, das mit dem Streben nach Erfolg, Anerkennung, materiellem Wohlstand und Selbstbewußtsein eng zusammenhängt, das «konflikthaft» geworden und mit Angst verbunden ist.

Was das Forschungsinteresse der Psychologen und anderer Sozialwissenschaftler angeht, so muß hier kritisch angemerkt werden, daß in der Bundesrepublik der Zusammenhang von Leistung und Angst der einzige zu sein scheint, welcher bearbeitet wird, so daß einer der besten Kenner der Angstforschung, Fürntratt, schreiben konnte: «Angst in der Schule, insbesondere als Reaktion von Schülern auf Mißerfolg, Repression und Bestrafung scheint den meisten Texten der pädagogischen Psychologie zufolge praktisch nicht vorzukommen.» (Fürntratt 1974, S. 15)

1. Schulangst oder Prüfungsangst?

Die Psychologin Viola Gärtner-Harnach schreibt, um ihr Interesse am Gegenstand zu begründen, daß Leistungsprüfungen in das Kreuzfeuer der öffentlichen Meinungsäußerungen gerückt seien und daß eines der Hauptargumente gegen die Prüfungen die These sei, das bisherige Prüfungswesen an den Ausbildungsstellen erzeuge bei dem Geprüften in einem solchen Ausmaße Angst, daß es ihm unmöglich gemacht werde, einen echten Leistungsbeweis zu erbringen. Erfaßt werde nicht, wie beabsichtigt, in erster Linie die fachliche Qualifikation des Prüflings, sondern zu einem nicht geringen Teil seine Fähigkeit, Angst zu ertragen und in einer psychischen Ausnahmesituation angemessen zu reagieren. (Gärtner-Harnach 1972, S. 9)

Dementsprechend beschäftigen sich die meisten Untersuchungen nicht mit «Schulangst», obwohl davon oft in ihnen die Rede ist, sondern mit «Leistungsangst» oder, wie noch richtiger zu sagen wäre, mit «Prüfungsangst». «Heute nacht um 12 stellte ich plötzlich fest, daß ich überhaupt nichts mehr wußte. Da dachte ich, ich hätte alles vergessen. Aufregung ist auch sonst immer da, man ist erregter, man zittert, und das ist irgendwie so ein Gefühl, als wenn da Strom durchfließt. Der Strom geht durch den ganzen Körper, so ein Druckgefühl im Kopf. Aber heute nacht, da setzte dieses Druckgefühl plötzlich aus, war keine Erregung mehr, sondern ein ganz reines Angstgefühl, und zwar ein Gefühl, daß man total versagt. Ich dachte, ich bin unfähig, ich würde es nicht schaffen.» (Eine Psychologiestudentin vor einer Prüfung, zit. nach Gärtner-Harnach 1972, S. 9)

Es ist mißlich, wenn die Psychologen Prüfungsangst messen und diese für «Schulangst» ausgeben. Denn die Prüfungsangst ist, wie das Zitat der Psychologiestudentin zeigt, eine besondere Erscheinung, wohingegen mit Schulangst eher die alltäglichen Ängste von Schülern bezeichnet werden sollten, die gewiß aus ähnlichen Quellen herrühren, denen aber die Dramatik des Besonderen, Einmaligen und Entscheidenden fehlt.

2. Wie Prüfungsangst gemessen wird

Einige der Methoden zur Messung von «Schulangst» bestehen im wesentlichen darin, daß die Psychologen die Kinder Aufsätze oder Geschichten zu Bildern schreiben lassen, die entweder Themen haben wie «Wovor ich am meisten Angst habe» oder über Bilder geschrieben werden müssen, welche schulische Prüfungssituationen zeigen. In diesen Geschichten wird dann ausgezählt, wie häufig Äußerungen über Schulangst usw. vorkommen.

Die zweite, noch einfachere Form ist die Verwendung eines Fragebogens. Es gibt eine ganze Reihe davon. Einem von ihnen sind die folgenden Beispiel-Fragen entnommen (Hervorhebungen vom Autor):

1. Ich habe immer etwas Angst, wenn die Aufgaben *abgefragt* werden oder im Mündlichen *geprüft* wird.
2. Ich mache mir oft Sorgen, ob ich *versetzt* werde.
3. Wenn der Lehrer mich *vor die Klasse* ruft und ich vorlesen muß, habe ich immer Angst, daß ich mich verspreche.
4. Wenn der Lehrer jemanden *vorn zur Tafel* ruft, denke ich meistens: hoffentlich nimmt er mich nicht.
5. Manchmal träume ich nachts, daß ich in der Schule bin und mich vor der Klasse blamiere, *weil ich etwas nicht kann.*
6. Wenn der Lehrer *prüfen* will, ob wir zu Hause gelernt haben, bekom-

me ich immer Herzklopfen.

...

13. Wenn ich krank bin und die Schule versäumen muß, quält mich der Gedanke daran, was ich alles versäume und daß meine Schulleistungen schlechter sein werden als die der anderen Kinder, wenn ich wieder zur Schule zurückkomme.

...

23. Bei *Klassenarbeiten* zittert mir oft die Hand.
24. Während einer *Klassenarbeit* mache ich oft Fehler, weil ich so aufgeregt bin.
25. Wenn der Lehrer sagt, daß wieder eine *Klassenarbeit* geschrieben wird, bekomme ich immer ein bißchen Angst.

...

30. Wenn ich morgens zur Schule gehe, habe ich manchmal Angst, daß überraschend eine *Klassenarbeit* geschrieben wird.*

Bei dem Test müssen die Schüler anstreichen, ob diese Sätze für sie zutreffen oder nicht.

Alle diese Sätze sind konkrete Variationen über die Frage «Hast du Angst bei Prüfungen?» Die Prüfungsangst wird also nicht wirklich «gemessen», jedenfalls nicht in dem Sinne, in dem man das Wort «messen» normalerweise gebraucht (wenn wir das Wort messen hören, dann denken wir doch unwillkürlich z. B. an einen Zollstock oder an ein Thermometer). Angst wird hier *erfragt*. Wer einen Teil der Fragen mit «für mich zutreffend» beantwortet, der hat vielleicht «wenig» Prüfungsangst, wer einen größeren Teil der Fragen auf sich beziehen kann, dem wird «viel» Prüfungsangst zugeschrieben. Und das ist nicht unproblematisch. Denn Angst zu haben und sie zugeben zu können, das sind zwei verschiedene Sachen. Darauf ist man jedenfalls gekommen, als man feststellte, daß die Jungen in diesen Fragebogen immer «besser» abschneiden als die Mädchen. Dies kann aber kaum ein zutreffendes Ergebnis sein, da Jungen und Mädchen sich in ihren Ängsten jedenfalls dann nicht unterscheiden, wenn diese auf andere Art und Weise gemessen werden. (Da Angst mit einer Erhöhung der elektrischen Leitfähigkeit der Haut einhergeht, kann z. B. auch diese Erhöhung als ein «Angstmaß» genommen werden. Dabei unterscheiden sich aber Jungen und Mädchen nicht.) Die Psychologin Viola Gärtner-Harnach verweist darauf, «daß es in unserer Kultur für einen Jungen sehr viel schwieriger ist, Angst zuzugeben. Er lernt sehr früh, daß seine Rolle es ihm verbietet, Angst einzugestehen, wenn er sich nicht lächerlich machen und als ‹mädchenhaft› verspottet werden will. Ein Mädchen dagegen erleidet keine Einbuße an Ansehen, wenn es zugibt, ängstlich zu sein, eher scheint das seinen Charme zu erhöhen.» (Gärtner-Har-

* Aus der Übersetzung des TASC (= Test Anxiety Scale for Children), zit. nach Schwarzer 1975, S. 107f.

nach 1972, S. 46)

Diese Vermutung wird durch andere Untersuchungen bestätigt, nach denen «richtige Jungen», die nur geringe Angstwerte in Tests zeigen, dazu neigen, ihre Gefühle zu verleugnen. «Ein richtiger Junge hat keine Angst.» Wer hätte diesen Spruch nicht schon zigmal gehört, und viele Eltern gebrauchen ihn auch noch heute, wenn ihr männlicher Nachwuchs mit Äußerungen von Angst an sie herantritt. «Ein richtiger Junge hat keine Angst.» Dieser Rollenerwartung an Jungen entspricht auch das Testergebnis, daß Jungen, die in Tests hohe Angstwerte zugeben, Schwierigkeiten haben, sich mit ihrer Rolle als Junge bzw. Mann in dieser Gesellschaft zu identifizieren. Sie sind «mädchenhaft».

Jungen geben also manchmal Ängste nicht zu, ja – wie die Untersuchungen zeigen – nehmen sie sie unter Umständen bei sich selber nicht einmal wahr.

Neben der Angst, die in unserem Bewußtsein wirksam ist, scheint es also andere Ängste zu geben, die uns z. B. daran hindern, anders zu sein, als von uns erwartet wird: Ängste also, die uns zwingen, unsere «Rolle» zu spielen.

3. Prüfungsangst im Spiegel der Statistik

3.1. Prüfungsangst und soziale Herkunft

Wie wir gesehen haben, dreht sich die Schulangst- und Schulstress-Debatte mehr um Gymnasialschüler als um Hauptschüler. Sie hat ja auch ihren Ausgang von der Numerus clausus-Erfahrung der Gymnasiasten genommen. Dementsprechend ist in der Öffentlichkeit weitgehend der Eindruck verbreitet, daß Gymnasiasten mehr unter Schulangst und Schulstress leiden als z. B. Hauptschüler. So schrieb etwa der Oberstudiendirektor Joachim Schiller, Leiter eines Studienseminars in Westberlin, 1976 in der «Berliner Morgenpost»: «Nun ist trotz aller Benachteiligungen unter Hauptschülern die Schulangst und der Stress allgemein weniger verbreitet als unter Gymnasiasten, obwohl die Zukunftsaussichten für sie eher noch ungünstiger sind als für alle anderen Schüler mit Ausnahme der Sonderschüler, deren Zahl sich seit 1965 allerdings auch verdoppelt hat.» Wir wissen aber, daß Realschule und Gymnasium im wesentlichen von Kindern der Mittelschicht, die Hauptschule im wesentlichen von Kindern der Unterschicht (Arbeiter) besucht wird. So ist ausgesprochen interessant, was Ralf Schwarzer herausfand: Die Prüfungsangst ist um so größer, je geringer der soziale Status des Elternhauses ist, aus dem die Kinder kommen.

Prüfungsangstwerte (die sich aus der Zahl der angekreuzten Sätze im Fragebogen ergeben) von Angehörigen der oberen und mittleren Mittelschicht (Selbständige, Ärzte, Lehrer, leitende Angestellte, mittlere Angestellte, qualifizierte Facharbeiter usw.) lagen bei Mädchen zwischen 6,26 und 6,77 und bei Jungen zwischen 6,71 und 8,08.

In der unteren Mittelschicht (Facharbeiter, kleinere Angestellte usw.) gab es schon einen erheblichen Sprung, jedenfalls bei den Mädchen: die durchschnittlichen Angstwerte lagen bei 10,17, während sie bei den Jungen nur auf 8,88 kletterten.

In der Unterschicht (Arbeiter, Hilfsarbeiter usw.) lagen die durchschnittlichen Angstwerte der Mädchen zwischen 12,25 und 13,96 und bei den Jungen zwischen 9,18 und 10,92.

Zusammenhang zwischen Leistungsangst und Sozialschicht

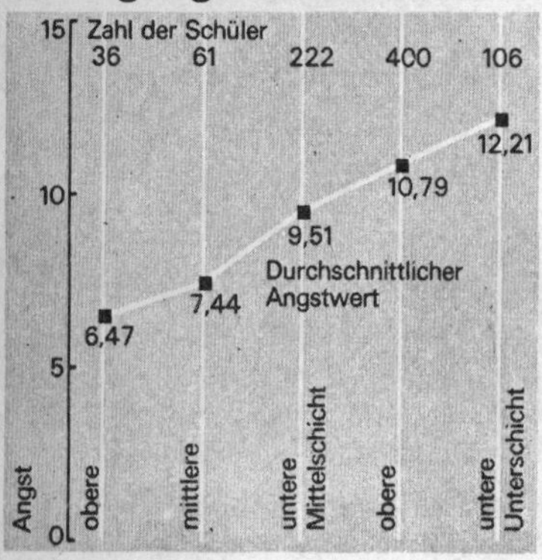

Quelle: Ralf Schwarzer, Schulangst und Lernerfolg. Schwann Verlag, Düsseldorf, 1975

Diese Werte stehen in vollem Gegensatz zur sogenannten öffentlichen Meinung. Nicht die Kinder aus den «besseren» Elternhäusern, die dann aufs Gymnasium oder die Realschule gehen, leiden am meisten unter Prüfungsangst, sondern es sind umgekehrt gerade diejenigen, denen in der Regel nur der Weg über die Hauptschule oder gar die Sonderschule offensteht.

Dabei ist noch aufschlußreich, daß in der oberen und mittleren Mittelschicht die Angstwerte der Mädchen – entgegen dem, was wir vorhin besprochen haben – niedriger sind als die der Jungen. Das mag vielleicht daran liegen, daß gerade in dieser Schicht die Jungen einem vergleichsweise viel höheren Druck zur Leistung unterliegen als die Mädchen, wobei allerdings nicht übersehen werden darf, daß die Angstwerte der Mittelschicht-Jungen doch noch wesentlich niedriger sind als die der Unterschicht.

Daß der Unterschied in der Prüfungsangst zwischen Arbeiterkindern und Mittelschichtkindern sich tatsächlich in den Unterschieden der Prüfungsangst zwischen Hauptschülern und Gymnasiasten spiegelt, bestätigt Schwarzer ausdrücklich: «Wenn man die Hauptschüler als die wenig Erfolgreichen und die Gymnasiasten als die sehr Erfolgreichen mit dem Leistungsangst-Fragebogen untersucht, ergeben sich massive Unterschiede in Richtung auf höhere Leistungsangst-Werte bei den Hauptschülern. Dieser Befund ist auch andernorts mehrfach erhoben worden.» (Schwarzer 1975, S. 101)

Um diesen Befund zu erklären, verweist Schwarzer darauf, daß «Strenge in der Erziehung Leistungsangst begünstigt und daß dieser Erziehungsstil in der Unterschicht stärker ausgeprägt ist.» Er meint aber auch, daß dies zur Erklärung nicht ausreicht, sondern daß Unterschicht-Kinder «vielleicht schon bei den ersten schulischen Anforderungssituationen Mißerfolgserlebnissen ausgesetzt» (werden). «Klassenarbeiten und mündliche Leistungsproben bedeuten dann ein erhöhtes Risiko und aktualisieren schnell Angstreaktionen, deren häufige Wiederholung die Leistungsangst zu einer überdauernden Verhaltensdisposition werden lassen.» Außerdem verweist er darauf, daß die Schule selbst als eine «Institution der Mittelschicht» gilt, weil die dort gesprochene Sprache und die dort vermittelten Wertsysteme eher die der Mittelschicht als der Arbeiterklasse sind. Schwarzer: «Mittelschicht-Kinder haben möglicherweise deswegen weniger Schulangst, weil sie die Institution nicht als so fremd und bedrohlich erleben wie Unterschicht-Kinder.» (Schwarzer, S. 100)

3.2. Prüfungsangst und Schulleistung

Wie die Tabelle zeigt, sind die durchschnittlichen Prüfungsangst-Werte um so höher, je schlechter die Zensur in Deutsch oder Mathematik ist. Wenn man die Mädchen und Jungen, die auf Eins oder Zwei stehen, mit denen vergleicht, die auf einer Vier stehen, so haben die «schlechteren» Schüler im Durchschnitt doppelt so viel Prüfungsangst im Test zugegeben. Auffällig ist, daß diejenigen, die Fünfen oder Sechsen einheimsen, demgegenüber weniger Prüfungsangst haben. Selbstverständlich kann aus diesem Zusammenhang nicht umstandslos geschlossen werden, daß Schüler mit hoher Prüfungsangst deswegen versagen, *weil* sie hohe Prüfungsangst haben. Zunächst einmal kann umgekehrt genau so gut geschlossen werden: Sie haben hohe Prüfungsangst, weil sie versagen.

Dieser Frage weiter nachzuqehen, ist von grundlegender Bedeutung, wenn wir Auswege aus dem Dilemma finden wollen. Wenn z. B. das Versagen bzw. schlechte Abschneiden von Schülern eine Folge ihrer

Zusammenhang zwischen Leistungsangst und Deutschzensur

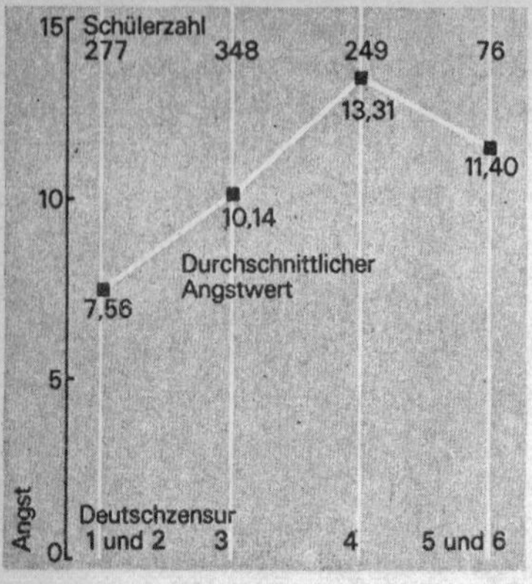

Quelle: Ralf Schwarzer, Schulangst und Lernerfolg.

«mangelnden Begabung» wäre, dann könnte die Prüfungsangst wiederum als eine Folge dieses Versagens begriffen werden. Was bliebe dann schon zu tun? Wenn es aber andere, von uns beeinflußbare Gründe für das «Versagen» gibt, wenn die Angst vielleicht nicht nur Folge, sondern auch Ursache des Versagens ist, dann bieten sich Wege an, das Problem zu lösen.

3.3. Prüfungsangst und Alter

Wer miterlebt hat, wie Kinder sich auf ihren ersten Schultag freuen, der wird wohl zustimmen können, wenn wir sagen, daß die Schule für das Vorschulkind nicht bedrohlich oder angstauslösend ist. Aber gewiß setzen in der Schule bald erste Erfahrungen ein, die Angst machen. Jedenfalls teilen uns die Wissenschaftler mit, daß es erst für das 4. Schuljahr «Befunde gibt, die nachweisen, wie bedrohlich die tägliche Lernumwelt von sehr vielen Kindern erlebt wird». Ralf Schwarzer meint: «Die Schulangst entwickelt sich vermutlich vom 1. bis zum 4. Schuljahr ansteigend als ein Prozeß zunehmender Sensibilisierung gegenüber Leistungserwartungen, Mißerfolg und sozialer Kontrolle» (Schwarzer 1976, S. 432). Im 4. Schuljahr scheint die Prüfungsangst aber auch ihren Gipfel erreicht zu haben. Jedenfalls lassen die Ergebnisse mehrerer Untersuchungen eine Tendenz erkennen, nach der die mit solchen Fragebogen gemessene Prüfungsangst mit dem Alter abnimmt.

Allerdings ist das vorliegende Material nicht eindeutig. So zeigen Aufsätze, die die Psychologin Oestreich über Ängste von Schülern schreiben ließ, kein einheitliches Bild: Da ist bei Gymnasiasten vom 10. bis zum 15. Lebensjahr eine abnehmende Linie erkennbar: Je älter die Jungen sind, um so seltener schreiben sie von Ängsten. Mädchen dagegen, die das Gymnasium besuchen, schrieben im Alter von 10 Jahren in ihren Aufsätzen weniger von Schulängsten als im Alter von 12/13 Jahren und wiederum weniger im Alter von 14/15 Jahren. Daß wir uns mit der Frage nach dem Zusammenhang von Alter und Angst auf einem sehr schwierigen Gebiet befinden, zeigt eine Untersuchung von Haggard, der feststellte, daß leistungsstarke Schüler, die die geforderten Verhaltensweisen schnell lernten und sich dementsprechend durch Aggressivität und Konkurrenzdenken auszeichneten, mit steigendem Alter einen starken Zuwachs an Angst zeigten. Dabei verloren sie zwar an Kreativität, aber gleichzeitig entwikkelten sie Verhaltensweisen, um mit ihrer Angst fertig zu werden, d. h. gute Schulleistungen zu behaupten. Sie entwickelten starken Leistungsehrgeiz, wurden – wie Haggard schreibt – «aggressiver, hielten besser durch, wurden energischer und wettbewerbsfreudiger; sie zeigten Symptome von Aggressionen und Destruktionen mit dem Ziel, anderen Niederlagen beizubringen» (nach Andreas u. a. 1976, S. 25 ff). Um diesen Befund von Haggard zu verstehen, der von den üblichen Ergebnissen abweicht, müssen wir noch eine andere Feststellung in Betracht ziehen.

3.4. Die geringere Angst der «schlechten» Schüler

Wir haben im Abschnitt «Prüfungsangst und Schulleistung» gesehen, daß Schüler, die auf Fünfen oder Sechsen abonniert sind, weniger Prüfungsangst haben als diejenigen, die auf Vier stehen. Schwarzer erklärt das so: «Schüler mit der Note Vier in Deutsch oder Mathematik hatten die höchsten Prüfungsangstwerte. Es handelt sich offenbar um ‹Risikoschüler›, die durch ihre marginale Lage im Leistungsbereich intensiven schulischen Stress ertragen müssen und daher Unsicherheitsgefühle und Angst vor einer Verschlechterung haben, die zu sozialer Diskriminierung, Strafe und vielleicht zu Schulverwaltungsmaßnahmen führen könnten» (Schwarzer 1975, S. 83). Demgegenüber haben die Schüler, die auf Fünf oder Sechs stehen, offenbar bereits resigniert. Ihre Angst vor Prüfungen ist einfach deshalb nicht mehr so groß, weil sie sich mit dem negativen Ausgang schon weitgehend abgefunden haben. Die Angst der Schüler, die auf Vier stehen, ist offenbar die Kehrseite der Hoffnung, die Fünf oder Sechs vermeiden zu können. Umgekehrt haben die Schüler, die bereits auf Fünf oder Sechs stehen, die Hoffnung bereits aufgegeben, ihre Zensur noch wesentlich verbessern zu können. Wir können vielleicht auch sagen, daß hier bereits eine «Gewöhnung» eingetreten ist («gelernte Hilflosigkeit»).

Wenn wir diese Überlegung auf die Entwicklung von Leistungs- bzw.

Prüfungsangst mit zunehmendem Alter anwenden, so steht zu vermuten, daß mit zunehmendem Alter diejenigen Schüler weniger Prüfungsangst haben, die wegen ihrer deutlich sichtbaren Karriere (z. B. auf der Hauptschule oder auf der Berufsschule) keine besonderen Chancen mehr sehen, ihren Lebensweg durch Schulbildung zu beeinflussen. Diese Schüler bilden allein schon etwa die Hälfte ihres jeweiligen Altersjahrgangs. Bei den anderen, den Gymnasiasten und Realschülern, gibt es ja nun wiederum eine Gruppe von Schülern, die recht ungefährdet sind, bei denen also die Schulangst durchaus abnehmen kann. Aus beiden Überlegungen zusammen läßt sich die Vermutung ableiten, daß bei der Mehrzahl der Schüler die Schul- bzw. Prüfungsangst mit zunehmendem Alter abnimmt, während es offenbar mindestens zwei Gruppen gibt, bei denen sie zunimmt: einmal jene Schüler, wie Haggard in seiner Untersuchung herausfand, welche hohe Leistungen erbringen und mit zunehmendem Alter immer mehr Prüfungsangst entwickeln, und zum anderen jene Gruppe, die auch mit 16, 17, 18 oder 19 Jahren noch auf den gehobenen Bildungsgängen marschiert, aber unter ständiger Gefährdung.

4. Wie ängstliche Schüler sich selbst einschätzen

Die Angstforschung steht vor mancherlei Schwierigkeiten. Und sie verfügt auch, wie schon angedeutet, nicht über die besten Instrumente. Daß die Fragebogen, mit denen Angst festgestellt werden soll, unzulänglich sind, zeigt sich besonders dann, wenn die Wissenschaftler dieselbe Gruppe mehrere verschiedene Angst-Fragebogen ausfüllen lassen. Es ergeben sich durchweg nur mittlere Übereinstimmungen, die darauf schließen lassen, daß nur zwischen 20 und 40 % «Gemeinsames» von den verschiedenen Fragebogen erfaßt wird. Dies gilt auch, wenn die Wissenschaftler Fragebogen zur «Messung» von «Leistungs-Angst» mit Fragebogen zur Messung von «allgemeiner Ängstlichkeit» vergleichen.

Die verschiedenen Angst-Fragebogen erfassen offenbar Verschiedenes: vermutlich verschiedene «Ängste», aber auch Unterschiede in intellektuellen und anderen Fähigkeiten. Das zeigt sich auch daran: Wenn derselbe Test derselben Gruppe nach drei Monaten noch einmal präsentiert wird, so ergibt sich eine wesentlich höhere Übereinstimmung im Ergebnis, als wenn zwei verschiedene Fragebogen zur selben Zeit von derselben Gruppe beantwortet werden. Dabei ist doch anzunehmen, daß bei einer Wiederholung des Tests nach – sagen wir – drei Monaten sich sowohl die Ängstlichkeit ein wenig geändert haben kann, wie auch mit Sicherheit anzunehmen ist, daß die äußeren Faktoren, die das Ergebnis beeinflussen (Gesundheitszustand usw.), andere sind. Wird ein Test wiederholt, so ergibt sich in der Regel eine Übereinstimmung mit dem vorherigen Ergebnis von ungefähr 2/3. Werden zwei ähnliche Fragebogen zur selben Zeit von einer Gruppe ausgefüllt, so ergibt sich meist nur eine Übereinstimmung von 20–40 %.

Angst – auch Prüfungsangst – entzieht sich also offenbar einer genauen Erfassung ein ganzes Stück.

Gleichwohl ist die Arbeit der amerikanischen Wissenschaftler, denen wir uns jetzt zuwenden, auf diesem Gebiet nicht ganz nutzlos, gibt sie doch Hinweise über Zusammenhänge von Ursachen und Wirkungen und auch Hinweise darauf, wie ängstlichen Schülern geholfen werden kann. Diese Wissenschaftler beschäftigten sich vor allen Dingen mit folgenden Fragestellungen:

1. Wie erleben und sehen sich ängstliche* Kinder im Vergleich zu weniger ängstlichen?
2. Wie unterscheiden sich ängstliche von nicht-ängstlichen Kindern bzw. Schülern in ihren Reaktionen auf Lern- oder Prüfungssituationen? (Dahinter steckt die Frage, ob man Prüfungssituationen so einrichten kann, daß sich ängstliche und nicht-ängstliche Schüler in ihren Leistungen prinzipiell nicht voneinander unterscheiden. Solche Prüfungssituationen würde man dann wohl als «gerecht» ansehen.)
3. Wie entsteht Ängstlichkeit?

Zur Frage des Selbstbildes der Schüler gibt es auch eine deutsche Untersuchung. Die Psychologin Viola Gärtner-Harnach (1972, S. 96ff) ließ Schüler auf vorgegebenen Skalen ankreuzen, wie sie sich als Schüler sehen, wie sie glauben, daß ihr Lehrer und ihre Mitschüler sie sehen.

Schon in den Selbsteinschätzungen auf die Frage «Wie ich mich als Schüler sehe» gab es charakteristische Unterschiede zwischen den «sehr ängstlichen» und den «wenig ängstlichen» Kindern. Diese Unterschiede lagen auf zwei charakteristischen Linien. Die eine Linie könnte man mit der Überschrift versehen: «Mit welcher Kraft ich meine soziale Rolle spiele». Hier beschrieben sich die sehr ängstlichen Schüler als bescheidener, selbstloser als die weniger ängstlichen. Sie sehen sich eher als gebend und im Hintergrund stehend. Gleichzeitig glauben diese Ängstlichen auch eher als die wenig Ängstlichen, daß sie von ihrem Lehrer als unselbständig und im Hintergrund bleibend, zurückgezogen eingeschätzt würden.

Die zweite Linie, auf der sich die sehr ängstlichen von den weniger ängstlichen Schülern unterschieden, war die der «emotionalen Stabilität»: Die sehr ängstlichen Schüler halten sich für weniger gewandt, weniger gelöst, freimütig, selbständig, sie finden sich eher langweilig und pessimistisch als die wenig ängstlichen. Gleichzeitig fürchten aber die sehr ängstlichen Schüler, daß ihre Lehrer sie noch schlechter einschätzen, als sie das selbst tun.

* Wenn im folgenden ängstliche und nichtängstliche Schüler unterschieden werden, so sind diese Unterschiede vor allem mit einem *Prüfungs*-Angst-Fragebogen festgestellt worden.

Das geringere Selbstwertgefühl der sehr ängstlichen Schüler geht also mit Befürchtungen einher, von der Umwelt als noch «schlechter» angesehen zu werden, als man sich selbst sieht.

Daß ängstliche Menschen sich selbst negativ darstellen, zeigt sich auch in einer Untersuchung des amerikanischen Psychologen Sarason, der Studenten in Interviews sich selbst beschreiben ließ. Wenn die Studenten völlig unbeeinflußt über sich selber redeten, zeigte sich, daß die sehr ängstlichen sich selbst sehr viel häufiger in ein schlechtes Licht rückten als die wenig ängstlichen. Die ängstlichen Studenten sprachen auch mehr über sich selber, während die wenig ängstlichen auch andere Personen in ihre Erzählungen einbezogen (nach Gärtner-Harnach 1972, S. 98).

Wurden die Studenten in den Glauben versetzt, daß der Ausgang des Interviews für ihre weitere Karriere von Bedeutung sei, so wurde die Sache für die sehr Ängstlichen noch schlimmer.

Wir können vermuten, daß diese Art der sehr Ängstlichen, sich selbst negativ darzustellen, ein Schutzmechanismus ist. Wer sich selbst als negativ darstellt, von dem wird nicht so viel erwartet, was dazu führt, daß die Wahrscheinlichkeit von Tadel bei geringeren Leistungen herabgesetzt wird.

Hochängstliche haben offenbar ein sehr großes Bedürfnis nach Lob und emotionaler Zuwendung.

Das zeigt in besonders drastischer Weise ein anderes Experiment, das Sarason (nach Gärtner-Harnach 1972, S. 98) gemacht hat. Dabei wurden mit den Studenten wiederum Gespräche geführt, in denen sie sich selbst einzuschätzen hatten. Die Psychologen beeinflußten nun die Studenten dadurch, daß sie die negativen Äußerungen durch Zustimmung bekräftigten. Zunächst zeigte sich bei wenig ängstlichen wie bei sehr ängstlichen Studenten eine Zunahme von selbstkritischen Äußerungen. Aber bald schon ergab sich ein gravierender Unterschied: Von einem bestimmten Zeitpunkt an ließen sich die wenig ängstlichen durch noch so viel Zustimmung des Versuchsleiters nicht mehr dazu bringen, die Zahl der abwertenden Bemerkungen über sich selbst zu steigern. Anders bei den sehr ängstlichen: Bei ihnen nahmen die selbstkritischen Äußerungen monoton mit der Anzahl der «Belohnungen» für solche Selbstabwertung zu.

Es scheint fast so, als ob dem Verhalten der sehr Ängstlichen jener Bibelsatz zugrunde gelegt werden kann: «Wer sich selbst erniedrigt, der wird erhöht werden». Die festgestellte Selbstabwertung der ängstlichen Menschen scheint für diese durchaus nicht unproblematisch zu sein. Eher schon können wir sie offenbar als ein Mittel verstehen, eine noch größere Gefährdung (als es die Selbstabwertung ist) abzuwehren, nämlich «Isolation». Darauf deutet jedenfalls auch das Ergebnis eines anderen Experimentes hin, das der amerikanische Psychologe Dores machte. Dabei wurden den Prüflinge mit der Information konfrontiert, daß sie «versagt» hätten. Anschließend wurde mit zwei verschiedenen Hilfsmitteln überprüft, wem die Versuchspersonen die Schuld an ihrem «Versagen» gaben. Die erste Methode bestand darin, daß sie zu mehrdeutigen Bildern mit Prüfungssituationen Geschichten erfinden mußten. Dabei gaben die sehr Ängstlichen sich häufiger die Schuld an ihrem «Versagen» als die weniger Ängstlichen. Als ihnen dann aber Fragebogen zum selben Problem vorgelegt wurden, in denen verschiedene Antwortmöglichkeiten vorgegeben waren, zeigte sich bei den sehr Ängstlichen ein Trend, häufiger andere für das «schlechte Abschneiden» verantwortlich zu machen, als das bei den wenig Ängstlichen der Fall war. Offenbar gab den sehr Ängstlichen die Tatsache Mut, daß die Entwerfer des Fragebogens es offenbar für möglich gehalten hatten, daß andere und nicht nur sie selbst an dem eigenen «Versagen» schuld sein könnten. So ergriffen sie diese Möglichkeit, sich selbst zu entlasten.

Aus den geschilderten Befunden können wir vorläufig folgendes Ergebnis ziehen:

Offenbar hängt die negative Selbsteinschätzung der ängstlichen Menschen mit den pessimistischen Erwartungen auf die emotionalen Reaktionen ihrer Umwelt zusammen.

Das läßt sich an den Befürchtungen der Ängstlichen ablesen, daß ihre Lehrer sie schlechter (noch schlechter) einstufen, als sie selbst das tun; und das geht wohl auch gleicherweise aus der Tendenz hervor, sich selbst zu entlasten, wenn die Umwelt (z. B. in Form des erwähnten Fragebogens) Möglichkeiten dafür bereitstellt. Die Isolationsangst (oder anders ausgedrückt: das Bedürfnis nach emotionaler Zuwendung) scheint offenbar im Konflikt mit dem Bedürfnis nach Selbstachtung und Selbstwertgefühl zu stehen. Dabei wird ein Stück von Selbstachtung «geopfert», um Zuwendung zu bekommen oder der gefürchteten Isolation zu entgehen.

Ob und wie die Angst aktiviert wird und sich auswirkt, das hängt offenbar von den Situationen ab. Dies ist auch im folgenden Abschnitt zu zeigen.

5. Wie Angst in Prüfungssituationen von verschiedenen Bedingungen abhängt

Der amerikanische Psychologe Cox (nach Gärtner-Harnach 1972, S. 115) ließ 8 bis 10jährige Jungen in Gegenwart eines Versuchsleiters Murmeln sortieren. Dabei wurde die Geschwindigkeit festgehalten, mit der die Kinder arbeiteten. In einer zweiten Serie spielte sich wieder dasselbe ab, nur daß in dem Spielraum Zuschauer anwesend waren. Die Zuschauer traten nicht in Kontakt zu den Kindern, sondern saßen nur stumm dabei. Die Anwesenheit dieser Zuschauer beeinflußte das Verhalten der sehr ängstlichen und der wenig ängstlichen Kinder in sehr unterschiedlicher Weise. Die wenig ängstlichen Kinder erhöhten ihre Geschwindigkeit, mit der sie die Murmeln sortierten. Die sehr ängstlichen dagegen wurden wesentlich langsamer als vorher.

Mir scheint das unterschiedliche Verhalten der beiden Gruppen auf dasselbe Motiv zurückzuführen zu sein. Offenbar löste die Anwesenheit der Zuschauer in beiden Gruppen das Bedürfnis nach Kontakt aus. Aber während die wenig ängstlichen aufgrund früherer Erfahrungen diesem Bedürfnis (wohl unbewußt) dadurch zu entsprechen glaubten, daß sie schneller «arbeiteten», also Lob für bessere Leistung erwarteten, scheint bei den sehr ängstlichen Kindern das heraufgesetzte Bedürfnis nach Kontakt zugleich Angst zu aktivieren. Besonders stark drosselten die Ängstlichen ihre Geschwindigkeit, wenn ihnen vertraute Lehrerinnen und Lehrer den Raum betraten. (Dies scheint ein erster Fingerzeig dafür zu sein, wie ängstliche Schüler ihre Lehrerinnen und Lehrer wahrnehmen.)

Das Gefühl, «beobachtet» zu werden, scheint offenbar bei Ängstlichen eine stärkere Konzentration auf ihr eigenes «Ich» hervorzurufen. Dieses Gefühl braucht nicht nur durch die Anwesenheit von Personen hervorgerufen zu werden. Dieselben leistungsmindernden Wirkungen treten bei sehr ängstlichen Menschen ein, wenn sie z. B. vor einer als Prüfungssituation erlebten Aufgabenerledigung nach Berufswünschen und dergleichen gefragt werden, also besonderes Interesse für sie bekundet wird. Sarason (nach Gärtner-Harnach 1972, S. 113) fand, daß hochängstliche Studenten in einer solchen Situation wesentlich weniger schnell lernten, als andere hochängstliche Studenten dies taten, denen lediglich gesagt worden war, daß es sich um ein wissenschaftliches Experiment handle, und denen persönliche Daten nicht abverlangt worden waren.

Verglichen und kontrolliert, kurz: beobachtet zu werden, scheint für Ängstliche in jedem Fall angstaktivierend zu sein. So haben verschiedene Experimente ergeben, daß Hochängstliche in ihren Leistungen absinken, wenn ihnen der Vergleich mit den Leistungen anderer in Aussicht gestellt wird. Ja, selbst wenn Ängstliche nur mit ihren eigenen Leistungen «konkurrieren», so verschlechtert das ihre Situation. Wie die Psychologin Viola Gärtner-Harnach schreibt, wurde in einer ganzen Reihe von Untersuchungen gefunden, daß «jeglicher Bezug auf die vorhergehende abgeschlossene Leistung, gleichgültig, ob sie als Erfolgs- oder als Mißerfolgsmeldung auftritt, dazu tendiert, die Leistung des sehr Ängstlichen in einer nachfolgenden Aufgabe zu verschlechtern». (Gärtner-Harnach 1972, S. 116)

Offenbar ist die Situation «Verglichen werden» für Ängstliche so mit negativen Erfahrungen verbunden, daß ihre Angst aktiviert und ihre Leistungsfähigkeit herabgemindert wird.

Diese Angst kann allerdings dadurch verringert werden, daß die sehr Ängstlichen nach einem Mißerfolg emotionale Zuwendung in Form von Lob erhalten. Eine Reihe von Untersuchungen zeigt, daß sehr Ängstliche dann bessere Leistungen brachten.

Das bisher Gesagte erscheint nur plausibel, wenn wir davon ausgehen, daß Angst die Leistungsfähigkeit herabsetzt. Gerade dieser Punkt aber ist umstritten. Zwar haben wir schon gezeigt (Kapitel 6), daß mangelnde Leistungsfähigkeit im allgemeinen nicht auf angeborene Intelligenzmängel zurückführbar ist. Mangelnde Leistungsfähigkeit kann aber dennoch – aus anderen Gründen – entstehen. Wir müssen uns also mit der Vermutung beschäftigen, daß nicht Angst die Leistungsfähigkeit beeinträchtigt, sondern daß eine zu geringe Leistungsfähigkeit, die «den Ansprüchen nicht genügt», Angst hervorruft. Darauf deutet ein Bericht von Hill und Sarason hin, nach dem «von den Kindern, die sich zu Beginn ihrer Schulzeit als ängstlich geschildert hatten, mit zunehmender Schulerfahrung die Intelligenteren ihre Angst in stärkerem Ausmaß verloren als die Kinder mit schwächerer Begabung, vermutlich deshalb, weil sie mehr Erfolgserlebnisse, also weniger Grund zu Angst hatten». (Nach Gärtner-Harnach 1972, S. 79)

Ist dies nun ein Beweis dafür, daß mangelnde Leistungsfähigkeit angststeigernd wirkt? Offenbar ist dies nicht ganz von der Hand zu weisen. Doch haben wir es wohl mit einem komplizierteren Zusammenhang zu tun. Wenn wir vorhin festgestellt haben, daß die Angst der Hochängstlichen offenbar darin besteht, in Vergleichen schlecht abzuschneiden, also wenig Zuwendung zu erhalten, statt Lob Tadel zu bekommen, so ist das geschilderte Ergebnis verständlich.

Die ängstlichen Schüler mit besseren schulischen Voraussetzungen konnten offenbar mehr Lob als Tadel einheimsen und so einen Teil ihrer Befürchtungen verlieren. Bei den anderen ängstlichen Schülern aber, die den schulischen Anforderungen weniger genügten, stellten sich dagegen ihre Befürchtungen als «richtig» heraus: Ihre Ängste blieben erhalten.

Wir müssen eine Einwirkung von Erfahrungen auf die Ängstlichkeit annehmen: Mißerfolge, besonders wenn sie sich häufen, setzen die Ängstlichkeit herauf. Zugleich aber ist zu zeigen, daß Ängstlichkeit in vergleichenden Situationen zu bestimmten (negativen) Erfahrungen führt: ein Teufelskreis also. Wenn die Psychologen, von denen wir bisher sprachen, in ihren Untersuchungen herauszufinden trachteten, wie sich Hoch- und Niedrig-Ängstliche in bestimmten Situationen unterschieden, so betrachteten sie immer nur einen Teil aus dem gerade genannten «Teufelskreis». Sie fragten: Wie unterscheidet sich das Verhalten von Kindern mit hoher und niedriger Ängstlichkeit in bestimmten (Prüfungs-)Situationen. Sie stellten nicht die Frage, ob und wie diese Prüfungssituation mit ihren Ergebnissen selbst wiederum die Ängstlichkeit der Kinder veränderte.

Wenn wir aber die Ängste unserer Kinder und unsere eigenen Ängste besser verstehen wollen, so geht das nur, wenn wir die Wechselwirkung zwischen Angstverhalten und Angst (Angst beeinträchtigt Leistung, schlechte Leistung erhöht Angst usf.), nicht aus dem Auge verlieren. Aber bleiben wir zunächst noch bei den «einseitigen» Untersuchungen der amerikanischen Psychologen.

Außer den Belegen dafür, daß Vergleichssituationen offenbar negative Erfahrungen und Angst wachrufen und deshalb die aktuelle Leistungsfähigkeit herabsetzen, gibt es noch andere Hinweise. Die beiden wichtigsten sind die folgenden:

1. Komplexe Aufgaben werden von Hochängstlichen im Durchschnitt schlechter gelöst als von weniger Ängstlichen.
2. Wenn Prüflinge unter Zeitdruck gesetzt werden, so schneiden sehr Ängstliche dabei wesentlich schlechter ab als wenig Ängstliche.

Wir haben schon verschiedentlich gesehen, daß die Angst in Prüfungssituationen durch positive emotionale Zuwendung (Lob) herabgesetzt und damit die Leistungsfähigkeit der Ängstlichen gesteigert werden kann. Das bedeutet, daß die Leistungsangst im Kern Isolationsangst ist. Da diese Angst wesentlich von dem Verhalten jener Menschen abhängig ist, mit denen wir zu tun haben, können jene Untersuchungen wichtige Fingerzeige geben, in denen das Lehrerverhalten und das Schülerverhalten in Beziehung gesetzt wurden.

6. Leistungsangst und Lehrerverhalten

Der Hamburger Psychologe Tausch fand mit seinen Mitarbeitern bei Untersuchungen, daß unfreundliche, gespannte und unruhige Lehrer Schüler hatten, die bedeutend mehr Angst davor äußerten, im Unterricht aufgerufen zu werden, sich vor der Klasse bloßzustellen, die viel mehr Schwierigkeiten hatten, dem Unterricht zu folgen, mehr Müdigkeit zeigten und häufiger das Gefühl erlebten, im Unterricht nicht Schritt halten zu können, als die Schüler der Lehrer, die sich durch Freundlichkeit, Höflichkeit, Ruhe und entspannte Haltung auszeichneten. (Tausch u. a. 1966)

Sarason (nach Gärtner-Harnach 1972, S. 118) fand, daß ein Lehrer Angst erzeugt, der die Akzeptierung und Wertschätzung des Schülers von dessen Leistung abhängig macht. Allerdings gilt dies nur, wenn der Schüler eine positive Beziehung zum Lehrer hat und Wert auf dessen Anerkennung legt. Welche Rolle Lob im Klassenzimmer spielt, das zeigte eine Untersuchung von Wieczerkowski und anderen (1977), bei der die Klassenlehrer von acht Schulklassen sechs Wochen lang den vier ängstlichsten Kindern jeder Klasse mehr Lob zuteil werden ließen als vorher. Dies senkte die gemessene Schulangst der bevorzugten Kinder. Allerdings zeigte dieser Versuch auch, daß eine Verringerung von Schulangst kaum durch die moralische Forderung herbeigeführt werden kann: «Lehrer, lobt eure Schüler mehr!» Es fiel den Lehrern, die an dem Experiment teilnahmen, außerordentlich schwer, die Verhaltensvorschriften zu befolgen, die ihnen die Psychologen gegeben hatten.

Jedenfalls zeigt auch dieser Versuch, daß es einen Zusammenhang zwischen der Art der Zuwendung, die Lehrer ihren Schülern zuteil werden lassen, und der Leistungsangst der Schüler gibt. Dabei gilt auch folgendes: Je höher die Leistungsangst der Schüler ist, um so eher profitieren sie von einem freundlichen Lehrer. Dies ist in mehreren Untersuchungen gezeigt worden, nach denen Lehrer-Lob vor allem für Schüler der Arbeiterklasse angstsenkend wirkt. Wir erinnern uns: Kinder der Arbeiterklasse haben im Durchschnitt die höchsten Leistungsangstwerte. Bei Schülern der Mittelschicht ist die angstsenkende Wirkung von Lob geringer.

In diesen Ergebnissen finden wir den Zusammenhang zwischen der Angst der Schüler und Isolation bzw. Bedürfnis nach Zuwendung wieder.

Sie können aber nicht die oft daraus abgeleitete Forderung begründen, Lehrer sollten die Schulangst durch einen freundlicheren Umgangston und mehr Lob angehen. Denn die wichtigste Form von Lob und Tadel findet sich in den Zensuren, welche am Klassendurchschnitt orientiert sind.

7. Warum Angst dumm macht

Wir haben immer wieder Hinweise darauf erhalten, daß Prüfungsangst im Zusammenhang mit Isolationsangst zu stehen scheint. Darüber hinaus haben wir aus den Ergebnissen der Experimente und Forschungen entnehmen können, daß Prüfungsangst die Leistungen im Vergleich zu Situationen, in denen geringere Angst vorhanden ist, im allgemeinen beeinträchtigt. Damit haben wir aber noch keine Antwort auf die Frage, wieso dies der Fall ist.

Aus den Ergebnissen der Forschungen im Lernlabor haben wir entnommen, daß Angst zu falschem Lernen führen kann. Wir haben gesehen, daß Verhaltensweisen, die unter Angstdruck gelernt wurden, auch dann beibehalten werden, wenn der Grund für die Angst entfallen ist, wenn z. B. der elektrische Strom abgeschaltet wurde («Vermeidungslernen» – Stichwort: Vorurteile).

Wir haben gesehen, daß Gewöhnung an Angst eintreten kann, wenn beim Auftreten von Angst weder Möglichkeiten zur Flucht noch Möglichkeiten zum «Abstellen» vorhanden sind («Gelernte Hilflosigkeit»).

Wir haben darüber hinaus feststellen müssen, daß Verhaltensweisen, die in gar keinem ursächlichen Zusammenhang mit dem Verschwinden von Angst stehen, «gelernt werden», wenn sie zufällig mit diesem Verschwinden auftauchen oder gezeigt werden («operantes Konditionieren», «neurotische Verhaltensweisen»).

Aber diese Dinge erklären lediglich die Tatsache, daß Individuen aufgrund ihrer Lernerfahrungen mit Angst in bestimmten Situationen unfähig zum Lernen geworden sind. Sie erklären noch nicht, wieso dasselbe Individuum unter dem Druck von Angst bestimmte schon gelernte Verhaltensweisen schlechter anwendet als ohne den Druck von Angst.

Zunächst bleibt festzuhalten, daß dies gar nicht einmal immer der Fall ist. So gibt es eine Reihe von Untersuchungen, in denen Angst die Leistungen gesteigert hat.

Einige Beispiele:

Sarason und einige seiner Mitarbeiter (nach Andreas u. a. 1976, S. 24) ließen hochängstliche und wenig ängstliche Kinder in einem Test mit dem Bleistift einen Weg aus einem gezeichneten Labyrinth suchen. Dabei durfte keine Begrenzungslinie und auch keine Linie des eigenen Weges geschnitten werden und der Bleistift nicht abgehoben werden. In diesem Test sollte geprüft werden, wie sorgfältig und exakt die Kinder arbeiten. Dies wurde den Kindern aber nicht mitgeteilt. So richtete sich die Aufmerksamkeit der Kinder vor allem darauf, Fallen zu vermeiden. Wer eher zu impulsiver und leichtsinniger Arbeit neigte, konnte sich hier «entfalten». Denn ihm ist ja nicht gesagt worden, daß die Sorgfalt getestet wird, mit der er die Striche zieht.

Bei diesem Test schnitten die hochängstlichen Kinder deutlich besser ab als die wenig ängstlichen.
Dieses Ergebnis deutet darauf hin, daß Ängstlichkeit da von Vorteil ist, wo zur Lösung einer Aufgabe Vorsicht und die Anpassung an genaue Verhaltensvorschriften notwendig sind.

So ist es denn auch nicht verwunderlich, daß hochängstliche Schüler, wenn überhaupt, gute Leistungen im Lesen und in Sprachtests erbringen. Abgesehen davon, daß ängstliche Kinder vermutlich mehr lesen als nichtängstliche Kinder, ist das Lesen eine «Leistung», die den Bedürfnissen der Ängstlichen entspricht. Lesen ist offenbar eine Verhaltensweise, bei der sich die Ängstlichen an der Vorlage gut «festhalten» können, was ihrem «Anlehnungsbedürfnis» entgegenkommt bzw. ihre Unsicherheit reduziert. Lesen läßt also eine relativ große Verhaltenssicherheit zu. Der «Anlehnungseffekt» läßt sich am besten dadurch erklären, daß beim Lesen eine ständige Kontrolle über die Richtigkeit des Verhaltens möglich ist. Dies läßt keine Erwartungsangst aufkommen und gibt das Gefühl von Sicherheit.

Daß die sofortige «Rückmeldung» wirklich für die Verhaltensweisen von Ängstlichen von großer Bedeutung ist, zeigt ein anderes Experiment von Campeau (nach Gärtner-Harnach 1972, S. 112). Dabei überflügelten ängstliche Mädchen die nicht-ängstlichen im Lernen eines Schulstoffes, wenn ihnen der Stoff so nahegebracht wurde, daß die ängstlichen Mädchen ihre Reaktionen sofort überprüfen konnten. Gab es diese Möglichkeit nicht, so befanden sich die nicht-ängstlichen Mädchen im Vorteil. Bei Jungen trat in dieser Untersuchung ein solcher Effekt nicht ein.

Immerhin gibt aber dieses Experiment einen Fingerzeig darauf, daß Ängstliche von Maßnahmen profitieren, die ihre Unsicherheit herabsetzen.

Wenn bessere Lernergebnisse von Ängstlichen dadurch erklärt werden können, daß bestimmte Arten des Lernens Vorsicht und Anlehnung offenbar erforderlich machen, so muß für die Erklärung der Tatsache, daß manchmal unter Angst besser gelernt wird, doch noch ein anderer Aspekt herangezogen werden.

Wir haben bis jetzt immer nur von Angst gesprochen, als ob es sich dabei stets um eine einheitliche Größe handelte. In Wirklichkeit sind aber angstauslösende Situationen unterschiedlich bedrohlich, in Wirklichkeit reagieren Individuen auf angstauslösende Situationen mit mehr oder weniger Angst.

Folgendes gilt inzwischen als eine psychologische Binsenweisheit: Für Lernen ist im Normalfall eine mittlere Aktivierung des Organismus nützlich bzw. optimal. Wenn z. B. ein Hund keinen Hunger hat, wird man ihn kaum dressieren können, indem man ihm nach bestimmten Verhaltensweisen Futter gibt. Und wir kennen alle aus dem menschlichen Leben jene Figuren, die «übermotiviert» sind, die gern, zu gern etwas Bestimmtes vorführen möchten und sich dabei der Lächerlichkeit durch tollpatschiges Verhalten preisgeben.

In gewisser Weise gilt dies auch für Angst: ein geringer Grad von Angst kann die Leistungen steigern, wenn er dazu beiträgt, daß der Organismus «ein mittleres Aktivierungspotential» erreicht. Wird durch die Angst aber dieses Optimum überschritten, so werden die Leistungen beeinträchtigt.

Die beeinträchtigende Wirkung von Angst ist um so größer, je komplexer die zu lösenden Aufgaben sind. Am vorteilhaftesten reagieren Organismen unter Angst, wenn nur wenige Informationen zu verarbeiten sind. Der Organismus will der Überflutung durch die Angst offenbar schnell entgehen.

Sind dagegen für die adäquate Lösung eines Problems viele Informationen zu verarbeiten, so versagt der Organismus, wenn die Angst zu groß ist. Die meisten Lernprozesse des Menschen aber verlangen die Verarbeitung von vielen Informationen. Und dies erklärt, warum Ängstliche in fast allen Lernsituationen im Durchschnitt schlechter abschneiden als weniger Ängstliche.

Dies erklärt auch, warum Stress (Angst) in fast allen Fällen die Leistungen von Menschen herabsetzt. Die wenigen Ausnahmen, von denen wir gesprochen haben, bestätigen diese Regel.

Und so kann der Psychologe Fürntratt wohl mit Recht sagen: «Sehr wahrscheinlich ist Angst überhaupt die weitaus wichtigste einzelne Ursache für sogenannte Leistungs- und Lernstörungen.»

8. Zusammenfassung

Die Wissenschaftler reden von Schulangst, beschäftigen sich aber in der Regel mit Prüfungsangst. Ihre wichtigsten Erkenntnisse sind:

- Es gibt offenbar Hemmungen, Ängste einzugestehen.
- Soweit Prüfungsangst mit Fragebogen erfaßbar ist, haben
  – Schüler der Arbeiterklasse mehr Angst als Mittelschichtkinder, haben
  – Schüler mit schlechten Noten größere Prüfungsängste als Schüler mit guten Noten.
- Ängstliche Schüler haben ein schlechtes Bild von sich selber und befürchten von der Umwelt noch negativer eingeschätzt zu werden.
- Ängstliche Schüler sind ausgesprochen abhängig von Zustimmung und Lob.
- In Situationen mit Wettbewerbscharakter ist ihre Leistungsfähigkeit gegenüber der «Normalsituation» deutlich herabgesetzt.
- Wenn Lob für eine Tätigkeit (besonders von wichtigen Bezugspersonen) die Situation «Verglichen werden» signalisiert, kann auch Lob die Leistungsfähigkeit bei ängstlichen Schülern senken.
- In leicht überschaubaren Situationen können ängstliche Schüler Lernvorteile haben.
- Ängstlichkeit setzt aber die Lern- und Leistungsfähigkeit bei komplexen Aufgaben, die die Regel sind, rapide herab.

Die Angst der Schüler vor dem Versagen bedeutet offenbar Angst vor Verlust von Zuwendung (Isolation). Sie bezieht sich auf die Situation «Verglichen werden», wo Ängstliche offenbar sehr viele negative Vorerfahrungen gesammelt haben. Ihre so entstandene Ängstlichkeit setzt die Leistungsfähigkeit herab, was zu neuen negativen Erfahrungen führt. Diese Ergebnisse resultieren aus «Momentaufnahmen» bei Schülern und Studenten. Wie Isolation, Angst und Leistungsangst in der Entstehung zusammenhängen, untersucht das nächste Kapitel.

Kapitel 9
Ursachen für Ängstlichkeit in der kindlichen Entwicklung

Unsere bisherigen Überlegungen haben gezeigt: es gibt «starke» und «schwache» Schüler. Die einen wissen nichts von der «Schul»angst, obschon – wie sich zeigt – sie keineswegs «aus der Schußlinie» sind. Die anderen haben massive Erfahrungen mit «Schul»ängsten, die von den Wissenschaftlern in der Regel lediglich in Form von Prüfungsängsten untersucht und diskutiert werden.

Weiter haben wir gesehen: Obschon es auf den ersten Blick so scheinen mag, ist die Schulangst weder eine Folge von angeborenen Intelligenzmängeln noch allein eine Konsequenz von «Leistungsschwäche». Die Wissenschaftler wurden erst auf das Problem aufmerksam, als sich zeigte, daß Kinder und Erwachsene mit hoher Intelligenz in Prüfungen – wegen ihrer Angst – schlechter abschneiden, als es zu erwarten wäre.

Darüber hinaus mußten wir feststellen, daß Angst in mehrfacher Hinsicht dumm macht. Nicht nur, daß Prüfungskandidaten unter dem Druck von Angst gehindert sind, ihre wirklichen Kenntnisse zu zeigen; nicht nur, daß Schüler, die ängstlich sind, im allgemeinen mehr Schwierigkeiten beim Lernen haben als andere – wenn unter Angstmotivation bestimmte Verhaltensweisen (oder auch Einstellungen) gelernt werden, so wird durch die Ergebnisse solcher Lernprozesse oft weiteres Lernen verhindert. Wir erinnern uns: Wer aus Angst gelernt hat, bestimmte Dinge, Personen oder Gegenden zu vermeiden, hat kaum eine Chance, festzustellen, ob seine frühere Angsterfahrung heute noch gilt. Zweitens: Wer Angst ausgesetzt wurde, ohne eine Chance, wegzulaufen oder sich gegen die Angst zu wehren, hat «Hilflosigkeit» gelernt. Drittens: Wer unter dem Druck von Angst irrationale Verhaltensweisen gelernt hat (z. B. Waschzwang), hat ohne die Hilfe eines Fachmannes praktisch keine Chance, diese Verhaltensweise zu verlernen.

Auch wenn in einigen wenigen Fällen ein geringes Maß von Angst Lernen fördern kann, so müssen wir doch darauf bestehen, daß Angst schädlich ist.

Wenn wir die Angst erfolgreich bekämpfen wollen, so müssen wir alle offenen und verborgenen Ursachen erfassen, die in unserem Leben Angst erzeugen: um sie – wo möglich – zu meiden und um ihre Bedeutung einschätzen zu können.

1. Kontakt und Isolation in den ersten drei Lebensmonaten

Sowohl in den Äußerungen von Schülern wie aus den Forschungen der Wissenschaftler ist deutlich geworden, daß Ängste der Menschen häufig im Zusammenhang von «Isolation» stehen, wie auch Isolation eine der bedeutendsten Quellen von Angst ist. Trotz der ähnlichen Beobachtungen, die z. B. Horst-Eberhard Richter über Isolations-Experimente mitteilt und die Forscher wie Spitz an Kindern gemacht haben, hat Isolation unterschiedliche Folgen, je nachdem wie alt die Menschen sind, je nachdem welche Bedürfnisse sich bei ihnen entwickelt haben.

Mit Isolation meine ich hier allerdings nicht die totale Isolation, wie sie im Experiment hergestellt wird, auch nicht jene vernichtende Isolation, wie sie René Spitz im Krankenhaus bei kleinen Kindern beobachtete und deren Folgen er «Hospitalismus» taufte. Hier geht es um einen milderen Grad von Isolation, es geht darum, daß die Bedürfnisse von Kindern oder Erwachsenen nach Kontakt mit anderen Menschen nicht hinreichend befriedigt werden.

Wie unterschiedlich sich eine teilweise Isolation (d. h. unzureichende Befriedigung der Kontaktbedürfnisse) in verschiedenen Lebensaltern auswirkt, das hat der Psychoanalytiker Franz Renggli in seinem Buch «Angst und Geborgenheit» (1976) genauer beschrieben. Grundlage dafür sind psychoanalytische Studien und Untersuchungen in verschiedenen einfachen Kulturen, deren Erziehungspraktiken ziemlich streng festgelegt und überschaubar sind.

In der ersten Phase nach der Geburt stürmen auf ein Kind ungeheuer viele Sinneseindrücke ein, die ihm vorher unbekannt waren: Kälte, Lichtreize, es empfindet zum erstenmal Hunger usw. Diese Reizüberflutung wird für das Kind – so Renggli – nur erträglich, wenn es Körperkontakt hat. Dabei sind wohl folgende drei Punkte ausschlaggebend:

1. Körperkontakt bedeutet Wärme.
2. Körperkontakt bedeutet auch Wiedererkennen des schon aus der vorgeburtlichen Zeit bekannten Herzschlages (es ist bekannt, daß Kinder in der ersten Zeit nach der Geburt durch das Hören von Herzschlagtönen beruhigt werden können).
3. Körperkontakt bedeutet zugleich auch die Möglichkeit zur Nahrungsaufnahme und damit Stillung des unangenehmen Hungerreizes.

Isolation heißt in dieser ersten Phase von etwa drei Monaten also vor allen Dingen: fehlender Körperkontakt.

Kommt es in dieser ersten Phase zu solchen Isolationserlebnissen beim Kleinkind, so hat das Folgen bis ins Erwachsenenalter: der Mangel an Geborgenheit führt zu Mißtrauen.

Die entsprechende Charakterstruktur wird von der Psychoanalyse als «schizoid» bezeichnet.

Woher das Mißtrauen kommt, können wir verstehen, wenn wir uns

Wenn die Weisheit ...

... sich mit Löffeln essen ließe, wenn man die ganze Mathematik in Pillenform schlucken könnte (und wenn's eine bittere Pille wär'), wenn es Sprachkurse in Puddingform gäbe, wenn ...

... dann gäb's bestimmt auch Geld billig zu kaufen und Zinsen ohne Sparen. Nun ja, wenn ...

vergegenwärtigen, daß das Kind die Umweltreize und seine eigenen Empfindungen als sehr unangenehm und gefährlich empfindet: Licht, Schmerz, Kälte, Hunger. Und wenn es keine Möglichkeit hat, seine Angst durch Körperkontakt zu reduzieren, so kann es auch nicht lernen, diese *Empfindungen* als eigene zu akzeptieren. Welche Bedeutung die Tatsache hat, daß die Kinder im Krankenhaus gleich nach der Geburt von der Mutter getrennt werden, kann sich jetzt jeder selbst ausmalen.

In dieser ersten Phase gibt es aber noch eine zweite Angstquelle. Renggli beschreibt sie folgendermaßen: «Eine Mutter kann ihr Kind beispielsweise nicht in einer angemessenen Art und Weise im Arm halten, oder eine ängstlich überbesorgte Mutter manipuliert ununterbrochen an ihrem Kind herum oder verändert dauernd seine Lage. Ein solcher dauernder Wechsel in der Behandlungsweise muß auf das Kind immer wieder fremdartig und somit bedrohlich wirken. Die Mutter selbst kann für das Kind bedrohend sein und somit als ‹Umwelt› erlebt werden. Nur das Verhalten der Mutter, das ihm einen beruhigenden Körperkontakt gewährt, kann vom Kind als ‹Ich› erlebt werden.» (Renggli 1976, S. 85)

Daß in dieser Phase das Stillen nach «Fahrplan», wobei das Kind manchmal stundenlang schreien muß, ehe es zu seiner Nahrung kommt, eine besondere Gefahr darstellt, läßt sich daraus leicht erkennen.

Schon aufgrund dieser ersten Überlegungen haben wir drei Quellen entdeckt, die beim erwachsenen Menschen zu Mißtrauen und das heißt zu Ängstlichkeit führen. Zwei dieser Quellen gehören zu den Gewohnheiten unseres Lebens:

- die regelmäßige Trennung der Kinder von der Mutter nach der Geburt und
- die Fütterung nach Fahrplan.

Dazu kommen die Praktiken übernervöser und ängstlicher Mütter.

2. Die «orale» Phase (vierter bis siebzehnter Lebensmonat)

Hat ein Kind die ersten drei Monate seines Lebens gut überstanden, so drohen neue Gefahren. Es hat die ersten Umweltreize und die Reize aus dem eigenen Körper zu sortieren gelernt, es ist nicht mehr *immer* notwendig auf Körperkontakt angewiesen (wenn alles gut gegangen ist). Isolation bedeutet jetzt etwas anderes. Auch wenn das Kind nicht mehr länger auf den Körperkontakt angewiesen ist, so benötigt es doch Kontakt: vor allen Dingen Sicht- und Hörkontakt. In dieser Phase beginnen die Lebensäußerungen, die später die Bedeutung von «Kommunikation» bekommen können. Die Kinder blicken ihren Bezugspersonen nach, sie lächeln, «plaudern» (wie die ersten Lautäußerungen manchmal genannt werden) oder strecken ihnen die Arme entgegen.

Ob das Kind diese «kommunikativen Fähigkeiten» entwickelt, hängt davon ab, wie die Pflegeperson auf die einzelnen Äußerungen reagiert. Wenn die entgegengestreckten Ärmchen dazu führen, daß die Pflegeperson das Kind aufnimmt, wenn sie das «Plaudern» erwidert, wenn sie auf Schreien herbeieilt, so kann das Kind lernen, daß es dazu in der Lage ist, auch die geringsten Anzeichen von Isolationsangst zu beseitigen bzw. zu vermeiden. Wenn die Pflegeperson zuverlässig und konstant auf die Bedürfnisäußerungen des Kindes reagiert, so entwickelt es Fähigkeiten und ein «Machtgefühl», mit dem es sich vor Angst schützen kann. «Antwortet die Mutter dagegen inadäquat auf Schreien und Lächeln oder Plaudern, entsteht beim Kind natürlich kein Machtgefühl, sondern an seiner Stelle ein Ohnmachtsgefühl!» (Renggli 1976, S. 89) Dieses von Renggli so genannte Machtgefühl bedeutet nichts anderes, als daß das Kind sich seiner Pflegeperson völlig sicher ist, daß es sich beim Auftreten fremder, ängstigender Reize der Pflegeperson «bedienen» kann, um seine Angst zu mildern bzw. abzuschalten.

Aber das richtige Reagieren der Pflegeperson in diesem Zeitraum hat noch eine andere Bedeutung: Wenn sie dem Kind immer zur Verfügung steht, so wird auch die Bindung des Kindes an die Pflegeperson immer intensiver.
Wenn das Kind dagegen keine Chance hat, sich seiner Mutter ständig zu «bedienen», wenn es also ein «Ohnmachtsgefühl» entwickelt, so ist die Bindung des Kindes an seine Pflegeperson zwiespältig oder so schwach, daß sie «im Extremfall schließlich ganz ausfallen kann». (Renggli 1976, S. 90)

Die Folgen für den Erwachsenen sind katastrophal: Zu dem Gefühl der Ohnmacht, den andern für sich gewinnen und ihn halten zu können, gesellt sich Angst vor dem Verlust des Partners. Die Angst ist nur dadurch zu besänftigen, daß der Erwachsene immer die größtmögliche Nähe zu seinem Partner sucht. Das Gefühl der Ohnmacht führt zu größtmöglicher Hingabe und Abhängigkeit bis zu Unterwürfigkeit.

Es gibt eine ganze Reihe von Situationen in unserem Leben, die offenbar verhindern, daß die Pflegepersonen sich in dieser «oralen» Phase in der hier beschriebenen idealen Weise um das Kind kümmern. Da ist z. B. die Mutter, die Geld verdienen muß und deshalb ihr Kind in einer Krippe unterbringt. Da gibt es den längeren Krankenhausaufenthalt, der für das Kind nötig geworden ist. Da sind enge Neubauwohnungen, deren Küchen es nicht zulassen, daß das Kind dort untergebracht wird, während die Mutter das Essen bereitet. Auch hier also eine ganze Reihe von Situationen, die später zu Ängstlichkeit führen.

3. Die «anale» Phase (zweites und drittes Lebensjahr)

Wenn ein Kind in dieser zweiten Phase genügend Sicherheit und «Macht» über seine Pflegeperson gewonnen hat, dann hat es auch schon zu krabbeln gelernt und beginnt, die Umgebung zu erkunden. Dies kann es aber nur, wenn es sich seiner Pflegeperson hinreichend sicher ist, so sicher ist, daß es sich von ihr lösen kann. Renggli schreibt dazu: «Je sicherer sich das Kind im Besitz seiner Mutter weiß, desto sicherer und mit größerem Vertrauen wird es diesen Besitz aufgeben und loslassen, ja sogar lustvoll sich von der Mutter ablösen können, um die Umwelt zu erkunden. Dagegen sind ältere Kinder, die ständig an der Mutter kleben bleiben und sich dauernd an sie anklammern, so behandelt worden, daß sie nie ihre Mutter voll in Besitz nehmen durften und damit ständig Angst haben müssen, den wenigen Besitz, den sie beanspruchen durften, auch noch zu verlieren.» (Renggli 1976, S. 91)

Zunächst achtet das Kind noch darauf, daß seine Mutter im Blickfeld bleibt. Erst wenn dieser Bereich erkundet ist, bewegt es sich weiter weg von ihr und schließlich auch außerhalb ihres Hörkreises. Wichtig ist, daß es immer zu der Pflegeperson zurückkehren kann. «Findet das Kind die Mutter nicht dort vor, wo es sie bei seiner Rückkehr vermutet, oder aber verläßt die Mutter das Kind, so verfällt es in eine sinnlose motorische Unruhe, ein Suchen der Mutter im Leerlauf, was bis zum Angstzusammenbruch führen kann: eine völlige Antriebshemmung, verbunden mit jeglichem Verlöschen von Erkundungs- und Neugierdeverhalten.» (Renggli 1976, S. 93) Je sicherer das Kind aber über die Anwesenheit seiner Pflegeperson ist und sein kann, um so eher akzeptiert es auch andere Personen an ihrer Stelle. In dieser Zeit hat das Kind eine gewisse Selbständigkeit erreicht, und die Mutter beginnt nun auch, Forderungen der Selbständigkeit an das Kind zu stellen. Es soll selbständig laufen, essen, schlafen. Es muß lernen, sich selber anzuziehen, und nun auch selbständig (d. h. für sich alleine) spielen können.

Wenn aber die Entwicklung des Neugierverhaltens dadurch gestört wurde, daß das Kind in Augenblicken von Gefahr oder auftauchender Isolationsangst seine Pflegeperson nicht schnell genug oder gar nicht auffinden konnte, dann stellt es seine Erkundungen ein. Statt dessen bleibt es ängstlich darauf bedacht, in der Nähe der Mutter zu bleiben.

Schauen wir uns wieder die Folgen für den erwachsenen Menschen an. Die Psychoanalyse sieht in dieser Kindheitssituation den Ursprung des «zwanghaften Charakters». Renggli schreibt: «Der zwanghafte Mensch hat mehr Angst vor allem Neuen, vor Risiko, Wagnis, Spontaneität usf. Deshalb möchte er die Welt am liebsten zum Stillstand zwingen, er wehrt sich gegen alles Neue durch Vorurteile und versucht es zu bekämpfen. Er strebt somit übermäßig stark nach Dauer, nach Stabilität, nach Ordnung und Gesetzmäßigkeit, nach Konstanzregeln, Prinzipien usf. Diese konservative Einstellung bewahrt ihn davor, sich mit dem Neuen auseinandersetzen zu müssen.» (Renggli 1976, S. 107)

Während in der ersten Lebensphase des Kindes die erlebte Isolationsangst zu dem Gefühl der «Ungeborgenheit» und Mißtrauen der ganzen Welt gegenüber führt, während in der zweiten Phase die Isolationsangst das Gefühl von Ohnmacht und Abhängigkeit hervorbringt,
ist es in dieser dritten («analen») Phase Furcht vor Neuem, die durch Isolationsangst hervorgerufen wird,
und entsprechend das Bedürfnis, sich in angstfreiem, überschaubarem Raum zu bewegen. Da das Kind Neues nicht erobern und erkunden kann, hält es an dem fest, was es hat: Schon der Vater der Psychoanalyse, Sigmund Freud, hat darauf hingewiesen, daß der «anale Charakter» durch Geiz, Pedanterie und Eigensinn gekennzeichnet sei.

Wieder gibt es eine ganze Reihe von institutionalisierten Fällen, in denen sich das Kind in der Isolationsangst fangen kann. Wieder müssen wir hier an jene Kinder denken, die wegen der Berufstätigkeit ihrer Mutter in Krippen untergebracht werden müssen. Ein weiterer Punkt ist die Bauart von Neubauwohnungen, auch der Möbel, die für Kinder wenig Möglichkeiten zum Erkunden lassen und zudem in der Regel wegen ihrer Empfindlichkeit die Mütter oder Väter auf den Plan rufen. Sichtbarer Ausdruck dieser Angst der Eltern, ihr Kind könnte bei seinen Erkundungen Unheil anrichten, ist das Laufgitter, wo das Kind weder Gelegenheit hat, irgend etwas für sich zu be»greifen», noch aufkeimende Isolationsangst dadurch zu beseitigen, daß es einfach zur Mutter läuft, die vielleicht in einem anderen Zimmer ist.

In dieser Phase muß notwendig auch der Kontakt zu anderen Kindern und Erwachsenen einsetzen, da die Mutter nicht mehr «Hauptbezugsperson» ist und Kontakte zu anderen notwendig sind, um die sozialen Fähigkeiten weiterzuentwickeln. «Hat aber ein Kind keine Möglichkeit, mit anderen Kindern zu spielen, bleibt es rettungslos an seine Mutter gebunden, was besonders in Großstädten deswegen der Fall ist, da dort Kinder aus Gründen der Gefahr nicht mehr zu anderen auf die Straße geschickt werden können.» (Renggli 1976, S. 96)

Eine weitere Gefährdung für die Fähigkeit des Kindes, mit seiner Isolationsangst umzugehen, ist die Mutter, die selbst ängstlich ist. Wir hatten für die erste Phase gesehen, daß eine ängstliche, nervöse Mutter das Kind verunsichern kann, indem sie es zu unruhig behandelt. Auch für die zweite Phase sind ähnliche Gefährdungen nicht auszuschließen: Pflegepersonen, die die Kinder in der zweiten Phase den ganzen Tag mit sich herumschleppen, verhindern, daß das Kind Sicherheit bei gleichzeitiger Distanz gewinnt, was eine Voraussetzung für die spätere Ablösung ist. In der dritten Phase ist die Gefahr akut, daß Mütter, die Angst vor der Ablösung und der Selbständigkeit des Kindes haben, die Isolationsangst des Kindes unbewußt schüren. Horst-Eberhard Richter schreibt in seinem Buch «Flüchten oder Standhalten» (1976) zu diesem Problem: «Wenn man erfahren will, wie die Weitergabe von erhöhter Isolationsangst im Normalbereich vonstatten geht, ist es instruktiv, die üblichen und scheinbar harmlosen Einflußtechniken kritisch zu durchmustern ... Die leise Drohung, sich dem Kind zu entziehen, ist noch immer die bequemste Methode für eine Mutter, das Verhalten des Kindes in erwünschtem Sinne zu steuern. Vielfach wird mit dieser Drohung nicht nur gespielt, um irgendeine bestimmte Anordnung durchzusetzen, sondern einfach, um zu kontrollieren, ob man sich auf die kindliche Abhängigkeit überhaupt noch verlassen kann; ob der Mechanismus der Trennungsangst noch prompt funktioniert. Die Mutter fühlt sich sicher, wenn sie weiß, daß sie das Kind an einer unsichtbaren Leine hat und es bei Bedarf leicht an sich heranziehen kann. Dieses Motiv kann man auch aus der Art herauslesen, wie viele Mütter mit ihrem kleinen Kind das scheinbar absolut unverfängliche und vergnügliche Versteckspiel gestalten: die Mutter macht sich kurz unsichtbar, taucht dann unversehens wieder auf, und Mutter und Kind fallen einander erleichtert in die Arme. Indessen – das Spiel ist für beide nicht das gleiche. Die Mutter bestimmt, wann sie verschwindet und wieder zum Vorschein kommt. Sie erlebt keine Angst, wenn sie sich versteckt. Aber das Kind weiß nie genau, wann die Mutter wieder erscheinen wird. Es gerät einen Augenblick in Spannung, und seine Wiedersehensfreude ist eben wegen der kurz zuvor angestauten Spannungsgefühle so heftig.» (Richter 1976, S. 54)

Neben den schon erwähnten Situationen, die in dieser Phase Isolationsangst hervorrufen – mit all ihren Folgen – haben wir hier also noch eine weitere «institutionalisierte» Situation: nämlich unser durch die Erziehungspraktiken vorgegebenes Verhalten, mit Abwendung zu drohen, wenn die Kinder nicht die geforderten Verhaltensweisen zeigen.

4. Leistungsmotiv und Isolationsangst

Ich habe bereits erwähnt, daß in dieser Periode (zweites und drittes Lebensjahr), die wir «anale» Phase nennen, die ersten Anforderungen an die Selbständigkeit des Kindes gestellt werden. Diese Selbständigkeitserziehung ist von erheblicher Bedeutung für die Entwicklung dessen, was die Psychologen «Leistungsmotiv» nennen. Mit Leistungsmotiv bezeichnen die Psychologen das Bestreben der Individuen, «die persönliche Tüchtigkeit in allen jenen Tätigkeiten zu steigern und möglichst hoch zu halten, in denen man einen Gütemaßstab für verbindlich hält und deren Ausführung deshalb mißlingen oder gelingen kann». (Heckhausen 1968, S. 194)

Nimmt man diese Definition des Psychologen Heckhausen beim Wort, so lernen Kinder, wenn sie Leistungsstreben lernen, zwei Dinge: Erstens bestimmte Handlungsfelder und Tätigkeiten so wichtig zu nehmen, daß sie hier einen «Gütemaßstab für verbindlich halten», und zweitens das

Bestreben, diesem Gütemaßstab zu genügen.

Wenn man sich aber die Untersuchungen genauer ansieht, die die Psychologen zu diesem Problem gemacht haben, so stellt sich heraus, daß diese Interpretation falsch ist. In diesen Untersuchungen wird nicht überprüft, ob Kinder eine Sache besonders gut machen, sondern ob und wie die Kinder *wetteifern.*

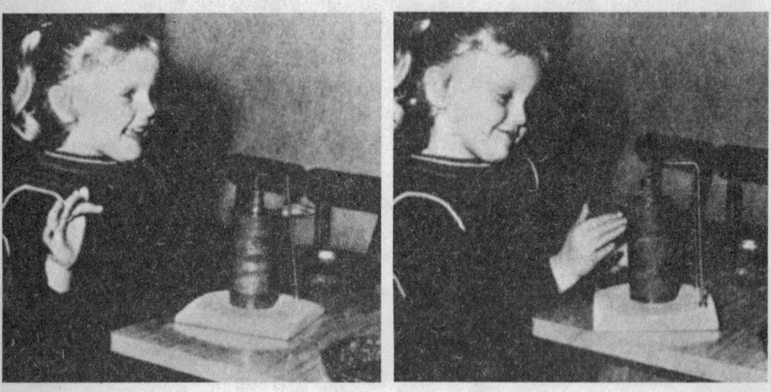

Die beiden Bilder sind einer solchen Untersuchung entnommen. Sie wurde von dem zitierten Psychologen Heckhausen gemacht. Das Mädchen heißt Maria, ist 4 Jahre und 3 Monate alt. Zu dem linken Bild schreibt Heckhausen: «Nach Erfolg – sie hat ihren Turm als erste fertiggestellt – ruft sie spontan: ‹Ich!› Aufrichten, straffen und ‹sich-vergrößern›.» Zum rechten Bild heißt es: «Nach Mißerfolg schweigt sie auf die Frage, wer zuerst fertig gewesen sei. ‹Geknickt›, verdeckendes Mißerfolgslächeln, keine Ablösung vom eigenen Werk, konflikttypisches Verlegenheitshantieren.» (Funkkolleg II, 1972, S. 80)

In dieser Untersuchung ist sowohl die Art der Tätigkeit vom Untersuchungsleiter vorgegeben wie auch der Gütemaßstab. Dieser besteht nämlich darin, wer zuerst fertig wird. Statt von «Leistungsmotiv» würde man also besser von «Konkurrenzmotiv» sprechen, was die Psychologen manchmal auch indirekt tun, indem sie das vom Leistungsmotiv hervorgebrachte Verhalten «Wetteiferverhalten» nennen.

Ich finde es wichtig, sich klarzumachen, daß die beiden folgenden Motive sehr unterschiedlich sind:

1. das Motiv, eine Sache, die *einem selbst* besonders wichtig ist, auch besonders gut zu machen;

2. das Motiv, in einer vorgegebenen Konkurrenzsituation besonders gut abzuschneiden.

Wer über das Motiv verfügt, eine Sache, die er für besonders wichtig hält, besonders gut zu machen, der verfügt schon über die Möglichkeit, die Sache, bei der er sich engagieren will, in gewisser Weise «auszuwählen». Er wird sich nicht von jeder Wettbewerbssituation so animieren lassen, daß er mitmacht und seine ganzen Kräfte dabei verausgabt. Außerdem besteht bei einem solchen Menschen eine größere Wahrscheinlichkeit, daß er die Ergebnisse seiner Arbeit nicht in erster Linie mit denen anderer vergleicht, sondern daß er sie an anderen Kriterien mißt. Wenn er z. B. ein Haus baut, wird seine Frage nicht sein: «Ist mein Haus auch schöner als das des Nachbarn?», sondern vielleicht eher: «Erfüllt mein Haus alle Bedürfnisse, die meine Frau, meine Kinder und ich im Hinblick auf gutes Wohnen haben?»

Wer hingegen ein ausgeprägtes «Konkurrenzmotiv» hat, der ist in geringerem Maße fähig, sich Situationen zu entziehen, die Wetteifer-Charakter haben. Er ist so «konditioniert» auf Wettbewerbsverhalten, daß selbst Bitten von Menschen, die ihm wert sind, ihn aus diesem Zwangsverhalten oft nicht «zurückholen» können.

Dieses Konkurrenzverhalten, bei dem Menschen auf Wetteifer-Situationen mit großer, aber blinder Anstrengungsbereitschaft und Verbissenheit zwanghaft reagieren, wie ein Pawlow'scher Hund auf das Glockenzeichen mit Speichelfluß, ist bei Männern in unserer Gesellschaft häufiger ausgeprägt als bei Frauen.

Diese letzte Behauptung wird durch einen Versuch belegt, der von den beiden Amerikanern Wolper und Heyns gemacht wurde (nach Funkkolleg III, 1972, S. 12ff.). Sie baten ihre Versuchspersonen, zum Termin die Freundinnen bzw. Freunde mitzubringen. Die Versuchspersonen mußten unter Wettbewerbsbedingungen Wörter nach einem vorgegebenen Schema in Zeichen umsetzen. Dabei wurde ihnen vorgespielt, daß ihre Arbeitsergebnisse den mitgebrachten Partnern, welche in einem anderen Raum warteten, zum Dechiffrieren gegeben wurden. Die Versuchspersonen hatten die Konkurrenzsituation voll «angenommen»: Sie arbeiteten unter Hochdruck. Nach einiger Zeit erhielten sie von ihren Partnern die (fiktive) Nachricht, sie kämen mit dem Dechiffrieren nicht mit, sie möchten doch bitte langsamer arbeiten. Dabei zeigte sich ein interessantes Ergebnis: Kaum einer der Männer brachte es fertig, sich dem Partner zuliebe der Wettbewerbssituation zu entziehen. Die Männer arbeiteten stur weiter, so schnell sie nur konnten. Bei den Frauen hingegen war ein großer Teil bereit, dem Partner zuliebe das eigene Wetteifer-Verhalten zu bremsen. Viele von ihnen arbeiteten auf die Bitte des Partners hin langsamer.

Die weitverbreitete Annahme, Konkurrenz sei die Voraussetzung für Leistung, kann vielleicht an folgendem Experiment (nach Liermann 1971, S. 19) überprüft werden: Wenn Versuchspersonen eine bestimmte Leistung zu erbringen haben und in den Glauben versetzt werden, es handle sich um eine Wettbewerbssituation, sind die Ergebnisse ihrer Arbeit objektiv schlechter, als wenn sie meinen, daß sie mit den anderen zusammenarbeiten. (Die Aufgaben in dem Experiment waren so eingerichtet, daß jeder für sich alleine arbeitete und die Leistungen auch dann genau festgestellt werden konnten, wenn die Versuchspersonen meinten, mit den anderen zusammenzuarbeiten.) Das Interessante an dem Versuch war außerdem: nach Beendigung behaupteten die Versuchspersonen, daß sie in der «Wettbewerbssituation» (die tatsächlich gar keine war) besser abgeschnitten hätten als in der «Kooperationssituation». Wie aber die Auswertung der Ergebnisse zeigte, war das Gegenteil der Fall.

Wie wir aus den schon bekannten Befunden über die Wirkung von Vergleichssituationen wissen, werden Ängste durch die «Konkurrenzsituation» hervorgerufen, die eine optimale Arbeit verhindern. Daß die Versuchspersonen trotz des schlechteren Abschneidens in der Wettbewerbssituation hinterher das Gefühl hatten, besser abgeschnitten zu haben, ist unter Umständen mit der Erleichterung über das Beendetsein der Wettbewerbssituation zu erklären.

Wie auch immer: Die beiden Experimente zeigen, daß das, was die Psychologen «Leistungsmotiv» nennen, keineswegs die einzig wirklich erstrebenswerte Eigenschaft ist, die möglichst alle Menschen haben sollten.

Aber kehren wir nun zur Entstehung des Leistungsmotivs in der frühen Kindheit zurück.

Wie schon gesagt, sehen die Wissenschaftler die Entstehung des Leistungsmotivs im Zusammenhang mit der Selbständigkeitserziehung in der «analen» Phase. Die Psychologen machen für die Ausprägung des Leistungsmotivs zwei Faktoren verantwortlich.

1. Stellen die Eltern hohe oder niedrige Leistungsforderungen?
2. Wie reagieren die Eltern auf die Leistungsforderungen? (Ignorieren sie gute Leistungen und tadeln sie bei Mißerfolg? Oder ignorieren sie schlechte Leistungen, unterstützen bei Fehlschlägen und loben bei Erfolg?)

Wenn wir auf unsere bisherigen Überlegungen zur psychischen Entwicklung in der ersten und zweiten Lebensphase zurückblicken, dann erscheint es wohl plausibel, wenn wir noch einen anderen Faktor in die Überlegung mit einbeziehen: die Frage, ob die Kinder hier genügend Sicherheit und «Machtgefühl» entwickeln konnten oder nicht.

Wenn die Kinder sich ihrer Pflegepersonen wirklich sicher sind, so haben Lob und Tadel in Anbetracht irgendwelcher kleinen Leistungen (Selbstanziehen, Waschen, Zähneputzen, Essen usw.) gewiß eine andere Wirkung (eine geringere Bedeutung), als wenn die Kinder sich ihrer Bezugspersonen unsicher sind und unter einer ständigen latenten Isolationsangst leiden.

Bei einem Kind, das in der oralen Phase kein «Machtgefühl» über seine Hauptpflegeperson entwickeln konnte, kann das Vollbringen von «Leistungen» zum Ersatz dafür werden: zum Instrument, die Aufmerksamkeit der wichtigen Bezugspersonen auf sich zu lenken.

Allerdings ist es sehr unwahrscheinlich, daß Eltern, die ihrem Kind in den ersten Lebensphasen nicht genügend Zuwendung gegeben haben, dies in Form von Lob und Wärme in der analen Phase tun.

Schon eher ist zu erwarten, daß Eltern, welche ihren Kindern in der ersten Lebensphase nicht genügend Zuwendung gaben, in der Zeit vom 2.–3. Lebensjahr, wenn es um die Selbständigkeitserziehung geht, die Leistungen, die das Kind durch Imitation ihres eigenen Verhaltens erbringt, als selbstverständlich hinnehmen und Fehler kritisieren. Diese Form von ständigem Rumnörgeln aber führt – wie die Psychologen sagen – zu «Mißerfolgsängstlichkeit». Wenn die Isolationsangst der Kinder auf Grund ihrer gesamten Vorerfahrungen besonders groß ist, so können sie sogar lernen, Mißerfolg als Mittel einzusetzen, um sich die Aufmerksamkeit ihrer Bezugspersonen und später anderer zu sichern. (So dürfte die Legasthenie in vielen Fällen genau darauf zurückzuführen sein.)

Wenn die Sozialisation in den ersten Lebensphasen relativ geglückt ist und die Kinder Sicherheit und «Allmachtgefühl» gewonnen haben, dann ist auch die Wahrscheinlichkeit größer, daß die Eltern mit warmer Zuwendung und Lob auf die kleinen Leistungen des Alltags reagieren. Die Kinder entwickeln eine Leistungsmotivation, die die Psychologen «erfolgszuversichtlich» nennen.

Allerdings müssen wir diese idealtypische Beschreibung der Entwicklung des «Leistungsmotivs» in zwei Punkten korrigieren.

1. Es gibt kaum Eltern, die nur strafen oder nur loben und warme Zuwendung geben. In den allermeisten Fällen gibt es nur Mischformen, in denen das eine oder andere überwiegt.
2. Bei der weiten Verbreitung der aufgezählten institutionalisierten Störquellen für eine «normale» Kindesentwicklung (Trennung von der Mutter im Krankenhaus, Füttern nach Plan, ungeeignete Räumlichkeiten in Neubauwohnungen, Laufställchen usw.) ist die Wahrscheinlichkeit sehr gering, daß eine nennenswerte Anzahl von Kindern ein vollkommenes «Urvertrauen» und eine große Sicherheit im Hinblick auf die Zuwendung ihrer Pflegepersonen entwickeln können. Daraus folgt, daß mit Sicherheit bei sehr vielen Kindern das Leistungsstreben dadurch besonders gefestigt wird, daß es sich als Instrument zur Beseitigung von Isolationsangst eignet.

Für unsere Überlegungen ist nun der Fall besonders wichtig, in dem die Eltern auf die normalen Leistungen nicht oder selten mit Lob reagieren, dagegen häufiger auf «Fehler» mit Tadel und Schelte. Wie schon gesagt, entwickeln diese Kinder eine mißerfolgsorientierte Leistungsmotivation, sie werden «mißerfolgsängstlich».

Wie bedeutsam die Erfahrungen mit den Eltern bei Entstehung eines erfolgsorientierten bzw. mißerfolgsängstlichen Leistungsmotivs sind, zeigte eine Untersuchung von Ruebush und Stevenson (nach Gärtner-Harnach 1972, S. 115), in der wenig und hochängstliche Kinder unter Aufsicht ihrer *Mütter* Murmeln sortieren mußten. Die Mütter hatten dabei den Auftrag, alle 30 Sekunden die Kinder zu loben. Dabei zeigte sich ein frappierendes Ergebnis: Die wenig ängstlichen Kinder steigerten die Steckrate beim Sortieren, wenn sie gelobt wurden. Die hochängstlichen Kinder hingegen verlangsamten ihre Arbeit, nachdem sie von den Müttern gelobt worden waren. Wenn neutrale Personen das Loben übernahmen, so stellte sich zwar ein ähnlicher Effekt ein, doch in wesentlich geringerem Maße. Offenbar haben die hochängstlichen Kinder mit der Situation «Beurteilt-Werden» gerade *im Zusammenhang mit ihrer Mutter* erhebliche negative Vorerfahrungen. Auch wenn die Mütter loben, so erregt das ihren Argwohn und die Angst, daß bald der Tadel folgt. Folge: Sie werden vorsichtig und verlangsamen die Arbeit. Wer mit der Situation «Verglichen-werden» negative Erfahrungen gemacht hat, der reagiert eben anders als jemand, der in dieser Situation regelmäßig positive Erfahrungen machen konnte. Daß das Elternverhalten dabei eine große Rolle spielt, haben wir bereits erwähnt. Aber selbstverständlich sind es nicht nur die direkten Reaktionen der Eltern auf die Aktivitäten der Kinder, die von Bedeutung sind. Da die Kinder besonders in diesem Zeitabschnitt und später sehr viel durch «Nachahmung» lernen, ist auch besonders wichtig, wie die Eltern selbst auf die verschiedensten Situationen des Alltags reagieren. Viele der Ängste der Eltern übertragen sich auf die Kinder.

Auch im Hinblick auf die Leistungsangst können wir eine Reihe von Situationen benennen, die in unser Alltagsleben «eingebaut» sind und die Wahrscheinlichkeit erhöhen, daß Kinder «leistungsängstlich» werden.

Einer der wichtigsten Punkte ist, daß das Leben vieler Menschen in einen engen Terminplan eingezwängt ist. Das führt dazu, daß Kinder häufig nicht genügend Zeit haben, um die Dinge, die sie selbständig tun sollten und könnten, fertigzubekommen. In vielen Haushalten kann man morgens Sätze hören wie: «Du solltest doch längst angezogen sein, wo hast du denn deine Schuhe?» – «Also komm, das schaffst du jetzt doch nicht mehr. Ich mach' dir dein Butterbrot schon selber!» – «Wo hast du denn dein Lesebuch? Also wenn ich nicht an alles denke!» – «Das soll gewaschen sein? Dich kann man ja überhaupt nichts alleine machen lassen!» Diese Art von Kommunikation ist die Folge eines Zeitdrucks, unter dem die Erwachsenen stehen und den sie an die Kinder weitergeben. Dieser Zeitdruck kann nicht leicht aufgehoben werden, auch nicht durch die richtige Erkenntnis, daß Kinder ohne Zeitdruck schneller lernen, selbständig zu sein.

Von großer Bedeutung für die Entwicklung von Leistungsangst ist weiter die Tatsache, daß die Situation «Verglichen-werden» in weiten Bereichen auch des kindlichen Lebens schon institutionalisiert ist. Die meisten Spiele für Kinder sind Spiele, in denen es Gewinner *und* Verlierer gibt. Sie sind Bestandteil unserer Kultur, in der Konkurrenz und Wettbewerb die dominierende Rolle spielen. Sie dienen schon im Kinderzimmer der Einübung in das Ritual des «Sich-Vergleichens» und in die Erkenntnis, daß es immer Gewinner und Verlierer gibt.

Wir haben gesehen, daß Ängstlichkeit die Leistungsfähigkeit herabsetzt. Und das bedeutet, daß auch schon diese Spiele im Kinderzimmer dazu beitragen, erfolgsorientierte und mißerfolgsängstliche Kinder weiter auseinanderzubringen: Jene Kinder, die auf Grund ihrer Vorerfahrungen erfolgsorientierter sind, gehen auch an solche Spiele mit weniger Angst und größerer Souveränität heran. Damit haben sie eine größere Chance, zu gewinnen und ihre Erfolgssicherheit weiter zu verstärken. Andere Kinder hingegen, die auf Grund ihrer Vorerfahrungen mißerfolgsängstlich sind, haben eine geringere Chance, bei diesen Kinderspielen erfolgreich zu sein. Sie verlieren öfter. Ihre Mißerfolgsängstlichkeit wird verstärkt.

Wir haben jetzt die Entwicklung eines Kindes in unserer Gesellschaft in den ersten Lebensjahren verfolgt und dabei eine ganze Reihe von Angstquellen identifiziert.

Wenn wir diese Angstquellen realistisch durchmustern, so müssen wir feststellen, daß es kaum Kinder gibt, die ohne Gefährdung großwerden.

Es gibt keine Kinder, die «nicht-ängstlich» sind, sondern nur solche, die «wenig ängstlich» oder «hochängstlich» sind. Sind solche Unterschiede aber erst einmal vorhanden, so führt das zu einer weiteren Ausdifferenzierung. Wenig Ängstliche haben mehr Erfolg als die Ängstlichen und können sich «halten», die Hochängstlichen versagen in der Regel häufiger, und dadurch wird ihre Ängstlichkeit verstärkt.

An diesem «Differenzierungsprozeß» sind im wesentlichen zwei Ursachen beteiligt: Zum einen müssen wir bedenken, daß das ungeduldige, fordernde und strafende Elternverhalten, das die «Urängstlichkeit» hervorgebracht hat, auch im weiteren Entwicklungsprozeß ständiger Begleiter des Kindes ist. Zum anderen müssen wir uns genau vorstellen, in wie viele Vergleichssituationen ein solches Kind gerät. Das fängt bei den genannten Spielen im Kinderzimmer an, geht über den Kindergarten und über die Schule bis hin zum Sport usw. Überall wird verglichen, und überall ist die Chance des ängstlichen Kindes, gut abzuschneiden, geringer als die Chance der nicht-ängstlichen Kinder.

Daß in dieser Entwicklung das Elternverhalten eine große Rolle spielt, daß auch die Ängstlichkeit nicht als endgültig hingenommen werden muß, habe ich schon versucht, deutlich zu machen. Dazu noch ein Befund aus der Wissenschaft: «Daß ausgedehnte und unterstützende Beschäftigung der Betreuungsperson mit den Kindern wichtig ist für eine angstfreie Entwicklung, läßt sich auch aus der Feststellung von Knights (1963) ableiten, wonach Heimkinder stärker leistungsängstlich sind als Kinder gleicher Intelligenz, die in ihren Familien leben.» (Gärtner-Harnach 1972, S. 123)

5. Angstquelle Kleinfamilie

Die bisherige Beschreibung ist von einem vereinfachten Modell ausgegangen, nämlich davon, daß eine Betreuungsperson und ein Kind zusammen sind. Dies hat insofern eine gewisse Berechtigung, als in der heutigen Kleinfamilie solche Situationen häufig anzutreffen sind. Es darf daraus aber keineswegs der Schluß gezogen werden, daß eine gesunde und dem Kind zuträgliche Entwicklung nur möglich ist, wenn nur eine Person sich ihm dauernd zuwendet.

Zum einen muß noch einmal auf die Gefahr hingewiesen werden, daß eine zu starke Abhängigkeit des Kindes zur Betreuungsperson sich entwickelt, die eine Ablösung schwierig macht. (Dies ist besonders dann der Fall, wenn die Betreuungsperson selbst keine oder nur wenig andere soziale Beziehungen hat.) Zum anderen hat die Erfahrung gezeigt, daß Kinder sehr wohl auch mit mehreren Betreuungspersonen eine gute Entwicklung machen können, wenn diese Betreuungspersonen nicht wechseln und sich ihnen «warm» zuwenden. Insofern ist auch die Unterbringung von Kindern in einer Krippe nicht prinzipiell abzulehnen. Allerdings müssen die Schwierigkeiten gesehen werden:

- daß in der Krippe das Betreuungspersonal relativ häufig wechselt (z. B. Schichtdienst),
- daß die Kinderpflegerinnen, schon wegen der vielen Kinder, die sie zu betreuen haben, nicht jedem Kind die nötige Menge und Qualität an Aufmerksamkeit zuwenden können, und
- daß es bei der Ablieferung zu abrupten Trennungserlebnissen kommt.

Besonders schwierig wird es, wenn wir aus den gewonnenen Erkenntnissen Rückschlüsse darauf ziehen wollen, wie eine bessere und angstfreie Entwicklung der Kinder gesichert werden kann (was allerdings mit unserem Thema Schulangst nicht direkt zu tun hat). Gewiß lassen sich einige der Gefahrenquellen durch öffentliche Aufklärungsarbeit bekämpfen. So gibt es heute schon Krankenhäuser, in denen die Kinder nach der Entbindung bei der Mutter gelassen werden. Auch hat die öffentliche Diskussion dazu geführt, daß einige Krankenhäuser dazu übergegangen sind, die Mutter mit dem kranken Kind aufzunehmen, damit die traumatischen Trennungserlebnisse vermieden werden. Auch das Füttern nach Plan ist möglicherweise dadurch erfolgreich zu bekämpfen, daß immer wieder auf die schädlichen Folgen aufmerksam gemacht wird. Aber hier wird es schon schwierig, weil es immer noch sehr viele Wissenschaftler gibt, die sich dem Spruch «Gelobt sei, was hart macht» verpflichtet fühlen und entsprechend davor warnen, angemessen auf die Bedürfnisse der Säuglinge einzugehen. Da hier unter den Wissenschaftlern keine Einigkeit besteht, ist kaum zu erwarten, daß die öffentliche Diskussion zur Besserung der Situation der Säuglinge beitragen wird. Fatal aber wird es, wenn wir uns der Situation in der Familie zuwenden. Dort haben wir folgende Ursachenquellen für die

Entwicklung von Ängstlichkeit identifiziert:

- ganz allgemein fehlende bzw. nicht hinreichende Zuwendung zu dem Kind.
- unzureichende *Qualität* der Zuwendung (Nervosität, Überbeanspruchung, mangelnde Unterstützung).

Die mangelnde Menge an Zuwendung ist eine direkte Folge der Einrichtung der modernen Kleinfamilie. Noch Mitte des letzten Jahrhunderts wurden die allermeisten Kinder in einer Familie groß, in der viele Menschen verschiedenen Alters zusammen lebten: Großeltern, Eltern, Kinder, Verwandte. Wenn auch die Mutter in der ersten Lebenszeit die Hauptbezugsperson des Neugeborenen war, so lernte es doch die anderen Menschen kennen und lernte, keine Angst vor ihnen zu haben; die Wahrscheinlichkeit, daß ein Kind einmal längere Zeit mit seinen negativen Emotionen und Ängsten alleine bleiben mußte, war ausgesprochen gering. Irgend jemand war immer in der Nähe, der sich kümmern konnte. Vor allem die Großmütter hatten die Funktion der «Kinderpflegerin». Auch die zahlreichen Geschwister standen in solchen Fällen zur Verfügung.

Heute sind die Großmütter aus der Kleinfamilie verbannt. Viele Kinder wachsen als Einzelkinder auf. So ergab eine Auszählung in den ersten Klassen des Jahres 1976 in Rheinland-Pfalz, daß ein Drittel aller neueingeschulten Kinder Einzelkinder waren. Das heißt aber, daß das aufwachsende Kind in vielen Fällen auf Gedeih und Verderb an seine Mutter gefesselt ist. Für diese ist die Balance zwischen zu geringer Aufmerksamkeit für das Kind und übermäßiger Zuwendung (die das Kind abhängig macht) eine Angelegenheit, die ihrer Entscheidung kaum zugänglich ist. Die Sozialwissenschaftlerin Carol Hagemann-White beschreibt diesen Sachverhalt folgendermaßen: «Dabei sitzt die Mutter in einer Falle: ist sie erwerbstätig, muß sie die für das Durchhalten der Lohnarbeit erforderliche eigene Erholung zurückstellen, um sich dem Kind zuzuwenden, für das sie immer noch erste und wichtigste Bezugsperson sein muß; arbeitet sie nur zu Hause, reichen ihre sachlich-räumlichen und psychischen Ressourcen tagsüber nicht aus, um dem Kind gerecht zu werden.» (Hagemann-White 1977, S. 47)

Dabei ist die Sache noch komplizierter: Frauen, die nicht erwerbstätig sind, leiden häufig sehr unter ihrer eigenen Isolation. Hinzu kommt, daß ihre Arbeit ohne gesellschaftliche Anerkennung bleibt: Niemand nimmt ihre Tätigkeit zur Kenntnis. (Das erklärt vielleicht auch den besonders erhöhten Aufwand, den viele Frauen treiben, wenn sie Besuch erwarten. Denn mit dem Besuch können sie auch ein bißchen Anerkennung für ihre Haushaltsführung ernten.) Die Folge ist, daß die Kinder unter dieser Situation zu leiden haben. Der Druck, unter dem die isolierte Hausfrau steht, führt idealtypisch zu zwei verschiedenen, aber gleicherweise negativen Verhaltensweisen dem Kinde gegenüber: entweder sie wendet sich dem Kind übermäßig zu und behindert es damit in seiner Selbständigkeitsentwicklung, oder aber sie überläßt es weitgehend sich selbst und reglementiert es nur dort, wo es sie selbst stört.

Diese Überlegungen mögen erklärlich machen, wieso der Vergleich von Kindern berufstätiger Mütter und Nur-Hausfrauen ergeben hat, daß Kinder berufstätiger Mütter (die doch häufig die Nachteile von Krippe, Hort usw. in Kauf nehmen mußten) selbständiger und weniger ängstlich sind als die Kinder von «Nur-Hausfrauen». Wir können uns in diesem Zusammenhang auch an den Fall Udo erinnern, über den wir aus der Praxis des Psychoanalytikers Horst-Eberhard Richter berichtet haben: Der Mutter ist es leichter geworden, die «Schwächen» ihres Sohnes zu ertragen, als sie wieder berufstätig geworden war.

Aus all dem ist noch einmal zu folgern, daß eine optimale Entwicklung von Kindern eine *stabile* Umwelt mit möglichst mehreren Bezugspersonen voraussetzt.

Diese Forderung aber ist in Anbetracht der heutigen Lebensweise schwer zu realisieren: durch die heutige Bauweise ist die Einrichtung der Kleinfamilie quasi in Beton verewigt. Alternativen zu realisieren erfordert einen ziemlich hohen Aufwand, auch wenn wir in vielen Neubauvierteln inzwischen Gruppen von Frauen finden, die sich zur gegenseitigen Betreuung ihrer Kinder zusammengeschlossen haben. Das «Tagesmütterprojekt» – eine Einrichtung, bei der eine Frau bis zu 5, 6 Kinder täglich betreut – wird sogar von der Bundesregierung gefördert.

Ob und inwieweit alle diese Maßnahmen zu einer wirklichen Verbesserung der Situation führen können, muß dahingestellt bleiben. Denn die Kinderaufzucht heute unterscheidet sich von der vor einigen Generationen nicht nur durch die äußeren Bedingungen. Nicht nur, daß wir heute die Kleinfamilie mit all ihren Nachteilen haben, auch das Interesse der Eltern an ihren Kindern hat sich verlagert. Früher lebten Kinder und Erwachsene nicht nur in einer «Großfamilie» zusammen, sie waren auch durch die gemeinsame Produktion (Handwerksbetrieb, Bauer) voneinander abhängig. Die Kinder waren sozusagen die Rentenversicherung für die Erwachsenen. So hatten die Erwachsenen ein durchaus «materielles» Interesse am Wohlergehen der Kinder. Die Kinder mußten ja darauf vorbereitet werden, als Erwachsene jene Tätigkeiten gut ausüben zu können, von denen dann auch der Lebensunterhalt der aufs «Altenteil» gegangenen Erwachsenen abhängig war.

Da heute die meisten Menschen unselbständiger Arbeit nachgehen, ist einerseits die Möglichkeit zu solcher Kooperation verschwunden; da die Erwachsenen heute ihre Altersversorgung aus einem kollektiven Fonds (Sozialversicherung, Rentenversicherung etc.) erhalten, ist auch ihre Abhängigkeit von den Kindern dahin.

Es gibt in diesem Sinne kein materielles Interesse mehr am Wohlergehen der Kinder. So sind als Motive für die Beschäftigung mit den Kindern übriggeblieben: Liebe, Stolz und Pflichtgefühl.

Wie schon die Gesetzgebung zeigt, reichen diese Motive nicht in allen Fällen aus, um eine hinreichend gute Erziehung zu sichern. So hat sich der Gesetzgeber genötigt gesehen, Strafandrohungen für Kindesvernachlässigung auszusprechen. Daß Pflichtgefühl, Liebe und Stolz nicht immer eine tragfähige Grundlage für eine optimale Zuwendung zu den Kindern darstellen, das können wir verstehen, wenn wir uns einige der gegenläufigen Motive vor Augen halten.

So macht beispielsweise das Erholungsbedürfnis des Vaters, der oft müde und erschöpft von der Arbeit nach Hause kommt, ihm häufig eine angemessene Beschäftigung mit seinen Kindern tatsächlich oder vermeintlich unmöglich. Er muß die Zeit zu Hause nutzen, seine Kräfte zu regenerieren, damit er am nächsten Tag am Arbeitsplatz wieder «fit» ist. Dies ist zwar prinzipiell auch *mit* den Kindern möglich; aber nur wenige Menschen verfügen über entsprechende Verhaltensstrategien, welche nicht einfach zu erlernen sind. Das gleiche gilt für die berufstätige Mutter. Und für die «Nur-Hausfrau» haben wir schon verschiedene Faktoren aufgezählt, die ihr einen adäquaten Umgang mit ihren Kindern erschweren.

Unter dem Druck der Alltagssituation und unter dem Druck der Erwartungen, die andere an einen und die eigenen Kinder stellen, bleibt in der Beziehung zum eigenen Nachwuchs häufig nur noch die Forderung übrig, die Kinder sollten den Erwartungen entsprechen, und die Ungeduld, dieser Forderung Nachdruck zu verleihen, wie sie z. B. in folgender Äußerung einer Mutter deutlich wird: «Sitzenbleiben? Das würde mir mit Sicherheit etwas ausmachen, allein schon wegen der ‹lieben Nachbarn›. Auch wenn es jeder abstreitet: Aber das ärgert einen ja doch am meisten.» (Riekenberg 1977, S. 27)

Nicht nur, daß in der Familie nicht mehr produziert wird, nicht nur, daß in der Familie nicht mehr viele alte und junge Personen zusammen sind, nicht nur, daß das ökonomische Interesse am Nachwuchs mit dem Aufkommen der kollektiven Altersversorgung dahin ist, hinzu kommt noch ein weiteres Faktum: Die gegenwärtige Gesellschaft stellt immer mehr verlockende Angebote bereit, die das Leben «verschönern» und dem einzelnen zur «Selbstverwirklichung» verhelfen sollen. Die Schaufenster, die Warenhauskataloge, die Veranstaltungskalender, die Vergnügungsanzeigen in den Zeitungen, Sport und Hobbys und nicht zuletzt das Fernsehen. Die meisten dieser Dinge erfordern nicht nur, daß man sich im Beruf gehörig anstrengt, um das nötige Geld für ihren Genuß zur Verfügung zu haben, sie kosten darüber hinaus noch Zeit. Und oft genug entsteht hier ein neuer Widerspruch zwischen den eigenen Interessen auf «Selbstverwirklichung» und dem Interesse an einem gesunden und erfolgreichen Nachwuchs. Verdeutlichen wir uns das am Beispiel Fernsehen.

6. Isolationsfaktor Fernsehen

Kaum eine Diskussion über Erziehungsprobleme, in der nicht an irgendeiner Stelle das Fernsehen auftaucht. Es wird verantwortlich gemacht für das aggressive Verhalten von Kindern, weil es so viel Gewalt zeigt, und es ist schuld an der «Reizüberflutung», die bei vielen Kindern als Ursache der «Konzentrationsschwäche» angesehen wird.

So aber läuft die Diskussion falsch. Der Nachweis, daß die zunehmende Aggressivität durch das Fernsehen gefördert wird, ist – wenn überhaupt – nur sehr schwer zu führen. Schließlich führt das Fernsehen, wenn auch in massierter Form, nur jene Gewalt vor, die in unserer Gesellschaft «gewöhnlich» ist, sich tagtäglich ereignet und somit einem wachen Kind auch ohne Fernsehen kaum verborgen bliebe: die Gewalt, die die Polizei über Verbrecher ausübt, die Gewalt, die der Lehrer über Schüler ausübt, die Gewalt, die der Vater in der Familie ausübt usw.

Dennoch hat das Fernsehen seinen nachhaltigen Einfluß auf unser Verhalten und Ängste. Eine Untersuchung des Frankfurter Psydata-Instituts (im Auftrag des ZDF), ergab: «Fast drei Viertel (72 %) der Zeit gemeinsamer Anwesenheit der Familienmitglieder vergeht mit gemeinsamen Beschäftigungen; dabei rangiert Fernsehen mit 61 % (der gemeinsamen Beschäftigungen) an erster Stelle. Wenn Eltern und Kinder gleichzeitig anwesend sind – dies trifft vornehmlich für die Vorabendprogramm-Zeit zu – ist die gemeinsame Fernsehnutzung die Regel.» (Kellner 1976, S. 301)

Was bedeutet das? Die Untersucher weisen darauf hin, daß «Fernsehen vornehmlich eine gemeinsame Beschäftigung in der Familie» sei. Und sie meinen, dies lege die Vermutung nahe, daß «das Fernsehen ganz wesentlich Gemeinsamkeit in der Familie repräsentiert bzw. definiert» (Kellner 1976, S. 302). Ich meine, zu dieser Vermutung kann nur kommen, wer sich nicht mehr daran erinnern kann, wie es war, bevor es das Fernsehen gab. Vielleicht ist die Vermutung richtig, daß vor der Fernsehzeit Eltern und Kinder nicht so häufig gemeinsam in einem Raum gesessen haben, wie das heute der Fall ist (jedenfalls in den Familien, in denen es nur einen Fernseher gibt). Aber wenn in der Vor-Fernsehzeit Eltern und Kinder etwas gemeinsam gemacht haben, dann hatte dies eine andere Qualität. Daß Fernsehen die Qualität der Kommunikation zwischen den Menschen verändert, zeigt sich auch an einem ganz simplen Ergebnis dieser Untersuchung: Während bei nichteingeschaltetem Fernseher die Menschen 60 % ihrer Zeit mit Reden und 40 % ihrer Zeit mit Schweigen verbringen, ist es bei eingeschaltetem Fernseher gerade umgekehrt. Die Untersuchung faßt zusammen, «daß Fernsehkonsum den ohnehin erheblichen Schweigeanteil in den Familien zusätzlich beträchtlich erhöht» (Kellner 1976, S. 303). Dabei zeigen sich noch interessante Unterschiede zwischen Erwachsenen und Kindern. Während die Eltern etwa 40 % der Zeit reden, in der der Fernseher läuft, sind die Kinder dem Programm offenbar mehr zugewandt: sie reden nur in 30 % der Fernsehzeit.

Damit ist hinreichend deutlich gemacht, daß das Fernsehen einen «Isolationseffekt» ausübt. Meine These ist:
Nicht, daß im Fernsehen Gewaltprogramme gezeigt werden, erhöht die Aggressivität; sondern die Tatsache, daß bei eingeschaltetem Fernsehapparat die Kommunikation verringert wird, erhöht das Bedürfnis nach Zuwendung, die Isolationsangst und in ihrem Gefolge auch aggressives Verhalten.

Auch dafür enthält die Untersuchung einen Hinweis: «Mit steigendem Fernsehkonsum nimmt die spannungsreiche Kommunikation zu.» (Kellner 1976, S. 306) Nun wird man nicht in jedem Fall dem Fernsehapparat die Schuld an der «spannungsreichen Kommunikation» geben können. Spannungen entstehen auch anderswo. Aber erstens haben wir gesehen, daß durch Fernsehen der Schweigeanteil erhöht wird, was notwendig zu einem «Stau» führt, welcher sich irgendwann entladen muß. Zweitens muß auch bedacht werden, daß Fernsehen als Flucht- und Rückzugsmöglichkeit benutzt wird, welche verhindert, daß Spannungen ausgetragen werden, was wiederum zur Erhöhung von Spannungen führt.

Dies ist nur ein Beispiel dafür, wie die Veränderung der Umweltbedingungen sich auf die Kommunikation der Menschen auswirkt und in deren Gefolge zur Isolation und damit Steigerung von Angst beiträgt.

7. Angstquellen in unserem Dasein: Rückblick

Fassen wir zusammen: Die Bedingungen für die Kinderaufzucht sind schlechter geworden, die Faktoren, durch die Isolationsangst mit all ihren Folgen erzeugt wird, sind zahlreicher geworden:

- o institutionalisierte Faktoren wie Trennung von Mutter und Kind im Krankenhaus nach der Geburt und bei Krankheiten;
- o die Reduzierung der Familie auf eine «Kleinfamilie», in der nicht genügend Erwachsene oder Kinder als Bezugspersonen zur Verfügung stehen;
- o die Abwesenheit des Vaters während fast des ganzen Tages im Vergleich zur früheren Einheit von Werkstatt und Wohnung;
- o die isolierte Rolle der Hausfrau mit all ihren Folgen an Unzufriedenheit, die sich auf die Kinderbehandlung auswirken;
- o Schwierigkeiten, die sich aus der Berufstätigkeit von Müttern ergeben;
- o das veränderte Interesse an den Kindern: früher eine Art Versicherung für das Alter, heute nur noch Objekt von elterlicher Liebe und stolzen Erwartungen sowie Pflichterfüllung, die immer mehr vom Gesetzgeber erzwungen werden muß;
- o die Verringerung der Chance zur Kommunikation durch zahlreiche verlockende Konsumangebote vom Schaufensterbummel bis zum Fern-

seh-Krimi.

Wenn wir all diese Faktoren bedenken, so braucht es niemanden zu wundern, daß die Ängstlichkeit von Kindern und damit auch von Erwachsenen im Steigen begriffen ist.

Dabei haben wir, obwohl doch unser Thema «Schulangst» heißt, noch überhaupt nicht über die Schule gesprochen. Natürlich haben wir uns diesen Überblick über die Angstquellen in der frühen Kindheit nicht verschafft, um die Schule als angsterzeugende Anstalt zu entlasten. Sinn dieser Überlegungen war vielmehr zu zeigen, wo überall Gefahren für eine zufriedenstellende Entwicklung von Kindern in unserer Gesellschaft lauern, ferner zu zeigen, welchen Anteil Eltern und Umweltbedingungen an der Entwicklung von Ängstlichkeit haben, und darüber hinaus deutlich zu machen, daß Kinder mit unterschiedlichen Graden von Ängstlichkeit in die Schule kommen.

Gerade diese reichhaltige Landkarte von Angstquellen sollte nun eigentlich nahelegen, daß die Schule eine Stätte ist, in der Angst verringert und Ängstlichkeitsunterschiede abgebaut werden, zumal wir ja gesehen haben, daß Angst dumm macht.

Die Wirklichkeit sieht anders aus.

Kapitel 10
Die Schule als Brutstätte der Leistungsangst

Fangen wir mit einem ganz einfachen Tatbestand an: mit der Fremdheit, die Schule für jedes Kind bedeutet, wenn es eingeschult wird. Da ist die neue Umgebung, das große Gebäude, der Schulhof, die Flure, der Klassenraum. Viele fremde Kinder, mit denen man plötzlich zusammen in einem Zimmer ist. Vorne die Lehrerin. Irgendwo ist die Mutter abgeblieben. Der Schulranzen, die Zuckertüte, die Tafel, die Bänke. Was die Lehrerin sagt. In Reih und Glied stillsitzen, nicht schwatzen dürfen. Die ersten Buchstaben, das Buch: die Fibel. Namenkärtchen auf den Tischen. Die ersten Namen von Kindern, die neben, vor oder hinter einem sitzen. Sich melden, wenn die Lehrerin was gefragt hat. Buchstaben malen. Wenn es klingelt, ist die Stunde zu Ende. Pause. Mit andern Kindern Kontakt aufnehmen. Das Pausenbrot essen. Nicht vergessen, wo der Klassenraum ist. Einen Blick der Lehrerin erhaschen wollen. Auch einmal drankommen wollen.

Wir Erwachsenen haben schon vergessen, welche Fülle von Eindrücken auf den Schulanfänger einstürmt. Vergessen ist auch die Unsicherheit, mit der wohl jedes Kind auf diese neue Situation reagiert. Aber die Kinder gewöhnen sich an diese Situation – unterschiedlich schnell. Bald kristallisieren sich die «Vorwitzigen» und die «Stillen» heraus.

Die weniger Ängstlichen sind es, die sich die neue Umgebung schnell aneignen, die bald die Schar der vielen ABC-Schützen überschauen, die Angst vor der Lehrerin überwinden, sich melden und auch lernen, mit der Langeweile und dem Defizit an Zuwendung umzugehen, das in jedem Klassenraum vorhanden ist, gleichgültig, ob 40 oder 20 Kinder darin sind – gemessen an den Bedürfnissen der Kinder jedenfalls.

Die ängstlichen Kinder hingegen brauchen länger, um mit dem Neuen vertraut zu werden. Sie leiden mehr unter der Tatsache, daß sie die Zuwendung der Lehrerin mit so vielen anderen teilen müssen, so daß sie häufig – zu häufig – nichts davon abbekommen.

Aber nicht nur die Ängstlichkeit der Kinder spielt eine Rolle. Für manche Kinder ist die Schule fremder als für andere. Ihrem Verhalten, ihrer Sprache, ihrer Kleidung nach sind Lehrer Angehörige der Mittelschicht. Kindern der Mittelschicht ist dies alles vertrauter als Kindern von Arbeitern. Nicht nur, wie gesprochen wird, ist den Arbeiterkindern relativ fremd, sondern auch, daß überhaupt so viel gesprochen wird, ist ihnen ungewohnt. So haben auch weniger ängstliche Arbeiterkinder größere Schwierigkeiten, sich an die neue Situation zu gewöhnen, als Mittelschichtkinder. Hinzu kommen die Leistungsanforderungen. Lesenlernen ist für Kinder der Mittelschicht eine plausible Anforderung, haben sie doch in den meisten Fällen zu Hause erlebt, daß die Eltern sich mit Büchern beschäftigen, daß es einen Bücherschrank und einen Vorrat an Büchern gibt, ja oft sogar auch, daß Lesen für den Beruf wichtig ist. Anders dagegen viele Arbeiterkinder, deren Eltern kein so ausgeprägtes Verhältnis zur Literatur haben, wo es oft nur wenig oder gar keine Bücher im Haushalt gibt.

So ist die Schule für Arbeiterkinder um ein vielfaches befremdlicher als für Kinder aus der Mittelschicht. Befremdlich aber heißt: angsterzeugend.

Wir haben also nicht nur mit der in der Kinderstube erlernten unterschiedlichen Ängstlichkeit der Kinder zu rechnen, sondern müssen auch berücksichtigen, daß die Schule für verschiedene Kinder unterschiedlich fremd ist und damit in unterschiedlichem Maße angsterzeugend. Damit differenzieren sich die Ausgangsvoraussetzungen der Schulneulinge weiter aus. Eine breite Palette von unterschiedlicher Ängstlichkeit, auf die die Schule zu reagieren hätte.

Und wie sie darauf reagiert!

1. Die Schule – eine Notenmaschinerie

Das, was die Schule von den Schülern verlangt, ist Leistung. Die Schüler sollen schreiben können, sie sollen lesen können, die Arithmetik beherrschen, sie sollen etwas über den Dreißigjährigen Krieg erzählen können usw.

Was Leistung ist, davon haben wir in unserem Alltag eine ziemlich genaue Vorstellung. Wenn unsere Waschmaschine defekt ist, so bestellen wir einen Mechaniker und erwarten von ihm als Leistung, daß sie nach der Reparatur wieder reibungslos funktioniert und die Wäsche wäscht. Vom Schreiner erwarten wir als Leistung, daß er uns einen Tisch liefert, von dem man essen kann und der unseren Ansprüchen an Schönheit genügt. Wenn wir in die Fahrschule gehen, so erwarten wir vom Fahrlehrer als Leistung, daß er uns das Fahren beibringt (gleichgültig, ob wir nun zehn oder fünfzehn Fahrstunden dafür benötigen).

Und was ist, wenn wir unsere Kinder in die Schule schicken? Die Schule hat uns beigebracht, von ihr keine Leistung zu erwarten. Sie hat uns beigebracht, daß es umgekehrt ihr Recht ist, von den Schülern Leistung zu erwarten. Die Schule beschäftigt für das Beibringen von Fähigkeiten hochbezahlte Spezialisten. Aber diese Spezialisten verhalten sich so, wie ein Autoschlosser es täte, dem man 20 nicht fahrtüchtige Autos in die Werkstatt gestellt hätte und der nun jedes nach einem vorgegebenen Plan «reparierte», sich dann zur Probefahrt hineinsetzte und die Autos in 5 oder 6 Klassen einteilte: Klasse 1 fährt jetzt sehr gut, Klasse 2 fährt gut, Klasse 3 fährt befriedigend, Klasse 4 fährt ausreichend, Klasse 5 fährt mangelhaft, Klasse 6 fährt nicht.

So jedenfalls geht die Schule mit ihren Schülern um. Sie verabreicht allen die gleiche Kost: Sie zeigt, erklärt, sagt den Kindern etwas, und dann prüft sie, ob sie es nachmachen, wiederholen, befolgen können. Und die Ergebnisse dieser Überprüfungen teilt sie in Form von Zensuren und Zeugnissen Schülern, Eltern und Arbeitgebern mit.

Darum ist die Leistungsmessung das A und O in der Schule. Nicht nur die Zensuren und die Zeugnisse, nicht nur die Eintragungen in das Notenbüchlein, die Vermerke unter den Hausaufgaben und Klassenarbeiten, nicht nur der «Notenspiegel», aus dem ersichtlich ist, wie viele Einsen, Zweien usw. es gegeben hat, signalisieren diese Bedeutung der Leistungsmessung – das fängt schon an bei der Frage des Lehrers: «Wer weiß denn das und das ...?» Wenn da die Flinken geschwind die Finger heben, andere nur zaudernd die Hände hochbekommen und wieder andere verlegen auf ihre Bank schauen, weil sie die Frage nicht verstanden haben oder die Erklärung vorher nicht verstanden haben oder es einfach nicht wissen, dann ist schon die erste Entscheidung gefallen: Die «Guten» werden von den «Schlechten» getrennt. Und es ist klar, daß häufiger die weniger Ängstlichen auch schnell ihre Hände nach oben bringen, ebenso wie es klar ist, daß die Ängstlicheren es nicht so schnell verstanden haben oder sich nicht trauen. Schon hier entsteht bei den weniger Ängstlichen das Gefühl, vorneweg zu sein, bei den Ängstlicheren dagegen, zu den Schwächeren zu gehören, es nicht zu schaffen.

Was erst, wenn dann die Sternchen oder die Zensuren unter den Arbeiten oder auf dem Zeugnis zu besichtigen sind?

Dabei haben diese Noten doch eine so entscheidende Bedeutung. Nicht nur für die Schule und die Kinder, auch für Eltern, Tanten, Omas und Verwandte sind die Noten der Gradmesser für den Schulerfolg. Je nachdem, wie sie ausgefallen sind, gibt es 5-Mark-Stücke, Fernseherlaubnis, Fahrräder oder Auslandsreisen. Oder eben das Gegenteil: kein zusätzliches Taschengeld, Fernsehverbot, keine Geschenke, sondern enttäuschte Blicke und Vorwürfe, ja vielleicht sogar Prügel.

Nicht viel anders ist es, wenn die *Lehrer* von der «pädagogischen» Funktion der Zensur reden: Sie sagen, die Zensur solle «ermutigen» oder zeigen, «daß es so nicht geht». Die Pädagogen setzen Zensuren ein, um «mehr aus dem Burschen herauszuholen» oder um zu demonstrieren, daß es «jetzt ernst wird». «Schließlich müssen die Schüler wissen, wie sie stehen».

Schauen wir uns diese Begründungen näher an. Gute Noten sollen also dazu dienen, «jemanden zu ermutigen», schlechte Noten sollen anzeigen, daß es «ernst wird», sie sollen helfen, «mehr herauszuholen». Kaum ein Lehrer würde nicht auf Anhieb ein ganzes gutes Dutzend von Beispielen aufzählen können, wo Zensuren, die er verteilt hat, diese Wirkung gehabt haben. Da werden wir von jenem Schüler hören, der in Mathematik immer so zwischen Zwei und Drei stand, plötzlich aber – man weiß gar nicht, warum – in seinen Leistungen erheblich nachließ, bis der Lehrer gar nicht anders konnte, als ihm eine Fünf unter die Rechenarbeit zu schreiben. Das hatte eine heilsame Wirkung. Offenbar setzte der Junge sich auf den Hosenboden und arbeitete. Schon die nächste Arbeit war wieder eine Vier, die übernächste eine Drei.

Aber wenn Zensuren, vor allem schlechte Zensuren, so etwas sind wie eine «bittere Medizin», wie kommt es dann, daß viele Schüler trotz des Schluckens großer Mengen mit der Schule und ihren Leistungsanforderungen nicht zurechtkommen? Offensichtlich sind die Beispiele von der Wirksamkeit der bitteren Medizin, von denen Lehrer erzählen können, Ausnahmen. Und auch die schönsten Ausnahmen machen noch keine Regel.

Die wirkliche Bedeutung der Noten- und Zensurengebung in der Schule erschließt sich uns, wenn wir nicht einzelne Fälle betrachten, sondern wenn wir uns ansehen, wie die Zensuren bei einer Klasse oder einer Leistungsgruppe vergeben werden.

Da zeigt sich, daß die Zensuren nicht nach festen vorgegebenen Maßstäben verteilt werden, sondern sich nach den durchschnittlichen Leistungen in der Klasse richten. Die Durchschnittsleistung wird von den meisten Lehrern mit Drei oder Vier bewertet. Wer wesentlich darüber liegt, erhält seine Zwei, wer um einiges schlechter ist, bekommt seine Fünf. Diese Orientierung an einem «Durchschnittswert» der Klassenleistung ist aber außerordentlich gefährlich. Warum?

Wir haben bereits darauf hingewiesen, daß Noten und Zensuren nicht nur eine neutrale Aussage über die Leistungsfähigkeit eines Schülers enthalten. Sie sind viel mehr. Das können wir an den Reaktionen der Umwelt, an den freundlichen oder traurigen Gesichtern von Eltern und Verwandten, an der Gebefreudigkeit von Großmüttern sehen, aber auch am Versetzungsvermerk unter dem Zeugnis, an der Möglichkeit, eine Lehrstelle oder einen Studienplatz zu bekommen. Das ist die äußere Bedeutung, die die Zensuren haben und die sich natürlich in jeder Ziffer niederschlägt, die irgendwo als Note unter einer Arbeit, einer Hausaufgabe oder sonst irgend etwas erscheint.

Eine gute Note bedeutet also: Zuwendung, Nähe, Freude, Zuversicht, Erfolg – und eine schlechte Note in allem das Gegenteil («Isolation»). Und so ist es naheliegend, daß ein Schüler, der plötzlich aus dem Zweier-Bereich «abgerutscht» ist, einige Anstrengungen unternimmt, um wieder in die Zensurenregion zu kommen, wo die Sonne von Freundlichkeit, 5-Mark-Stücken und Erfolg scheint. Dies zu erreichen, ist aber leider die Ausnahme. Die Regel dagegen ist, daß die Kinder ihren Noten «treu» bleiben.

Dazu trägt die Praxis der Notengebung auf verschiedene Weise bei.

- Wenn eine Zufallsgruppe von Schülern, wie sie eine Klasse nun einmal darstellt, am Durchschnitt gemessen wird, dann hat ein Schüler mit schlechteren Lernvoraussetzungen praktisch keine Chance. Er müßte, obwohl er doch schlechtere Voraussetzungen hat, mehr lernen als ein Schüler der Mittelgruppe, damit er zu dieser Mittelgruppe aufschließen kann. Da aber alle denselben Unterricht erhalten, ist dies praktisch unmöglich.

- Da die Zensuren für das Zeugnis (am Schuljahresende) im allgemeinen als *Durchschnittswert* aus den verschiedenen Zensuren errechnet werden, die man in Klassenarbeiten erreicht hat, lohnt es sich für einen, der ein bißchen rechnen kann, nach drei Vieren nicht mehr, sich weiter anzustrengen: Selbst zwei Dreien könnten die Note kaum anheben.
- Das schlimmste aber an der Notengeberei ist: eine Zwei bedeutet nicht nur Erfolg, sondern eben auch die Mitteilung, daß man «klug» ist, ständig aufeinander folgende Vieren oder Fünfen hingegen teilen dem Schüler mit, daß er «dumm» ist. Dies hat massive Rückwirkungen auf das Selbstbewußtsein der Schüler und auf die Lernmotivation. Und nicht zuletzt auf die Ängstlichkeit.

Wer häufiger seine Zwei einheimsen kann, der geht mit einer ganz anderen Freude und Zuversicht an die Schularbeit, als jemand, der aufgrund seiner Erfahrung doch zu nichts Besserem fähig ist, als Vieren und Fünfen zu schreiben. Nun lehrt uns aber die Lernpsychologie, daß Erfolgszuversichtlichkeit eine gute Lernvoraussetzung ist, Angst vor Mißerfolg hingegen eine schlechte.

Das bedeutet aber: Die Schüler, die aufgrund guter Voraussetzungen bei der Benotung gut abschneiden, werden damit zusätzlich gefördert. Die Schüler, die schlechte Lernvoraussetzungen hatten (z. B. hohe Ängstlichkeit), werden, wenn sie am Durchschnitt gemessen und also schlecht benotet werden, weiter benachteiligt.

Die Benotung, die sich am Durchschnitt einer Klasse oder Gruppe orientiert, vergrößert also objektiv den Abstand in den Lernleistungen zwischen den «Guten» und den «Schlechten».

So wird auch erklärlich, warum Schüler mit einem hohen Leistungsmotiv im Verlaufe ihrer Schulkarriere ihren Intelligenzquotienten verbessern, während Schüler mit einem niedrigen Leistungsmotiv auf ihrem Intelligenzniveau verbleiben oder sogar IQ-Punkte verlieren. Wer einmal vorn ist, der wird mit guten Noten immer wieder angespornt, wer einmal hinten liegt, der wird mit jeder schlechten Note weiter entmutigt.

Diese Funktion der Notenmaschinerie macht auch verständlich, wieso gerade Schüler mit einer Vier in Rechnen oder Deutsch die höchste Prüfungsangst aufwiesen (siehe Kapitel 8).

Nachdem wir wissen, daß Prüfungsangst die Leistung mindert und schlechte Noten die Ängstlichkeit erhöhen, ist klar, daß wir hier eine Wechselwirkung vor uns haben: Die schlechte Ausgangslage des Schülers (hohe Ängstlichkeit) beeinträchtigt die Lern- und Prüfungsleistungen des Schülers. Dies führt zu schlechten Noten, welche wiederum die Ängstlichkeit heraufsetzen.

So gelten für die nächste Prüfung schon schlechtere Bedingungen als für die erste. Und dies setzt sich über eine ganze 10- oder 13jährige Schulkarriere fort, wiederholt sich tausendmal unter den Augen der Mitschüler, der Lehrer, der bemühten und enttäuschten Eltern, der Nachbarn und Verwandten, angesichts der eigenen Hoffnungen und Enttäuschungen.

Das eherne Gesetz der Notenskala ist: Es gibt immer Sieger und Verlierer. Und mit diesen Siegern und Verlierern wird nach dem biblischen Spruch verfahren: Wer hat, dem wird gegeben. Dies ist die wahre Funktion der Notenmaschinerie. Dies ist die wahre Funktion der Schule. Mit diesem Notensystem ist es der Schule völlig unmöglich, alle Schüler zu qualifizieren.

2. Lebenstüchtigkeit und Schuldummheit

Natürlich werden nicht alle Schüler dadurch wirklich dumm, daß sie ständig von der Schule schlecht beurteilt werden. Viele werden nur «schuldumm». Intelligente Kinder und Jugendliche, die sich im täglichen Leben gut zurechtfinden, verwandeln sich in ängstliche und tatsächlich hilflose Wesen, sobald sie mit «Schule» konfrontiert werden; eine Erscheinung, die eine schulspezifische Form von «gelernter Hilflosigkeit» zu sein scheint: Der amerikanische Lehrer Herndon beschreibt in seinem Buch «Die Schule überleben» einen solchen Fall sehr anschaulich: «Eine Zeitlang ging ich ziemlich regelmäßig zur Bowling-Bahn, der von Tierra-Firma, weil Jay und Jack (Herndons Kinder, H. S.) immer dahin wollten. Und eines Tages begegnete ich dort dem doofsten Jungen aus meiner Doofen-Klasse . . . Schließlich fragte ich ihn natürlich, was er hier eigentlich täte. Er sagte, er fange gleich mit der Arbeit an. Ich muß noch etwas Zeit totschlagen, bis um 5, wenn's losgeht. Und was arbeitete er? Ich schreibe die Spielergebnisse an, sagte er; für die Liga-Wettkämpfe. Er schrieb die Ergebnisse für zwei Mannschaften gleichzeitig an und verdiente damit für ein paar Stunden Arbeit 15 Dollar. Er meinte, das sei ein großartiger Job, 15 Dollar mit etwas verdienen, das er sowieso gern tat und vielleicht auch umsonst getan hätte, einfach um's tun zu können.

Er schrieb also die Punkte an. Zwei Mannschaften, jede 4 Mann stark, also acht Bowling-Punktlisten gleichzeitig. Da mußte er schnell addieren, durfte keinen Fehler machen (das hätte niemand geduldet), und dies bei dem recht verwickelten Vorgang des Punktezählens im Bowling . . . Die Bowling-Liga ist weder eine Wohlfahrtsorganisation noch eine Bewährungshilfe oder dergleichen und hat kein Interesse daran, irgendeinem doofen Jungen eine Chance zu geben, sich zu bessern, indem er ihre Punktergebnisse beim Anschreiben durcheinanderbringt. Nein: sie zahlten diesem gescheiten Jungen, der sich als fix und genau erwiesen hatte, 15

Dollar, weil sie einen guten Anschreiber gebrauchen konnten.» (Herndon 1972, S. 120f)

Herndon berichtet, wie er anschließend im Unterricht Bowling-Aufgaben stellte und wie auch das nicht klappte: «Der glänzende Bowling-Liga-Anschreiber konnte sich nicht entscheiden, ob zwei ‹strikes› und ein dritter ‹frame› von acht nun achtzehn oder achtundzwanzig Punkte ergab, oder waren es 108½?» (Herndon 1972, S. 122) Eine Aufgabe, die er auf der Bowling-Bahn automatisch und ohne Schwierigkeiten löste.

Damit wir uns nicht mißverstehen: Diese Art von «Dummheit» ist kein «Sich-dumm-stellen», sondern sie ist die unbewußte Reaktion auf eine Situation, in der man jahrelang immer nur als «dumm» hingestellt worden ist, in der durch diesen Dauerregen von schlechten Noten und Demütigungen einem klargemacht wurde, daß man unfähig ist zu lernen. Manche Schüler verstehen diese Mitteilung richtig, nämlich so: «Wir, die Schule, sind unfähig, dir etwas beizubringen, also versuche, woanders was zu lernen.» Das sind jene Schüler, die eher dazu neigen, die Schule zu schwänzen und den Vormittag im Wald oder in Anlagen oder in Kaufhäusern zuzubringen.

2.1. Schuleschwänzen

Schuleschwänzen können wir als ein «Vermeidungsverhalten» (vgl. Kapitel 7) verstehen. Schulschwänzer meiden die Stätte, wo ihnen immer nur mitgeteilt wird, daß sie nur Unterdurchschnittliches leisten, daß sie versagen. Wir können also die Ursache für das Schuleschwänzen darin sehen, daß die Schüler nicht in der Lage sind, die ständige Frustration, die Schule für sie bedeutet, zu ertragen.

Viele Psychologen und Psychiater führen das Schuleschwänzen auf solche Störungen in der frühkindlichen Entwicklung zurück, wie wir sie in Kapitel 9 diskutiert haben. Einer von ihnen, der West-Berliner Arzt G. Nissen, sei stellvertretend für viele andere zitiert: «Diese Kinder vermeiden die unlustgetönte schulische Leistungssituation und wechseln in lustbetonte Verhaltensweisen über. Chronische Schulschwänzer sind verwahrlosungsgefährdet oder bereits manifest verwahrlost. Zum Streunen und Bummeln während der Schulzeit treten häufig kriminelle Sekundärsymptome hinzu. Die Ursache dieser dissozialen Entwicklung liegt meistens in Störungen in der frühen Kindheit, vor allem in einer mangelnden Gewissensbildung und einem labilen Selbstwertgefühl.» (Nissen 1972, S. 185)

Erklärungen dieser Art sind nicht eigentlich falsch. Es trifft gewiß zu, daß Schüler, die zum Schuleschwänzen neigen, ein weniger stark ausgebildetes «Gewissen» und ein geringeres «Selbstwertgefühl» haben als jene Schüler, die zur Schule gehen, obwohl ihnen dort immer wieder ihre

Unfähigkeit bescheinigt wird. Aber diese Erklärung bleibt doch nur so lange «richtig» und zureichend, solange man es für unabdingbar notwendig hält, daß Schüler in der Schule am Durchschnitt ihrer Klasse gemessen werden und also jenen, die ein «gering ausgeprägtes Selbstwertgefühl» haben, die mit schlechteren Voraussetzungen in diese Klasse geraten sind, in ununterbrochener monotoner Wiederholung immer wieder dieselbe Mitteilung gemacht wird: «Du kannst nichts Vernünftiges leisten, du bist unter dem Durchschnitt, du bist nur ausreichend oder mangelhaft.»

Selbst wenn es gelingt, die «mangelnde Gewissensbildung» und das «labile Selbstwertgefühl» sowie die damit zusammenhängende schulische Leistungsschwäche beim einzelnen Schüler zu beheben, ändert das insgesamt nichts.
Wenn die «geheilten» Schüler in die Spitzengruppe ihrer Klasse aufrücken, geraten damit einige andere Schüler notwendigerweise an das Ende der Leistungsskala.

Denn das Eigentümliche dieser Leistungsskala ist ja, daß sie immer eine Spitze und ein Ende hat. Diese anderen Schüler bekommen nun die monotonen, sich wiederholenden Mitteilungen über ihre «Dummheit». Möglicherweise fangen einige von ihnen jetzt an, die Schule zu schwänzen, und geraten in die Praxis des Kinderpsychiaters, welcher wieder dieselbe Diagnose stellt: «mangelnde Gewissensbildung» und «labiles Selbstwertgefühl» aufgrund von Störungen in der frühen Kindheit.

Es wird Zeit, daß die Psychiater und Ärzte die Ursachen für Schulangst und Schulversagen nicht nur darin sehen, daß Kinder aufgrund ihrer Vorerfahrungen «stark» und «schwach» sind, sondern daß sie anfangen, sich mit den angsterzeugenden Mechanismen der Schule selbst auseinanderzusetzen. Allerdings würde dies den Kinderärzten, Kinderpsychologen und Kinderpsychiatern eine ganz andere Verantwortlichkeit abverlangen. Wer die Ursachen in der frühkindlichen Entwicklung sieht und nicht auch in der Schule, der muß nur versuchen, die «mangelnde Gewissensbildung» und das «labile Selbstwertgefühl» zu reparieren (was natürlich angesichts der schulischen Leistungssituation nur Milderung bringen, aber kaum gelingen kann*). Über die Veränderung der Schule durch politische Forderungen und politischen Einsatz braucht er sich keine Gedanken zu

* Mit dieser Schwierigkeit gehen die Wissenschaftler folgendermaßen um: «Bei unterdurchschnittlich leistungsfähigen Schülern sollte dagegen die verhaltenstherapeutische Reduktion von Schulangst nur einen vorübergehenden Erfolg zeigen. Da sich die Leistungsfähigkeit durch diese Behandlung nicht steigern läßt, werden sich wahrscheinlich bald wieder Mißerfolgserlebnisse einstellen, die ihrerseits zu einer erneuten Erhöhung der Schulangst führen sollten. Für diese Schüler müßte sich eine kombinierte Behandlung aus Verhaltens- und «Lerntherapie» (Programm zum Erwerb von Lern- und Studientechniken) als besonders wirksam erweisen.» (Krohne 1977, S. 46) Was dann mit den Mitschülern geschieht, bleibt auch hier völlig außer Betracht.

machen. Selbst für das Scheitern seiner Therapie kann er leicht Entschuldigungen finden, wie die folgende Fallbeschreibung zeigt:

«Ein elfjähriger, durchschnittlich intelligenter, unehelich geborener Junge wurde bis zum 9. Lebensjahr von emotional und materiell extrem verwöhnenden Großeltern erzogen. Seit der Einschulung versucht er, sich den Schulanforderungen durch zunehmende Leistungsabstinenz zu entziehen: zunächst flüchtig, später nicht ausgeführte Hausaufgaben; Bummeln auf den Schulwegen; anfangs stundenweises, später tage- und wochenlanges Schuleschwänzen. Daraufhin holte ihn die alleinstehende und berufstätige Mutter zu sich: Jetzt blieb er wochen- und monatelang der Schule fern. Dem Schulleiter ist bekannt, daß der Junge nicht krank ist, sondern die Schule schwänzt, er fordert dennoch entsprechende Entschuldigungsschreiben, um gegenüber der Schulaufsicht gedeckt zu sein. Der Junge hält sich tagsüber bei den Untermietern einer 8-Zimmerwohnung auf, in der auch die Mutter wohnt. Eine psychagogische Therapie scheitert, weil der Junge den Behandlungsterminen fernbleibt.» (Nissen 1972, S. 185)

Typisch für die vordergründige Sichtweise scheint mir die Aussage: Er versuchte, «sich den Schulanforderungen durch zunehmende Leistungsabstinenz zu entziehen». Denn mit großer Wahrscheinlichkeit haben doch diese Schulanforderungen darin bestanden, daß der Junge ertragen können soll, täglich seine «Dummheit» bestätigt zu bekommen.

2.2. Zwischen Schulangst und Gewissensnot: Flucht in die Krankheit

Aber wenden wir uns nun denjenigen Kindern zu, die genau dieses ertragen. Jenen Kindern also, die, obschon sie ständig negative Informationen über ihr «Selbst» erhalten, jenen Bereich nicht zu meiden versuchen, in dem ihnen dies geschieht. Ihr «Gewissen» ist so stark ausgeprägt, daß es sie an den Ort zwingt, an dem sie ständig in so subtiler Weise gedemütigt werden. Diese Kinder können ihre Schulangst wegen ihrer größeren Gewissensangst nicht vermeiden; sie müssen also lernen, die Schulangst auf andere Art und Weise zu ertragen oder mit ihr fertigzuwerden.

Diese Angst bedeutet in erster Linie Angst vor Demütigung, vor Gefährdung des Selbst-Bewußtseins, vor Isolation. Die Kinder, von denen wir hier reden, haben keine Möglichkeit, diesen Gefährdungen durch einfaches «Aus-dem-Felde-gehen» zu entfliehen wie die Schulschwänzer. Ihr Gewissen, vor allen Dingen die Angst, die Eltern zu enttäuschen, verhindern dies. So bleiben ihnen nur zwei Möglichkeiten: entweder sie lernen, das fremde, schlechte Urteil über sich zu ertragen, es zu ihrem eigenen zu machen. «Ich kann das halt nicht, ich bin dafür nicht begabt.» (Das geht nur, wenn die Eltern dabei mitmachen, wenn sie dem Kind dies ermöglichen und ihm nicht aus Enttäuschung oder Strafe alle Zuwendung

entziehen.) Oder sie wählen die Flucht in die Krankheit.
Die Bedeutung dieser Krankheit für die Kinder ist, sich ein Minimum von Liebe und Zuwendung, von Aufmerksamkeit zu sichern, die sie als «gesunde» Schulversager entbehren müssen.

Dabei müssen wir noch einige Bemerkungen zum Begriff «Schulversager» machen. Dieser Begriff hat sozusagen eine «objektive» und eine «subjektive» Seite. Beschäftigen wir uns zunächst mit der «objektiven» Seite. Zunächst gilt als Schulversager, wer weniger als die «durchschnittlichen» Leistungen in seiner Klasse erbringt. Es gibt aber eine ganze Reihe von Situationen im Bildungsgang eines Kindes bzw. Jugendlichen, wo die Definition des «Versagers» enger gefaßt werden muß. Das sind alle jene Situationen, wo es um den Übergang in eine weiterführende Schule oder um den Erwerb bestimmter Berechtigungen dazu geht. Der Numerus clausus ist ein Paradebeispiel für die Veränderung des «objektiven» Begriffs vom Schulversager. Noch bis Anfang der 60er Jahre galt: wer sein Abitur machte, ganz gleich, mit welchem Notendurchschnitt, der konnte studieren, und zwar in aller Regel eben jenes Fach, das er studieren wollte. Als Versager war also derjenige definiert, der die Abiturprüfung nicht bestand. Heute ist dies anders. Als Versager muß sich schon derjenige betrachten, der nur ein mittelmäßiges Abiturzeugnis zustande bringt, da ihm der Zugang zu den Numerus clausus-Fächern verwehrt bleibt.

An dieser Stelle können wir auch die Verknüpfung des objektiven Begriffs vom Versager mit dem subjektiven Begriff deutlich machen. Wer nur ein mittelmäßiges Abiturzeugnis schafft, der wird sich eher als Versager *fühlen*, wenn es sein langgehegter Wunsch war, der unter Umständen auch von den Eltern gefördert wurde, z. B. Medizin zu studieren. Hatte er diesen Wunsch nicht, so kann er mit seinem Schulergebnis unter Umständen ganz zufrieden sein.

Die Tatsache, daß immer nur ein Teil der Schüler mit besonders guten Noten «ausgelesen» wird, um weiterführende Schulen besuchen zu dürfen, macht erklärlich, daß manche Schüler subjektiv sich als Versager erleben, die durchaus «durchschnittliche» Leistungen erbringen, die aber von sich selbst und von denen auch die Eltern erwartet haben, daß sie besser sein sollten. Im allgemeinen hängt also das subjektive Gefühl, versagt zu haben, damit zusammen, daß die Schüler bestimmte Hürden nicht überwinden konnten.

Darüber hinaus gibt es auch Schüler, die sich als Versager sehen, wenn sie nicht die Besten in der Klasse sind. Solche Erwartungen an sich selbst lassen sich in der Tat nur mit den frühkindlichen Erfahrungen (Kapitel 9) erklären und sind therapiebedürftig, zumal es Fälle gegeben hat, in denen Schüler aus diesem Grund Selbstmordversuche unternommen haben. Selbst solche pathologischen Fälle könnten freilich keine Bedeutung erlangen, wenn die Schule es aufgeben würde, ihre Schüler nach guten und schlechten in eine Rangfolge zu bringen.

Fassen wir zusammen:
Das subjektive Gefühl, zu «versagen», ist abhängig von den eigenen Erwartungen an die Leistung («Anspruchsniveau») *und* von der Bewertung der tatsächlichen Leistung durch die Schule. Selbst bei hohem Anspruchsniveau und geringer Leistungsfähigkeit also hängt die Chance für das Versagen-Erlebnis immer noch ganz konkret an der Bewertungspraktik der Schule.

Schüler, die sich diesem ständigen Gefühl des Versagens ausgesetzt sehen, flüchten in Krankheit, um sich so ein Stück der positiven Aufmerksamkeit zu sichern, die ihnen auf dem Leistungsfelde vorenthalten bleibt.

3. «Heilsame» Schulangst?

Wie wir schon in Kapitel 2 gesehen haben, bringen auch die praktischen Ärzte immer mehr Erkrankungen wie Kopfschmerzen, Bettnässen, Magenbeschwerden, Kreislaufstörungen und Tics, Haarausreißen, Mager- und Fettsucht, Konzentrationsstörungen, vegetative Störungen, Einschlaf- und Schlafstörungen, Nägelkauen, Stottern und ganz allgemein Aggressionen mit dem Erleben des Kindes in der Schule in Zusammenhang.

Zwar werden auch immer wieder einmal die Zensuren und der «Leistungsdruck» für solche Schulkrankheiten verantwortlich gemacht, aber sie werden von den Ärzten quasi gleichrangig neben andere verursachende Faktoren gestellt, wie z. B. die langen Fahrwege, die Größe der Schulen, die Klassenfrequenzen, die Fülle des Lehrstoffs usw.

Wir müssen aber darauf bestehen, daß all diesen anderen Faktoren nur eine zweit- oder drittrangige Bedeutung zukommt. Hauptverantwortlich für die Entstehung oder Auslösung von Schulangst ist die Praktik der Schule, Rangreihen zu bilden und den jeweils «Besten» größere Chancen im Kampf um Lehrstellen und Studienplätze einzuräumen. Die Schule ist freilich nicht hinreichend kritisiert, wenn sie als «Auslese-Institut» bezeichnet wird. Auslese würde ja bedeuten, daß keiner der Schüler dabei Schaden nähme. Wir haben aber gesehen, daß die institutionalisierte Frustration eines großen Teils der Schüler durch die Notenskala von Eins bis Sechs zu Angst und Versagen führt. Demnach aber bedeutet die gegenwärtige Praxis der Schule eine institutionalisierte Vernichtung ungeheurer Mengen von Lernpotential.

Angst hat im Lernprozeß nichts zu suchen.

Und die halbherzige Kritik der Ärzte an der Schule, die die fatalen Auswirkungen des Zensurensystems quasi gleichrangig neben die Schäden des täglichen Autobusfahrens stellt, wird so lange unwirksam bleiben, solange die Ärzte und mit ihnen Eltern und Schüler der Schule zugestehen, daß sie Angst erzeugen darf, um Lernen hervorzubringen oder zu fördern.

Auch Johannes Meinhardt, einer der vehementesten Kämpfer gegen die Schulangst, vermag sich nicht von dem Klischee einer «heilsamen Angst» zu trennen. Auf einem Symposion «Arzt und Lehrer» am 24. Mai 1975 im westfälischen Landeskrankenhaus in der Haard leitete er seinen Vortrag folgendermaßen ein: «Die Schulangst eines Kindes ist an sich etwas völlig Normales. Ein Schüler, der z. B. seine Hausaufgaben nicht ordentlich gemacht hat, sieht mit nicht geringer Angst einer mündlichen Prüfung oder einer schriftlichen Klassenarbeit entgegen, und er hat – sollte sein Hang zum Nichtstun anhalten – Angst vor den Warnbriefen oder dem Sitzenbleiben. Obwohl es ad hoc zu erheblichen akuten Angstreaktionen, auch verbunden mit somatischen Störungen, kommen kann, handelt es sich insofern um einen normalen Vorgang, als diese Angst in einem durchaus angemessenen Verhältnis zur auslösenden Ursache – der drohenden Prüfung oder dem drohenden Zeugnis – steht. Sie ist so sehr Kind des Augenblicks, daß man als Lehrer manchmal versucht ist, sich ein längeres Anhalten dieser gesunden oder heilsamen Angst zu wünschen.

Diese normale Schulangst, die übrigens selbst im hohen Alter noch gut erinnert wird, ja, zu Angstträumen führen kann und von deren Erleben dann mit gleichem Behagen erzählt wird wie von anderen im Leben bestandenen Gefahrensituationen, diese Schulangst ist also durchaus normal, d. h. alters- und phasenspezifisch für die Persönlichkeitsentwicklung.» (Meinhardt 1975)

Meinhardt vermag diese Angst als etwas «Normales» zu betrachten, weil er eben auch die Messung der «Leistungen» am Durchschnitt als etwas «Normales» betrachtet. Er sieht zwar den Zusammenhang zwischen Zeugnissen und Angst, daß aber unter dem gegebenen Zensurensystem immer ein großer Teil der Schüler von dieser Angst getroffen wird, *ohne eine Chance zur Leistungsverbesserung zu haben*, das wird bei Meinhardt nicht thematisiert. Und nur so kann es ihm gelingen, zwischen einer normalen und einer pathologischen Schulangst zu unterscheiden. Meinhardt bringt sich damit in die Situation, dieselbe Schulangst einmal als «heilsam» und einmal als «pathologisch» bezeichnen zu müssen, wie das folgende Beispiel zeigen soll: Zwei Schüler mit ungefähr gleicher Intelligenz sind im Verlaufe eines Schuljahres an die untere Leistungsgrenze der Klasse geraten. Beide entwickeln Ängste. Die Eltern des einen Schülers sind in der Lage, einen ausgiebigen und erfolgreichen Nachhilfeunterricht zu finanzieren. Der Schüler rückt wieder ins Mittelfeld auf, seine Schulangst wird gemildert. Der andere Schüler aber, dessen Eltern so viel Geld nicht zur Verfügung haben, müht sich redlich, aber vergeblich selbst, aus der hoffnungslosen Situation des Fünfer-Daseins und Vom-Sitzenbleiben-bedroht-seins herauszukommen. Aber da er es nicht schafft, fängt er irgendwann an zu resignieren, ja er wird krank. Alle Symptome deuten bei ihm auf eine «pathologische Schulangst». Beim anderen Klassenkameraden hingegen war dieselbe Angelegenheit «heilsam». Den Unterschied für

diese Diagnose machten 2–3000 Mark für Nachhilfeunterricht aus.
So lange die Schule Schüler in Rangreihen bringt, und solange sie die dadurch hervorgerufenen bzw. verstärkten Ängste der Schüler in «heilsame» und «pathologische» einteilt, solange wird es in dieser Schule Angst geben.

Die Ursachen für die Schulangst liegen in der Schule. Daran ändert sich nichts dadurch, daß die Anfänge der Ängste bis in die ersten Tage des Lebens zurückverfolgt werden können. Die Erkenntnisse über die Entstehung von Ängsten helfen uns zwar zu verstehen, wieso Kinder mit unterschiedlicher Ängstlichkeit in die Schule eintreten, wieso das Leistungsmotiv mit Isolationsangst zusammenhängt und daß die Zurückweisung der «schlechten» Schüler durch schlechte Noten auf entsprechende Vorerfahrungen in der Kinderstube trifft. Dennoch gilt: Auch wenn alle Kinder völlig ohne Angst in die Schule eintreten, so würde doch die Schule bei jenen Angst erzeugen, die sie mit ihrem Leistungsmessungs-System in den Bereich unterdurchschnittlicher Leistungen schiebt und denen sie damit Lebenschancen nimmt.
Indem die Schule vorgibt, eine Stätte des Lernens für alle zu sein, zugleich aber Auslese für weiterführende Schulen, fürs Abitur, für die Universität betreibt, ist sie eine Stätte des Lernens nur für jene, deren Hoffnungen sich in ihr erfüllen; für alle anderen ist sie eine Stätte der Frustration, eine Stätte, deren Erfahrungen «gelernte Hilflosigkeit» ergeben.

Aber: Gibt es überhaupt eine Alternative? Bevor wir uns dieser Frage zuwenden, müssen wir uns noch einmal konkret die Frage stellen, welche Rolle Faktoren wie «langer Schulweg», «überladene Lehrpläne», «große Klassen», «zu große Schulen», «schlecht ausgebildete Lehrer» bei der Entstehung von Schulangst spielen, wenn wir die zentrale Ursache in der Leistungsproblematik ausgemacht haben.

4. Die Leistungsmessung und die anderen Angstquellen

Nachdem wir jetzt wissen, daß es für die Untersuchung des Problems darauf ankommt, daß die Schule vergleicht – müssen wir diesen Tatbestand einbeziehen. Wir erweitern somit unseren Ansatz aus dem Kapitel 3:

Fangen wir mit dem Schulweg an. Stellen wir uns zwei Kinder vor. Das eine ist Marion. Sie lebt ganz in der Nähe der Grundschule, und auch die Hauptschule, die sie später besuchen wird, ist nicht weit entfernt. Das andere, Kornelia, lebt auf dem Dorf, muß jeden Morgen 40 Minuten mit dem Schulbus fahren, schon seit der 1. Klasse. Beide sind ungefähr gleich intelligent, etwas sensibel, noch nicht so richtig «groß».

Marion, da sie auf dem Schulweg manchmal von größeren Jungen gehänselt wird und ihr das ganze Drum und Dran, was mit der Schule zusammenhängt, am Anfang noch etwas unheimlich ist, konnte ihre Mutter dazu bewegen, sie in der ersten Zeit zur Schule zu bringen. Außerdem kennt sie die Gegend schon ein bißchen von früheren Spaziergängen her, die Eltern haben ihr auch die Schule schon gezeigt, lange bevor sie eingeschult wurde, und mit ihr darüber gesprochen, was sie dort erwartet. Auch zwei oder drei der Lehrerinnen, die ihr jeden Tag auf dem Schulhof begegnen, sind ihr schon vom Sehen bekannt. Als ihr wenige Wochen nach Schulbeginn auf dem Schulhof ein kleiner Unfall passiert – sie wird von einem großen Jungen umgerannt und blutet aus der Nase – kann sie von einer Lehrerin schnell nach Hause gebracht werden, wo sie sich in den Armen der Mutter ausweinen kann.

Ganz anders dies alles bei Kornelia. Zwar: An den ersten Schultagen wird sie noch von der Mutter mit einem geliehenen Auto bis in die Kreisstadt gefahren, wo sie die Mittelpunktschule zu besuchen hat. Aber dann wird es schon ernst: Die Begleitung der Mutter endet an der Haltestelle des Schulbusses, ein kurzes Winken, und nun beginnt für Kornelia eine fremde und strapaziöse Welt. Im Autobus ist es eng, der Fahrer ist auf Disziplin bedacht, manchmal schreit er nervös nach hinten um Ruhe, wenn der Kinderlärm ihm zuviel wird. Da fahren auch die größeren mit, da gibt es Schubsereien, gegen die sie sich nicht wehren kann. Die Fahrt ist unüberschaubar, weil der Bus immer wieder in neue Dörfer fährt, um einige Kinder einzusammeln. Alles ist fremd. Und Kornelia ist wirklich sehr froh, als der Autobus auf dem Schulhof gehalten hat und sie endlich das Freie gewinnen konnte.

Aber auch hier ist eine unwirtliche Welt. Ein riesiges Gebäude, mit großen, bunten Flächen, die aber gar nicht freundlich, sondern eher bedrohlich ausschauen. Diese vielen Kinder. Und auch die Klassenkameraden sind fast alle fremd. Lange Flure, Türen, die alle gleich aussehen. Viele fremde Erwachsene: alles Lehrer. Am 8. oder 9. Tag hat sie sich in der großen Schule verlaufen, sie hat ihren Klassenraum nicht gefunden. Weinend steht sie da, bis einer dieser großen fremden Leute sie bei der Hand nimmt und fragt, warum sie denn weint. Sie bringt kaum raus, in welcher Klasse sie ist. So gehört Kornelia von Anfang an zu den Stillen und Schüchternen in ihrer Klasse. Sie sehnt sich nach ihrer Mama. Und die Buchstaben und Wörter, welche die Lehrerin an die Tafel malt, haben auch etwas von dem Unheimlichen und Bedrohlichen, das dieser ganzen Schule anhaftet. Nach und nach findet sie zwar einige Freundinnen in der Klasse, aber nachmittags kann sie sie nicht sehen, weil sie alle ganz woanders wohnen. Und so gewinnt sie keine richtige «Beziehung» zu ihrer Schule und zum Lernen. Das macht ihr weniger Spaß als den anderen. Denn da sie sich ja nicht so recht konzentrieren kann, versteht sie auch nicht alles auf Anhieb. Und das führt schon früh dazu, daß sie keine Sternchen für ihre Leistungen bekommt wie die anderen Schüler. Ja, wenn sie dann wieder traurig ist und an zu Hause denkt, dann wird sie manchmal von der Stimme der Lehrerin aufgeschreckt: «Kornelia, träumst du denn schon wieder? Du weißt doch, daß du aufpassen mußt!»

Dabei möchte sie doch gerne lernen. Und ein freundliches Wort der Lehrerin täte ihr so gut. Aber auch, wenn sie versucht, sich Mühe zu geben, merkt sie doch, daß die anderen schneller sind, daß sie besser aufpassen können, daß sie nicht so viel zögern, daß sie eher ein Lob von der Lehrerin bekommen als sie. So lernt Kornelia, daß sie nicht zu den Besseren, sondern zu den Schlechteren gehört. Ihre Mutter sagt es auch, als sie vom Klassenabend nach Hause gekommen ist. Und sie beginnt, mit ihr Lesen zu üben, aber, wenn sie dann in der Klasse ist, kann sie es doch nicht so gut wie die andern. Das Lernen macht ihr weniger Spaß als diesen, ja es macht ihr – um auf unseren Ausgangsvergleich zurückzukommen – viel weniger Spaß als Marion, die mit gleichen Voraussetzungen, aber unter günstigeren Bedingungen, in die Schule eintreten konnte.

Wir sehen also: Der Schulweg, die Fremdheit, die Busfahrt spielen in der Tat eine Rolle für die Entstehung der «Schulangst»: Die damit verbundenen Belastungen führen dazu, daß das Kind im Wettrennen um die Gunst der Lehrerin, im *Leistungsvergleich* schlechter abschneidet. Ohne diesen Leistungsvergleich hätte Kornelia eine reale Chance gehabt, mit den Ängsten fertigzuwerden, die durch Schulweg, Fremdheit und Größe der Schule ausgelöst worden sind.

Wenn wir also Marion und Kornelia miteinander vergleichen, so hat der Schulweg für beide sehr wohl eine Bedeutung. Ihr individuelles Schicksal wird dadurch bestimmt. Aber bestimmend für das Schulschicksal, für die Schulangst der beiden ist der Schulweg nur deshalb, weil es diese Rangordnung in der Schule gibt. Der kurze Schulweg von Marion ist ein Grund dafür, warum sie relativ angstfrei in die Schule eintreten und gehen kann und weshalb sie also auch relativ gute Leistungen zeigen und sich somit ein Stück der Zuwendung der Lehrerin sichern kann. Der lange Schulweg von Kornelia hingegen bewirkt, daß sie mit der Schule nicht «fertig wird», daß ihre Leistungen «zu wünschen übrig lassen», daß die Lehrerin ihr keine Sternchen und keine positive Zuwendung gibt und somit die Schulangst, die zunächst durch den Schulweg *ausgelöst* worden ist, nicht verloren geht, sondern verstärkt wird.

Wenn die Schule anders verführe, wenn sie der mehr belasteten Kornelia auch mehr Zuwendung und Aufmerksamkeit entgegenbrächte als der weniger belasteten Marion, wenn sie keine Rangreihe herstellte, auf der Marion oben und Kornelia unten angesiedelt sind, dann würde auch die Schulangst von Kornelia sich verflüchtigen und eines Tages keine Rolle mehr spielen.

Wir können also feststellen: Ängstigende Faktoren wie Schulweg, Größe der Schule, Fremdheit der Umgebung erhalten ihre Bedeutung nur dadurch, daß sie über die Leistungsmessung und Rangordnung in der Schulklasse beim einen zu mehr und beim anderen zu weniger Angst führen.

Das heißt nun nicht, daß ein Schulweg von 40 Minuten im Schulbus schon einem Erstkläßler zugemutet werden könnte. Es gibt keinen vernünftigen Grund dafür, warum Grundschulen zehnzügig sein müssen – wie das mancherorts der Fall ist – also 40 Klassen und ebenso viele Lehrer aufweisen müssen. Warum sind solche Schulen überhaupt gebaut worden? Nur damit es sich «lohnte», diese Schule auch mit einer großen Turnhalle und mit einem Schwimmbecken auszustatten, um einen Filmsaal und ein Sprachlabor einzurichten. Die Bildungsplaner haben sich dabei am industriellen Management orientiert, bei dem es darauf ankommt, daß Maschinen rund um die Uhr genutzt werden, damit sie rentabel arbeiten. Sie hatten an die Maschinen gedacht, an die Räume und deren Nutzung, an die Overhead-Projektoren und die Sprachlabors, aber kaum an die Kinder. Und insofern – und *nur* insofern – ist die Kritik von Ärzten an den langen Schulwegen, an den großen Schulen usw. gerechtfertigt. Es ist aber eine Illusion zu meinen, durch die Ausbildung in der kleineren Grundschule am Ort werde es keine Schulangst mehr geben. Gewiß: Der Faktor Schulweg wird bei der Entstehung von Schulangst dann keine oder nur noch eine geringe Rolle spielen. Aber so lange in diesen Schulen Noten vergeben, Rangreihen hergestellt werden und Auslese produziert wird, solange wird es auch in diesen Schulen Schulangst geben, wie in allen Schulen.

Das Argument, die Schulangst werde durch die «Verwissenschaftlichung des Lehrplans» hervorgerufen, soll im Zusammenhang mit der Leistungsmessung als zweites und letztes überprüft werden. Denn auch alle anderen Argumente dieser Art sind analog zu betrachten. Vorgebracht wird, daß das Wissen der Menschheit sich immer schneller verdoppele und in die Lehrpläne immer neue Fächer und Stoffe aufgenommen würden. Dadurch würden die Kinder überfordert, was eben zur Schulangst führe. Eine solche Vermehrung des Lernstoffs und eine solche «Verwissenschaftlichung» müßte dann aber zu einer Vermehrung des Stresses und der Schulangst bei allen Schülern führen. Wie wir aber gesehen haben, gibt es eine ganze Reihe von Schülern, die trotz der «erhöhten Anforderungen» mit solcher Malaise nicht zu kämpfen haben.

Denn ganz unabhängig davon, ob – wie die einen behaupten – die Anforderungen der Schule heute leichter geworden sind oder ob – wie andere sagen – die Anforderungen schwerer sind, so wird doch der Erfolg dieser Anforderungen immer wieder am Klassendurchschnitt gemessen. *Nie werden die Schüler an diesen Anforderungen gemessen*, und so kommt es eben, daß die einen, die über dem Klassendurchschnitt liegen, mit den Anforderungen durchaus zufrieden sind, während die anderen, die darunter bleiben, diese Anforderungen als zu hoch empfinden.

Das heißt nun wiederum nicht, daß die Inhalte, die die Schule zu vermitteln hat, gleichgültig wären. Oder besser gesagt: gleichgültig sein sollten. Denn in der Tat, für den Lorbeer und die Berechtigungen, die die Schule zu vergeben hat, sind die Inhalte gleichgültig. Und derjenige Schüler ist am besten dran, dem sie wirklich gleichgültig sind. Dies ist leicht einsehbar. Stellen wir uns einen Schüler vor, der sich für einen besonderen Inhalt, sagen wir einmal die Möglichkeit, ein Haus auf einfache Weise mit Wärme aus der Erde zu heizen, interessiert. Nehmen wir an, ein Lehrer hat darüber in der ersten Stunde am Morgen erzählt. Dem Schüler geht dies nicht aus dem Kopf. Es hat längst zur zweiten Stunde geklingelt, aber er denkt noch darüber nach, baut in seiner Phantasie Häuser, die nicht mit Atomstrom, sondern mit Erdwärme geheizt werden, fängt an, in seinem Heft Skizzen zu machen. Da ist aber längst Englisch auf dem Stundenplan, und er wird aufgerufen, ist nicht bei der Sache und erntet eine schlechte Note. Da war ihm einmal eine Sache nicht gleichgültig, er konnte nicht, wie gefordert, mit dem Klingelzeichen abschalten, und schon hat er seine Strafe weg. Er lernt, wenn er etwas lernt, daß es schädlich ist, sich für eine Sache zu sehr zu interessieren. Inhalte sind in der Schule da, sie zu hören, sich zu merken und auf Anforderung wiedergeben zu können, aber auf keinen Fall dafür, sich dafür zu interessieren. Das bringt nur Ärger.

Wieder sind es die Noten, die die Zeichen setzen.

Aber wenn wir wollen, daß Lernen den Schülern Spaß machen soll, damit sie viel und Nützliches lernen, dann genügt es natürlich nicht, die Barriere niederzureißen, welche durch das Zensurensystem vor dem Lernen aufgerichtet ist; es ist auch notwendig, daß in der Schule Inhalte vermittelt werden, die nicht nur «nützlich» sind, sondern für die die Schüler auch Interesse entwickeln können.

Solche Inhalte gibt es natürlich auch heute schon in der Schule. Aber wenn es sich um eine Sache handelt, an der alle oder doch fast alle Schüler Interesse haben, so wird es die Schule doch wieder zuwege bringen, einem Teil der Schüler dieses Interesse auszutreiben. Denn auch wenn alle Schüler interessiert sind und wenn alle Schüler eifrig mitarbeiten, so wird doch die Schule die Leistungen wieder am Klassendurchschnitt messen und einem Teil der Schüler mitteilen, daß mit ihm nun wieder nichts gewesen sei.

So müssen wir zwar an der Forderung festhalten, daß die Inhalte des Schulunterrichts nach allgemeiner Nützlichkeit und den Interessen der Schüler ausgesucht werden. Aber diese Forderung wird so lange sinnlos bleiben, solange der Unterricht mit diesen Inhalten wiederum in erster Linie dem Ziele dient, die Schüler in gute und schlechte einzuteilen.

5. Zusammenfassung

Indem die Schule alle Kinder gleich behandelt und die Ergebnisse am Klassendurchschnitt mißt und in eine Rangreihe (Notenskala von 1–6) bringt, entängstigt sie die «Guten» und verängstigt die «Schlechten».

Die sich im Verlauf der Schulzeit steigernde Angst der «schlechten» Schüler führt entweder zu

- Schuldummheit («gelernte Hilflosigkeit» in bezug auf Schule),
- Schuleschwänzen («Vermeidungsverhalten») oder
- Flucht in die Krankheit («neurotische Reaktion», wobei der Wunsch, die Schule zu meiden, mit anderen Bedürfnissen und Ängsten kollidiert und zu Gewissenskonflikten führen würde).

Die Schule meint, auf Angst als Motivation zum Lernen nicht verzichten zu können. Sie unterscheidet darum zwischen «heilsamer» und «pathologischer» Schulangst, obschon eine solche Unterscheidung durch nichts zu begründen ist.

Kinder, die mit schlechten Voraussetzungen (erhöhte Ängstlichkeit aus der Vorsozialisation, schlechte Bedingungen wie langer Fahrweg) in die Schule eintreten, geraten mit erhöhter Wahrscheinlichkeit in die untere Hälfte der Notenskala, wodurch ihre Ängstlichkeit verfestigt und verstärkt wird.

Die Frage, die bleibt: Ist zu dieser Form von Schule, wo Schüler Einsen und Sechsen bekommen, eine Alternative überhaupt denkbar?

Kapitel 11
Besser geht es ohne Zensuren: Lernzielerreichendes Lernen

Die unter Schulangst leiden, sind die «Versager». Am deutlichsten tritt Schulangst bei Prüfungen und Leistungskontrollen zutage. Die Wissenschaftler untersuchen deshalb im wesentlichen nur Prüfungsangst. Sie bestätigen, daß hohe Prüfungsangstwerte und «schlechte» Leistungen im Zusammenhang stehen. Sie fanden auch, daß aktualisierte Angst die Leistungsfähigkeit senkt: der Teufelskreis von schlechter Leistung und Angst und noch schlechterer Leistung und noch mehr Angst. Die Untersuchung der Schule zeigte, daß diese den Teufelskreis in Gang setzt und hält, indem sie Schüler am Durchschnitt mißt: So ist von vornherein ausgemacht, daß ein Teil schlechte Leistungen bringt, Angst entwickelt, schlechter wird . . .

Aber: kann die Schule überhaupt anders verfahren?

Es gibt verschiedene Alternativen. Hier will ich eine beschreiben, die den Vorteil hat, daß sie sehr nahe bei der gegenwärtigen Realität der Schule bleibt.*

Wie Schule ohne Zensuren «geht» und was sich dadurch alles verändert, hat vor einiger Zeit der Erziehungswissenschaftler Benjamin S. Bloom in einem aufregenden, aber leider noch zu wenig bekannten Experiment gezeigt.

Bloom ging von folgender Erkenntnis aus: «Jeder Lehrer beginnt ein neues Schuljahr oder ein neues Semester mit der Erwartung, daß etwa ein Drittel seiner Schüler oder Studenten in angemessener Weise das lernen wird, was er zu unterrichten hat. Er erwartet von einem weiteren Drittel, daß es eine ganze Menge von dem lernen wird, was er lehrt, aber nicht genug, um als ‹guter Schüler› gelten zu können. Schließlich erwartet er von einem letzten Drittel seiner Schüler, daß es das Ziel nicht erreichen oder aber gerade noch mit ‹durchrutschen› wird.»

Der amerikanische Wissenschaftler kritisiert diese Erwartungen scharf und sagt: «Sie reduzieren die Bemühungen von Lehrenden wie Lernenden, sie reduzieren die Lernmotivation bei den Schülern, und sie zerstören systematisch das Ich und das Selbstgefühl eines erheblichen Teils der Schüler, die gesetzlich verpflichtet sind, für 10 bis 12 Jahre die Schule unter Bedingungen zu besuchen, die Jahr um Jahr frustrierend und bedrückend

* Wer sich über andere (und bessere, aber auch schwerer realisierbare) Modelle informieren möchte, der findet sie in einigen Titeln des Literaturverzeichnisses beschrieben: Raith 1977, Ramseger 1975, Scuola di Barbiana 1970, Schulversuch Glocksee, Seifert 1977, Tüllmann 1977.

sind.» Gegenüber der gegenwärtigen Praxis, die nahelegt, daß nur etwa ein Drittel der Schüler das lernen kann, was es lernen soll, geht Bloom von der Meinung aus, daß die meisten Schüler und Studenten – er meint sogar, mehr als 90 % – das erfassen können, was der Lehrplan vorschreibt.

Bloom: «Und es ist die Aufgabe des Unterrichts, diejenigen Methoden zu finden, die es ermöglichen, mit dem Lehrgegenstand fertigzuwerden, also das Ziel zu erreichen.» (Bloom 1970, S. 15)

Im Vorfeld seines Experiments, das dazu dienen sollte, daß möglichst alle Schüler die Ziele erreichen, die von der Schule gesetzt werden, machte sich Bloom eine Reihe von Gedanken über

- «Begabung»
- Qualität des Unterrichts
- «Beharrlichkeit».

»Begabung» wird im allgemeinen – wie wir gesehen haben – mit bestimmten Tests gemessen. Wer in einem solchen Test gut abschneidet, bei dem besteht auch eine gewisse Wahrscheinlichkeit, daß er dem Unterricht gut folgen kann und in dem genannten oberen Drittel der Schüler landet. Dabei ist die Vorstellung, daß Schüler mit «hoher Begabung» schwierigere und komplexere Gedanken über einen Gegenstand erfassen können, während Schüler mit «niedriger Begabung» nur einfachere Gedanken über denselben Gegenstand begreifen.

Wenn das so wäre, dann wäre auch das unterschiedlich gute Abschneiden von Schülern im Unterricht verständlich.

Für sein Experiment griff Bloom allerdings auf eine andere Beschreibung von «Begabung» zurück. Er ließ sich auf den Versuch ein, zu sagen, daß unterschiedliche «Begabung» lediglich ein Maß für den Zeitaufwand darstellt, den ein Schüler benötigt, um ein bestimmtes Lernziel zu erreichen. Eine «hohe Begabung» bedeutet demnach, daß ein Schüler ein Lernziel relativ schnell erreichen bzw. begreifen kann, eine «niedrige Begabung» bedeutet demgegenüber, daß der Schüler längere Zeit für das Erreichen des Lernziels benötigt. In beiden Definitionen ist aber enthalten, daß der Schüler prinzipiell in der Lage ist, das Lernziel zu erreichen.

Wenn diese Definition richtig ist, dann muß jeder Schüler sein Pensum schaffen können, wenn die Schule es fertigbringt, ihm dabei zu helfen.

Die Tatsache, daß viele Schüler an komplizierteren Sachverhalten im Schulalltag scheitern, ist kein Argument gegen die Richtigkeit bzw. Brauchbarkeit dieser Definition. Wenn es darum geht, einen komplizierten Sachverhalt zu begreifen, so ist das nur möglich, wenn man vorher die (einfacheren) Voraussetzungen dafür gelernt hat. Da geht es einem langsam lernenden Schüler wie einem Reisenden, dessen Zug verspätet am Umsteigebahnhof eintrifft. Selbst wenn die Verspätung nur wenige Minuten ausmacht, so bekommt er doch den Anschluß nicht. Und der Lernprozeß in der Schule ist ein ständiges «Ankommen – Umsteigen – Weiterfahren». Nie oder doch ganz selten nur wartet der Lehrer, bis alle Schüler am

Umsteigebahnhof angekommen sind, um den weiterfahrenden Zug zu erreichen. Oft sind es nur Kleinigkeiten, die fehlen, die aber den weiteren Lernprozeß behindern.

Das Lösen komplizierter Aufgaben setzt voraus, daß zunächst einfachere Operationen gelernt worden sind. Ist dies nicht oder nicht in hinreichendem Maße der Fall, so trifft die «weniger begabten» Schüler der Verdacht, komplizierte Sachverhalte nicht begreifen zu können, obwohl sie nur nicht genügend Zeit gehabt hatten, die einfacheren grundlegenden Sachverhalte zu begreifen, um die komplizierteren lernen zu können.

Bloom jedenfalls ließ sich in seinem Experiment von der Vermutung leiten, daß «Begabung» ein Maß für die Geschwindigkeit ist, mit der Schüler lernen. Außerdem verweist Bloom darauf, daß diese «Begabung» veränderbar ist. Sie hängt von den Bedingungen ab, unter denen gelernt wird. Aber selbst, wenn sie nicht veränderbar wäre, so «ist es jedoch sehr wahrscheinlich, daß wirkungsvollere Lernbedingungen den Zeitaufwand vermindern können, der notwendig ist, alle Schüler (vor allem auch die mit geringerer Begabung) ein Fach bis zur Erreichung des Zieles lernen zu lassen.» (Bloom 1970, S. 18)

Wie können nun solche «wirkungsvollere Lernbedingungen» aussehen?

Bloom kritisiert zunächst, dan bisher immer so getan werde, als ob alle Schüler gleich seien. Dementsprechend fragen die Pädagogen: Welche Unterrichtsmethode ist die beste für die *Gruppe*, welches Unterrichtsmaterial ist das beste für die *Gruppe*? Für sein Experiment geht Bloom darum nicht nur von der Annahme aus, daß Schüler für das Erreichen eines Lernziels verschieden lange brauchen. Er nimmt zusätzlich an, daß verschiedene Schüler verschiedene Arten und Qualitäten von Unterricht brauchen: «Das heißt also, der gleiche Inhalt und die gleichen Lehrziele können als Ergebnis sehr verschiedener Unterrichtsweisen von ganz unterschiedlichen Schülern gleichermaßen erfaßt bzw. erreicht werden.» (Bloom 1970, S. 18)

In diesem Zusammenhang ist an den Befund in Kapitel 8 zu erinnern: Ängstliche Mädchen überflügelten nichtängstliche im Lernen eines Schulstoffes, wenn ihnen dieser Stoff so nahegebracht wurde, daß sie *sofort* überprüfen konnten, ob sie richtig oder falsch verstanden hatten, während sich ohne diese Rückmeldung die nichtängstlichen Mädchen im Vorteil befanden.

«Wir können vernünftigerweise annehmen, daß einige Schüler mehr konkrete Illustrationen und Erklärungen brauchen als andere; einige Schüler brauchen vielleicht mehr Bestätigung und Ermutigung als andere, und einige schließlich brauchen vielleicht sogar mehr Wiederholung und Erklärung, während andere schon das erstemal alles erfaßt haben.» (Bloom 1970, S. 18)

Während die erste Annahme von Bloom für sein Experiment nahelegte, den Schülern genügend Zeit zu geben, um die Lernziele zu erreichen, zielt die zweite Annahme darauf ab, den einzelnen Schülern jene Unterrichtsmaterialien und Lernmethoden anzubieten, die ihnen am angemessensten sind.

Eine weitere Annahme für sein Experiment machte Bloom im Hinblick auf unterschiedliche Beharrlichkeit der Schüler beim Lernen: «Wir nehmen an, daß das Maß an Beharrlichkeit, das verschiedene Schüler einer bestimmten Lernaufgabe entgegenbringen, recht verschieden ist. Jedoch werden unterschiedliche Lernaufgaben von den Schülern offenbar mit unterschiedlichem Aufwand an Beharrlichkeit angegangen. Der Schüler, der beim Erlernen eines theoretischen Gegenstandes verhältnismäßig schnell aufgibt, mag demgegenüber ungewöhnlich viel Zeit investieren, um zu lernen, wie man ein Auto repariert oder wie man ein Musikinstrument spielt. Es ist anzunehmen, daß der Schüler, dem die Anstrengung lohnend erscheint, mehr Zeit für eine spezielle Lernaufgabe aufwenden wird. Wenn er andererseits in seinem Lernen frustriert ist, muß er (zur Selbstverteidigung) die Zeit reduzieren, die er auf das Lernen verwendet. So unterschiedlich die Frustrationstoleranz der Schüler sein mag, muß wahrscheinlich jeder früher oder später aufgeben, wenn die Aufgabe zu unangenehm für ihn ist.» (Bloom 1970, S. 20)

Zu unangenehm aber wird Lernen in der Schule vor allen Dingen dadurch, daß Schüler immer wieder erfahren, daß sie es nicht schaffen.

Nach Blooms Überlegungen mußten in der Wirklichkeit, d. h. in einem wirklichkeitsnahen Experiment, folgende drei Fragen überprüft werden:

1. Ist es möglich, Unterricht so einzurichten, daß die Erledigung der Lernaufgaben den meisten Schülern als lohnend erscheint?
2. Können im Unterricht so verschiedene Arbeitsmaterialien und -methoden eingesetzt werden, daß jeder Schüler für sich optimale Unterweisung darin vorfinden kann?
3. Kann die für ein bestimmtes Fach zur Verfügung stehende Zeit, die ja durch den Stundenplan begrenzt ist, so organisiert werden, daß sie für die meisten Schüler ausreicht, die Lernziele zu erreichen?

Zunächst legte Bloom fest, was die Schüler am Ende des Kurses können sollten. Dabei ging er pragmatisch vor. Er sah sich an, welche Leistungen in einem Kurs «Testtheorie» die Schüler einer Klasse im vergangenen Jahr erbracht hatten, die mit einer Zwei abgeschlossen hatten. Dieses Leistungsniveau (im Vorjahr hatte ein Fünftel der Schüler es erreicht) wurde nun zum Lernziel für alle erklärt. Dies wurde den Schülern mitgeteilt. Es wurde ihnen ausdrücklich gesagt, daß sie nicht am Durchschnitt der Klasse gemessen würden. Ein Ergebnis dieser Festsetzung bestand darin, daß «die Schüler miteinander arbeiten und einander helfen konnten, ohne daran denken zu müssen, daß sie ihren Mitschülern besondere Vorteile verschafften (oder sich selbst Nachteile brachten). Zusammenarbeit beim Lernen anstelle von Konkurrenz – das war eindeutig ein Ergebnis dieser Methode, Leistungskriterien aufzustellen.»

Den Unterricht erteilte derselbe Lehrer wie im Vorjahr auf dieselbe Weise.

Der zweite Schritt von Bloom bestand darin, daß er den Stoff in Lerneinheiten aufteilte, die etwa ein bis zwei Wochen Lernaktivität umfaßten. Innerhalb einer solchen Einheit wurden alle «Lernziele» dingfest gemacht, die ein Schüler erreichen mußte, um im nächsten Abschnitt erfolgreich mitarbeiten zu können. «Wir haben uns dann bemüht, kurze Schulleistungstests zu konstruieren, die zu der Feststellung benutzt werden können, ob ein Schüler ein Lernziel erreicht hat oder nicht, und was er ggf. noch tun muß, um es zu erreichen.» Diese Tests sollten «die Lernenden dazu veranlassen, die notwendige Bemühung zur richtigen Zeit aufzuwenden.» (Bloom 1970, S. 25)

Aufgrund dieser Tests wurde den Schülern, die das Lernziel noch nicht erreicht hatten, genau mitgeteilt, was sie noch lernen müßten, um am Lernziel anzukommen. Diese Testergebnisse wurden den Schülern mit Hinweisen mitgeteilt, welches Lehrmaterial, welchen Film, welche Diaserie etc. sie nutzen sollten, um die Lücken aufzufüllen.

Ganz bewußt verzichtete Bloom darauf, diese Arbeiten mit Zensuren von Eins bis Sechs zu versehen. Denn schlechte Zensuren entmutigen. Bloom wollte aber gerade die Ausdauer der Schüler beim Lernen erhöhen. Und dafür erwies sich als geeignet, den Schülern für ein nahegelegenes Ziel konkrete Hilfen zu geben.

Neben die Hinweise auf Lücken und Hilfsmittel trat noch eine dritte Hilfe: Bloom regte die Schüler an, sich in kleinen Gruppen zu zweit oder dritt einmal wöchentlich für eine Stunde zu treffen und sich gegenseitig zu helfen, die durch den Test festgestellten Unzulänglichkeiten zu überwinden. Bloom berichtet über diese Gruppen: «Besonders effektiv waren sie, wenn die Schüler miteinander arbeiten und sich gegenseitig helfen konnten, ohne die Gefahr, in einer Konkurrenzsituation einander besondere Vorteile einzuräumen. Wenn das Lernen zu einem kooperativen Prozeß umgestaltet werden kann, profitiert wahrscheinlich jeder Teilnehmer davon, und dann kann das Lernen in kleinen Gruppen sehr förderlich sein ... Im Gruppenprozeß haben die fähigeren Schüler Gelegenheit, ihren eigenen Lernerfolg zu verbessern, indem sie den anderen durch zusätzliche Erklärungen oder das Aufzeigen von Beispielen helfen, die Gedanken zu erfassen.» (Bloom 1970, S. 19)

Und was war nun das Ergebnis der Bemühungen?

«1965, als die Strategie noch nicht angewandt wurde, erreichten ungefähr 20 % der Studenten im Schlußexamen die beste Zensur. 1966, nachdem die Strategie eingesetzt worden war, gelangten etwa 80 % der Studenten in einer gleichartigen Prüfung an das Lernziel und bekamen die beste Note ... Das Endergebnis der Gesamtmessung von 1967, die dem abschließenden Leistungstest von 1965 und 1966 entsprach, bestand darin, daß 90 % der Studenten das Lernziel erreichten und die beste Note erhielten.» (Bloom 1970, S. 26)

Gewiß, dies klingt wie ein Märchen. Aber glücklicherweise ist es keins. Dieses Experiment zeigt, daß die unterschiedlichen Voraussetzungen der Schüler nicht unbedingt zu so unterschiedlichen Lernergebnissen führen müssen, wie das heute der Fall ist.

Im ganzen Bericht über das Experiment von Bloom ist von Schulangst nicht die Rede gewesen. Und doch ist es offensichtlich für unser Problem von größter Bedeutung. Offenbar ist es Bloom durch seine Lern- und Lehrstrategie gelungen, die hemmende Wirkung der Ängstlichkeit für den Lernprozeß weitgehend aufzuheben. Und zugleich können wir mit ziemlicher Gewißheit sagen, daß die Art und Weise, wie Bloom die Schüler über ihr Abschneiden informierte, sich nicht angststeigernd ausgewirkt hat.

Es gibt gewiß an diesem Modell von Bloom einiges auszusetzen. Dennoch meine ich, daß wir in diesem Experiment eine der überzeugendsten konkreten Kritiken unseres gegenwärtigen Schulsystems sehen dürfen.

Viel von dem, was Bloom realisiert hat, kann Pate stehen, wenn wir uns der Frage zuwenden, was hier und heute gegen Schulangst getan werden kann.

Kapitel 12
Was tun gegen die Schulangst? (I): Veränderungen im Klassenzimmer

Kinder kommen mit unterschiedlicher Ängstlichkeit in die Schule. Das liegt einmal an den frühkindlichen Erfahrungen, die ein Kind gemacht hat, zum anderen aber auch an den jeweiligen Bedingungen, unter denen es die Schule erlebt. Zu diesen Bedingungen gehört:

- ob ihm die Schule vertraut ist oder nicht,
- ob es einen anstrengenden Schulweg hat oder nicht,
- ob seine Eltern es unterstützen oder nicht,
- welche Erwartungen die Eltern an das Kind stellen,
- welche Erwartungen das Kind an sich selbst zu stellen gelernt hat.

Wir haben gesehen, daß die Schule prinzipiell die Möglichkeit hat, diese unterschiedlichen Bedingungen weitgehend auszugleichen.

Aus den Unterschieden zwischen den Kindern in puncto Ängstlichkeit muß also nicht notwendig unterschiedliche Schulangst folgen. Daß dies aber heute der Fall ist, liegt daran, daß die Schule nicht jedes Kind nach seinen Bedürfnissen fördert, sondern es vom ersten Schultag an in Rangreihen bringt. Und dies hat – wie zu zeigen war – zur Folge, daß die «Leistungsfähigen» gut mit der Schule zurechtkommen und wenig oder gar keine Schulangst produzieren, während die «Schwachen» über zehn oder noch mehr Jahre hinweg immer und immer wieder in monotoner Abfolge und in verschiedenster Form Mitteilungen darüber erhalten, daß ihre Anstrengungen fruchtlos sind, daß sie immer nur «unter dem Durchschnitt» liegen, daß sie es nicht schaffen. Damit wird eine ständige Angst vor Versagen geschürt und aufrechterhalten. Und diese Angst wird, solange sie nicht zu Krankheit oder Schuleschwänzen oder noch schlimmeren Folgen wie Weglaufen oder Selbstmordversuch führt, als «normale» und «heilsame» Schulangst angesehen. Daß ständige Versagenserlebnisse, wie sie ein Dauerregen von schlechten Noten nun einmal darstellt, zur Zerstörung der Lernfähigkeit führen, diese Erkenntnis hat in die praktische Arbeit der Schule bis heute keinen Eingang gefunden.

Der Grund dafür ist recht simpel. Früher wußte die Schule nicht, daß sie mit der Notenmaschine die Unterschiede produziert. So hat sie sich daran gewöhnt, nach der 4. Klasse die «Besten» für eine besondere Schule, das Gymnasium, zu empfehlen. Und sie hat auch gemeint, z. B. den Lehrherren sagen zu müssen, welches ihre «guten» und welches ihre «weniger guten» Schüler sind. Sie mußte ja nun wirklich ihre Schüler kennen. So haben wir uns daran gewöhnt, die Schule danach zu fragen, wer denn nun «gut» und wer denn nun «schlecht» sei. Und diese Frage wird auch heute von den Universitäten an die Schule gestellt, wenn es darum geht, Studenten für ein Studium zuzulassen, in dem es weniger Studienplätze gibt als Bewerber. Nur die Besten dürfen Medizin studieren.*

Die Rangreihe, in die die Schule die Schüler bringt, bezieht also ihre Bedeutung von der Situation auf dem Arbeitsmarkt und an den Universitäten.

Ganz global betrachtet gilt: Wenn *jeder* Schüler eine Chance hat, eine Lehrstelle und damit sein Auskommen zu finden, dann ist es weniger gefährlich, am Ende der schulischen Rangreihe plaziert zu sein, als wenn es plötzlich weniger Lehrstellen gibt als Lehrstellenbewerber. In einer solchen Situation – wie sie seit einigen Jahren in der Bundesrepublik herrscht – bedeutet, zur Gruppe der Schlechten in der Hauptschule zu gehören oder gar Sonderschüler zu sein, daß man damit schon die Fahrkarte ins soziale Elend in der Tasche hat. Dies ist eine ebenso banale wie gewichtige Feststellung. Und sie bleibt niemandem verborgen. Ständig wird sie durch Radio und Fernsehen verbreitet, immer wieder ist sie in den Schlagzeilen der Zeitungen zu lesen, die Illustrierten sagen es, auf den langen, trostlosen Fluren der Arbeitsämter, wo sich die arbeitslosen Jugendlichen drängeln,

* Welche verheerenden Folgen diese Praxis hat, sei nebenbei angemerkt. Eine Studie («Zur psychosozialen Struktur von Studienanfängern der Medizin»), die 1976 von Erich und Ulrike Schott (Universität Ulm) vorgelegt wurde, zeigt, daß diese Auslese nach besten Noten gelinde gesagt Unfug ist. Die Auslese nach dem besten Abiturzeugnis begünstigt, so haben die beiden Forscher herausgefunden, eine «naturwissenschaftliche, patientenferne Forschungsorientierung». So nennen die (wegen ihres guten Notendurchschnitts) sofort nach dem Abitur zum Studium zugelassenen Bewerber wesentlich häufiger als die Wartezeitstudenten (deren Noten nicht so gut sind) naturwissenschaftliche Interessen als entscheidend für die Wahl des Medizinstudiums. Auch interessiert sie an der Medizin vergleichsweise mehr die Forschung als die Behandlungspraxis.

Dem entspricht, daß die Medizinbewerber mit überdurchschnittlichen Abiturleistungen häufiger mit einem «introvertierten Persönlichkeitskonzept» ausgestattet sind. Das heißt, sie interessieren sich mehr für sich als für andere. Und sie haben ihre Gefühle stark unter Kontrolle. Dies dürfte sich – so Erich und Ulrike Schott – im Kontakt mit den Patienten vermutlich als «emotionale Neutralität bis Distanz bei innerem Gleichmut» auswirken. Die nach der Wartezeit zugelassenen Studenten betonen demgegenüber stärker humanitäre Motive als ausschlaggebend für ihre Studienwahl. Und: sie streben mehr die Fachrichtung «Allgemeinpraktiker» an oder stellen sich als späteres Tätigkeitsfeld eine Fachpraxis vor. Die Einser-Mediziner dagegen neigen mehr zum Chirurgen oder zum Medizin-Wissenschaftler (Professor).

Von den Medizinstudenten mit den schlechteren Abiturnoten sagen die beiden Wissenschaftler: «Die emotionelle Basis für eine patientenorientierte Studienmotivation ist bei diesen Studenten sowohl durch ein ausgeglichenes Selbstbild als auch durch die Fähigkeit, die in der Arzt-Patienten-Beziehung entstehende Unsicherheit zu ertragen, gewährleistet.»

ist es sichtbar, zu Hause und unter Freunden verständigen sie sich wortlos darüber und zucken nur noch die Achseln, nur in den Diskotheken wird darüber nicht gesprochen, weil es schön ist, bei einem Bier und dröhnender Musik solche Sorgen zu vergessen.

Als noch praktisch jeder Schulabgänger damit rechnen konnte, eine Lehrstelle zu bekommen oder doch wenigstens einen Arbeitsplatz, da bedeutete die monotone Dauerberieselung mit schlechten Noten für die betroffenen Schüler nur: Ich bin zu «dumm», in dieser Schule etwas zu lernen; diese Schule kann mir nichts beibringen. Seit aber schlecht sein in der Schule bedeutet, auch nach der Schule keine Lebensperspektive zu haben, sind die Noten also um einiges bedrohlicher geworden.

Das ist sozusagen die «objektive» Seite der Medaille.

Hinzu kommt eine «subjektive». Enttäuschung stellt sich immer nur dann ein, wenn unsere Erwartungen und die Realität nicht übereinstimmen. Wer von sich selber nicht erwartet, daß er Bester sein muß, und wenn auch seine Bezugspersonen ihm solche Erwartungen nicht aufzwingen, der kann sehr wohl mit durchschnittlichen oder sogar unterdurchschnittlichen Leistungen in der Schule «zufrieden» leben. Aber dies geht nur, wenn sein sonstiges Dasein befriedigend, ereignisreich, kurz: «glücklich» ist, d. h., wenn ihn seine Eltern lieben, auch wenn er schlechte Noten hat, wenn seine Freunde ihn nicht ablehnen, wenn er genügend Dinge zu tun hat, mit denen er sich Erfolgserlebnisse verschaffen kann (Hobby, Basteln, Sport etc.).

Aber wenn ein Kind anfängt, sich etwas zu wünschen: z. B. Arzt oder Ingenieur zu werden, wenn es sich diese oder jene kühne Zukunftsperspektive ausmalt, so prallt es schon im Kinderzimmer auf die Realität. Denn auch dorthin ist schon die Kunde gedrungen, daß Arzt nur werden kann, wer ein Einser-Zeugnis aufzuweisen hat.

Oder wenn die Eltern den allgemeinen Wunsch hegen: «Unser Kind soll es einmal besser haben als wir», dann führt dies mit großer Gewißheit zu dem sich immer wiederholenden Blick auf die Noten unter den Klassenarbeiten und auf den Zeugnisformularen, führt zu zufriedenem Lächeln und Anerkennung oder aber zu Enttäuschung und Ärger, der sich nicht selten in harten Maßnahmen, in Drohungen und nicht zuletzt in Schlägen ausdrückt.

Wenn die Schule in Gute und Schlechte sortiert und wenn sie jedem, der es wissen will, Auskunft über ihre Sortierungsergebnisse erteilt, so sind die objektiven Tatbestände von Lehrstellenverknappung und Numerus clausus ebenso wie subjektive Erwartungen von Eltern und Schülern Faktoren, die die psychische Belastung durch schlechte Noten verschlimmern.

Wir müssen also unterscheiden: Unterschiedliche *Voraussetzungen* an Ängstlichkeit und äußere Bedingungen führen in der Schule zu unterschiedlichen Rangplätzen in der Leistungsskala und damit zu unterschiedlicher Schulangst.

Die Arbeitsmarktlage und unterschiedliche subjektive Erwartungen von Eltern und Schülern im Hinblick auf Beruf und Karriere hingegen beeinflussen die psychischen *Folgen* der Sortierung: Niedrige Erwartungen machen eine schlechtere Einstufung erträglicher als hohe Erwartungen. Wer allerdings wegen der niedrigen Einstufung in der Schule damit rechnen muß, nicht einmal einen Arbeitsplatz zu bekommen, dem bleibt nur noch die Resignation.

Die bisherigen, hier kurz zusammengefaßten Überlegungen zeigen: Wenn wir uns der Frage zuwenden, was gegen Schulangst zu tun sei, so müssen wir sorgfältig unterscheiden, ob wir nun gegen *die* Schulangst etwas unternehmen wollen oder ob wir uns darum kümmern müssen, in einem konkreten Fall die Schulangst *eines* Kindes zu lindern.

Denn es ist klar:

- Wenn wir die *Erziehungsbedingungen* von Kindern in den ersten Lebensjahren so weit verbessern, daß sie mit weniger Ängstlichkeit in die Schule eintreten, so wird die Schule es doch mit ihrer Leistungsmessung fertigbringen, einigen Kindern mehr und anderen weniger Schulangst einzuimpfen.
- Wenn wir die Belastungen des Schulweges für ein paar Kinder verringern, so wird es vielleicht diesen helfen, aber dafür werden dann andere ans untere Ende der Rangreihe rücken.
- Wenn es gelingt, wieder hinreichend viel Lehrstellen und Arbeitsplätze zur Verfügung zu stellen, so wird sich vielleicht die Bedeutung der Schulangst für einen Teil der Schüler verändern, aber sie werden doch nicht von ihr befreit werden.
- Und wenn es gelingt, den Druck der eigenen Erwartungen und der Erwartungen der Eltern zu mildern, so wird dies die Schulangst erträglicher machen, aber doch nicht abschaffen.

Alle Maßnahmen, die heute diskutiert werden, um *die* Schulangst abzuschaffen, sind in Wirklichkeit nur Maßnahmen, um die Auswirkungen der Schulangst für Schüler und Eltern erträglicher zu machen. Um nicht mißverstanden zu werden: Ich halte das für eine legitime Absicht. Nur: Es muß und sollte auch gesagt werden, daß dies und nichts anderes dabei herausspringen kann. Es ist einfach ein Täuschungsmanöver, wenn in letzter Zeit die Kultusministerien jede kleinere oder größere Veränderung am Stundenplan, die Abschaffung der Zensurierung mit Ziffern in den ersten Klassen, die Verringerung der Zahl der Prüfungen usw. als Maßnahmen im Kampf gegen *die* Schulangst ausgeben. Ob die Schule Ziffern-Noten oder verbale Beurteilungen oder Sternchen gibt, das mag vielleicht dazu beitragen, den Druck der Eltern auf die Schulanfänger etwas zu mildern, ist aber keine Maßnahme gegen *die* Schulangst, solange die Schule es nicht aufgibt, Rangordnungen zu produzieren. Und das tut sie weiterhin, solange sie nicht dafür sorgt, daß alle Schüler die Chance haben, die Lernziele zu erreichen, die erreicht werden sollen.

Die einzige wirksame Maßnahme zur Abschaffung der Schulangst ist die Abschaffung der herkömmlichen Leistungsmessung und die *gleichzeitige* Einführung lernzielerreichenden Lernens in welcher Form auch immer.

Was können Eltern und Schüler dazu tun?

Zunächst einmal muß es darum gehen, überall da, wo Schüler oder Eltern sich politisch mit der Schule auseinandersetzen, den Zusammenhang zwischen Angst und herkömmlicher Unterrichtspraxis deutlich zu machen.

Es muß darum gehen, das zentrale Problem – nämlich die Herstellung von Hierarchien in ihrem Zusammenhang mit der Produktion von «klug» und «dumm» – in eine zentrale Forderung nach Abschaffung der vergleichenden Bewertung umzusetzen.

In jüngster Zeit haben sich immer wieder Schüler und Eltern mit Protestaktionen und Demonstrationen gegen die restriktive Schulpolitik (Nichteinstellung von Lehrern, zu große Klassen etc.) gewandt.

Dies ist prinzipiell zu begrüßen. Nur müssen wir diese Aktionen vor dem Hintergrund der Entstehung von Schulangst betrachten. Nehmen wir das Beispiel «kleine Klasse». Vorweg: Ich bin *für* kleine Klassen, *für* die Einstellung aller Lehrer. Aber vergleichen wir eine Klasse mit 40 Schülern und eine Klasse mit 20 Schülern. In beiden unterrichten Lehrer Kinder mit unterschiedlicher Ängstlichkeit und unterschiedlicher «Leistungsfähigkeit». Sie geben denen eine Chance, etwas zu sagen, die mutig genug sind, sich zu melden. Sie tadeln jene, die den Unterricht «stören», weil sie «schwätzen», sie nicken den interessierten Schülern zu und ärgern sich über die uninteressierten. Sie wenden in beiden Klassen die Notenskala von Eins bis Sechs an und orientieren sich am Klassendurchschnitt. In beiden Klassen gibt es also Schüler, die gegen den «Abstieg» anzukämpfen haben: die ständigen Vierer- und Fünfer-Kandidaten. Nur: In der Klasse mit 40 Schülern sind es ein paar mehr, in der Klasse mit 20 Schülern ein paar weniger. Aber das liegt nicht daran, daß der Unterricht in der Klasse mit 20 Schülern besser ist, sondern daß da weniger Schüler sind. Denn Vierer- und Fünfer-Kandidaten *muß* es einfach geben. Ein Lehrer, der darauf verzichtet, Fünfen zu verteilen, muß bald mit Anrempeleien im Kollegium rechnen, er muß sich sagen lassen, daß er «zu gut zensiert», und er muß gegen das Mißtrauen der Eltern ankämpfen.

Schulangst wird in beiden Klassen produziert, vielleicht in der mit 20 Schülern sogar mehr als in der mit 40 Schülern. Denn in der Klasse mit 40 Schülern hat der einzelne mehr Chancen, sich zu «verstecken», und er findet mehr Klassenkameraden, die dasselbe Schicksal zu ertragen haben. Wo es viele «Dumme» gibt, da ist das «Dummsein» nicht so schlimm. Schüler können sich gegenseitig psychisch stützen, auf dem Schulhof eine Gruppe bilden und andere Interessen entwickeln, gemeinsam über den Lehrer schimpfen und diesen für «doof» erklären usw.

Nochmals: Das ist kein Plädoyer für große Klassen. Es ist ein Einwand dagegen, die «kleine Klasse» als *zentrale* bildungspolitische Forderung zu stellen. Zunächst muß es darum gehen, aus der Auslese-Anstalt Schule eine kinderfreundliche Lern-Umgebung zu machen.

1. Eine neue Rolle für den Lehrer

Vor einigen Jahren wurde an der West-Berliner Ranke-Oberschule (einer Berufsschule) ein Lehr-Computer eingesetzt. Dieses Lehrsystem bestand aus einer Dia-Ton-Schau, die mit einem Computer gekoppelt war. Jeder Schüler hatte an seinem Platz einen kleinen Kasten mit mehreren Knöpfen, die er ab und zu drücken mußte, um Fragen in der Tonbildschau zu beantworten. Die Antworten der Schüler wurden per Kabel an den Computer geleitet, welcher sie auswertete. Das Programm des Computers sah nun vor, daß bestimmte Stellen der Tonbildschau wiederholt wurden, wenn weniger als 80 % der Schüler eine Frage richtig beantwortet hatten. Das Ergebnis war, daß am Schluß des Kurses auch ungefähr 80 % der Schüler alle Fragen im Abschlußtest richtig beantworten konnten, so daß sie eine «Zwei» bekamen. Es handelte sich also um ein ähnliches System, wie es von Bloom entwickelt worden war, nur, daß das Bloomsche System mehr auf die individuellen Lernschwierigkeiten der einzelnen Schüler abgestimmt war, während der Computer immer nur auf Durchschnittswerte der Klasse reagierte.

Als die West-Berliner Senatsschulverwaltung mit der Tatsache konfrontiert wurde, daß 80 % einer Klasse an einer Berufsschule in dem vom Computer unterrichteten Fach eine «Zwei» bekommen sollten, gab es bei den Beamten große Verwirrung. Denn so etwas konnte doch nicht sein. Es bedurfte vieler Mühe der am Versuch beteiligten Wissenschaftler (und zum Schluß war der Erfolg wohl nur der Tatsache zuzuschreiben, daß es sich hier um einen einzelnen Versuch handelte), um die Schulbürokraten dazu zu bewegen, dieses Ergebnis zu akzeptieren.

Diese Geschichte macht deutlich, wie schwer es ist, im Bereich der Leistungsmessung eine Umorientierung bei den Beteiligten zu erreichen.

Es mag gerade noch angehen, Leuten klarzumachen, daß ein Computer, der so programmiert ist, nicht anders kann, als vier Fünfteln der Schüler eine Zwei zu geben. Ein Lehrer, der dasselbe versuchte, würde bei seinen Kollegen, bei den Eltern und vielleicht sogar bei den Schülern auf ungeheures Mißtrauen stoßen. «Was kein Lehrer bis heute geschafft hat, das will der gerade können!», werden viele denken und manche aussprechen. Dabei wirkt sich besonders verhängnisvoll aus, daß ein Lehrer normalerweise mit seiner Klasse allein im Klassenzimmer ist und seine Arbeit keinerlei direkter Kontrolle, weder durch die Kollegen noch durch die Eltern, unterliegt. So werden die Punkte, die kontrollierbar sind (Disziplin, Notengebung), besonders scharfäugig bewacht.

Die Erwartung, daß es in jeder Klasse gute und schlechte Schüler gibt, ist uns allen – auch den Lehrern – so in Fleisch und Blut übergegangen, daß kaum ein Lehrer sich traut, von dieser Regel abzuweichen.

Das heißt, er ist schon gezwungen, seinen Unterricht so anzulegen, daß eine entsprechende Notenverteilung dabei herauskommt, will er nicht zum Außenseiter im Kollegium abgestempelt werden. Daß jedes Jahr etwa 400000 Schüler in den Schulen der Bundesrepublik «sitzenbleiben», ist die logische Konsequenz dieses ‹Berufsethos› der Lehrer.

Hier ist ein erster Ansatzpunkt zur Veränderung. Ein Blick in den «anderen Teil» Deutschlands zeigt uns, daß damit durchaus etwas zu erreichen ist. Dort hat sich ein Wettbewerb zwischen den Schulen herausgebildet. Aufgrund der gemeinsamen Lehrpläne werden Leistungsvergleichsarbeiten geschrieben. Diejenigen Schulen, die am besten abschneiden, weil sie am wenigsten Sitzenbleiber haben, werden prämiiert. Durch diesen «Wettbewerb» ziehen Lehrer und Schüler an einem gemeinsamen Strang. So kommt es auch, daß die Sitzenbleiber-Quote in der DDR 1 bis 1,5 % beträgt, während sie in der Bundesrepublik bei 4 % liegt. Und aufgrund der gemeinsamen Testarbeiten pendelt sich das Notenniveau auch nicht bei 3,5, sondern bei einem höheren Wert ein. Diese Tatsache zeigt aber auch zugleich die Grenzen eines solchen Wettbewerbs auf. Zwar gibt es in der DDR so etwas wie «tutorielle Hilfe» für schwache Schüler (vor allen Dingen in der Jugendorganisation «Junge Pioniere»), aber der Wettbewerb innerhalb der Klasse mit dem Ergebnis, daß es ständig Gewinner und Verlierer gibt, spielt dort wie hier eine bedeutende Rolle. Lernzielerreichenden Unterricht gibt es auch in der DDR nicht.

Dennoch, meine ich, wäre es ein wichtiger Schritt in die richtige Richtung, wenn alle jene Gruppen, die sich für eine Verbesserung des Bildungswesens einsetzen, ihr Augenmerk auf die Leistungen der Schulen zu richten begännen.

Eine Schule, an der viel sitzengeblieben wird, besonders wenn es ein Gymnasium ist, gilt heute als eine «gute» Schule. Das muß anders werden.

Warum nicht einen Preis aussetzen für die Schule, an der am wenigsten sitzengeblieben wird? Warum nicht den Lehrern Mut machen, die allen ihren Schülern so viel beibringen, daß keiner eine Fünf bekommen muß? Die Bund-Länder-Kommission fördert mehrere hundert Modellversuche im Bildungswesen. Meines Wissens ist keiner darunter, bei dem lernzielerreichendes Lernen probiert wird.

Aber dies wäre sinnvoll: alle verfügbaren öffentlichen Gelder in solche Versuche stecken, die es dem normalen Lehrer unter normalen schulischen Bedingungen ermöglichen, alle seine Schüler so weit zu fördern, daß sie das Klassenziel erreichen und eine Zwei oder wenigstens eine Drei bekommen können.

Und vor allem: Jene Lehrer, die es schaffen, alle ihre Schüler optimal auszubilden, müssen den Mut bekommen, auch die angemessenen Zensuren dafür zu geben. Solchen Lehrern muß öffentliche Unterstützung zuteil werden, damit sie die Anfeindungen der Kollegen aushalten und überwinden können, damit sie aus ihrem Gettodasein heraustreten und wirksam werden können.

Dies könnte ein erster Schritt in Richtung auf eine Abschaffung der Noten und die Einführung des lernzielerreichenden Lernens sein.

Noch eine Anmerkung zum lernzielerreichenden Lernen. Eine solche Art von Lernorganisation ist selbstverständlich nur da möglich, wo es in der Schule darum geht, Kindern bestimmte Techniken, Fertigkeiten oder Kenntnisse beizubringen, über deren Gebrauchswert und Sinn sich alle einig sind. Das gilt also für das Lesen, das Schreiben, Rechnen, für den Umgang mit dem Zirkel ebenso wie für das Ausfüllen einer Zahlkarte oder den Gebrauch von bildhaften Wendungen in einem Aufsatz.

Nicht möglich ist es, lernzielerreichendes Lernen zu praktizieren, wo Lernziele nicht aufgestellt werden können, z. B., weil diese Lernziele in der Gesellschaft umstritten sind oder auch, weil die Natur der Sache es nicht zuläßt, Lernziele zu formulieren.

Ein Beispiel für einen gesellschaftlich umstrittenen Sachverhalt in der Schule ist z. B. die Frage des Atomstroms und der Kernkraftwerke. Für die Erarbeitung eines Urteils darüber ist die Kenntnis einer ganzen Reihe von Detailfragen, also Wissen, notwendig: welche Art von Abfallprodukten im Kernreaktor entstehen, welche Strahlen sie aussenden, wie lange sie strahlen, welche Wirkungen sie kurz-, mittel- und langfristig auf lebende Organismen haben, wie die strahlenden Stoffe im Kreislauf der Natur in die Nahrungsmittel gelangen. Auch Informationen über die Abwärme eines Kernkraftwerks, über die Erwärmung der Flüsse, in die diese geleitet wird, und deren Folgen (Verringerung des Sauerstoffgehalts, Fischesterben), Erhöhung der Luftfeuchtigkeit im Bereich des Kernkraftwerks und Wolkenbildung etc. sind Sachinformationen, die in einem Lehrgang vermittelt werden können. Hingegen ist es wohl kaum möglich, ein Lehrziel wie das folgende aufzustellen: «Die Schüler sollen erkennen, daß Kernkraftwerke für die Energieversorgung der Bevölkerung unerläßlich sind.» Denn hier gehen Entscheidungen ein, die nicht die Schule, sondern eben die Bevölkerung zu treffen hat.

Wenn Schüler in einem Projekt Selbsttätigkeit und Eigenverantwortlichkeit lernen sollen, so können solche Lehrziele auch nicht in einer Weise beschrieben werden, daß ihr Erreichen oder Nichterreichen überprüfbar würde. Auch in solchen Fällen hat sich die Schule einer Beurteilung zu enthalten.

Wer sich in das bildungspolitische Kampfgetümmel stürzt, um für die Abschaffung der Noten und die Einführung lernzielerreichenden Lernens zu kämpfen, der wird bald entdecken, daß Lehrer noch einen anderen gewichtigen Grund haben, weswegen sie glauben, an den Noten festhalten zu müssen. Dieser Grund liegt darin, daß der Stoff, den Lehrer in der Schule zu vermitteln haben, mit dem Leben der Schüler wenig oder gar nichts zu tun hat und deshalb nicht auf ihr Interesse stößt.

Das hat nichts damit zu tun, daß nicht viel von dem, was in der Schule vermittelt wird, für die Schüler «objektiv» wichtig wäre. Trotzdem aber ist der Unterricht meistens sehr wirklichkeitsfern, hat mit der Realität der Schüler und mit ihren Vorstellungen über ihr tägliches Leben wenig zu tun. Das liegt daran, daß die Schule den Stoff in «Fächer» aufgeteilt hat. Im wirklichen Leben aber gibt es keine Fächer, sondern Probleme, für deren Bewältigung in aller Regel Kenntnisse und Fertigkeiten aus verschiedenen «Fächern» notwendig sind. Das könnte z. B. gerade an unseren Überlegungen zu den Lernzielen in Sachen «Atomstrom» deutlich geworden sein, zeigt sich aber auch da, wo einer zu Hause seinen elektrischen Rasenmäher oder die Waschmaschine reparieren will. Dafür sind meistens Kenntnisse aus verschiedenen Bereichen notwendig, die in der Schule getrennt gelehrt werden. Diese mangelnde Verbindung zum Leben der Betroffenen führt zu Desinteresse. Und die Lehrer, die ständig davon reden, daß die «Sache» im Vordergrund zu stehen habe, können diese Sache für einen Teil der Schüler nur dadurch wichtig machen, daß sie mit dem Zuckerbrot- und Peitschensystem der Notenskala arbeiten.

Es gibt aber inzwischen eine ganze Reihe von Lehrern, die die Erfahrung gemacht haben, daß das Interesse der Schüler auch anders geweckt werden kann. Das Hilfsmittel dazu ist der «Projektunterricht».

Ein solches Projekt im Unterricht kann z. B. darin bestehen, daß Schüler und Lehrer im Kunstunterricht beschließen, Windmühlen für die Erzeugung von elektrischem Strom herzustellen und unter die Leute zu bringen. Damit dieser Plan Wirklichkeit werden kann, müssen sich die Schüler Grundkenntnisse verschiedenster Art aneignen: elektrotechnische, aerodynamische, handwerkliche Kenntnisse, Skizzenzeichnen und Skizzenlesen, Arbeitsteilung, eventuell einen Prospekt entwerfen, Texte machen, in denen potentielle Käufer über den Nutzen einer solchen Anlage aufgeklärt werden. Die Hilfe des Physiklehrers und des Deutschlehrers ist nötig, für die Herstellung des Prospekts müssen die Schüler ins Fotolabor, sie müssen Setzen und Drucken lernen.

Wie die Erfahrung lehrt, sind die Schüler bei solchen Projekten mit ganz anderem Eifer bei der Sache, als im normalen Unterricht. Und während vielen von ihnen Mathematik normalerweise ein Greuel ist, sitzen sie jetzt mit feuerroten Köpfen über ihren Berechnungen, damit ihr Windgenerator ja richtig arbeitet.

Wenn man also den Widerstand der Lehrer gegen die Abschaffung des Notensystems verringern will, so bietet sich hier eine Möglichkeit. Projektorientierter Unterricht und lernzielorientierter Unterricht lassen sich in vielen Fällen sehr gut kombinieren. Denn viele der Kenntnisse, die für die Abwicklung eines Projektes notwendig sind, sind «lehrgangsfähig»: Sie können in kleineren Portionen verabreicht werden und werden so auch von den Schülern akzeptiert, wenn sie begriffen haben, weswegen sie diese Detailkenntnisse benötigen.

Eine Strategie zur Verminderung der von der Schule erzeugten Angst kann sich also nicht darauf beschränken, die Abschaffung der Noten und die Einführung lernzielerreichenden Lernens zu fordern; sie muß zugleich dazu beitragen, daß die Schule sich mehr als bisher an den Interessen der Schüler orientiert.

Nur so kann auch die Angst der Lehrer vor Disziplinschwierigkeiten herabgemindert werden, die eine natürliche Folge der Tatsache ist, daß die in der Schule vermittelten Inhalte mit den Interessen der Schüler wenig oder gar nichts zu tun haben.

Es ist ersichtlich, daß ein solcher Unterricht auch mehr Lehrer benötigt, als bisher in den Schulen zur Verfügung stehen. Gerade deshalb erscheint es nicht gerechtfertigt, die Forderung nach kleinen Klassen losgelöst von Forderungen zu stellen, die auf eine inhaltliche Veränderung der Schularbeit abzielen. Das bisherige Vorgehen vieler politischer Gruppen zäumt das Pferd vom Schwanz her auf. Und es ist auch deshalb gefährlich, weil eine Verringerung der Klassenfrequenzen nicht automatisch einen besseren Unterricht in dem Sinne nach sich zieht, daß Schüler weniger gedemütigt werden und weniger Angst entwickeln.

Wir müssen zugeben, daß die Einlösung der hier genannten Forderungen einer Revolution im bundesdeutschen Schulwesen gleichkäme. Und obschon die Einlösung dieser Forderungen zu einer wirklichen Humanisierung der Schule beitragen würde, so müssen wir uns doch auf einen langen Kampf einrichten, ehe diese Ziele erreicht sind.

Realistisch gesprochen: Ehe sich die Administration und die Schulbürokratie bereit erklären werden, diese Forderungen auch nur ernsthaft zu diskutieren, werden sich vermutlich die Schäden, die vom jetzigen System produziert werden, erst vervielfachen müssen, wird es noch mehr Schulangst und Schulneurosen geben müssen, werden vor allen Dingen die Folgeschäden an psychischem Elend und psychischem Leid in Form von psychosomatischen Krankheiten die Etats der Krankenkassen belasten müssen.

Die Staaten in Europa haben sich im vergangenen Jahrhundert auch erst zur Einschränkung der Kinderarbeit bequemt, als die Zahl der durch die frühkindliche Überanstrengung schwer Geschädigten so hoch war, daß z. B. die Generäle in Preußen ernsthaft um die Kampfbereitschaft ihrer

Truppen fürchteten.

Zwar haben die Schäden, die die Schule heute anrichtet, schon ein vergleichbares Ausmaß erreicht und die öffentliche Diskussion darüber ist im Gange, aber von einer adäquaten Ursachenbestimmung ist man in der Öffentlichkeit noch weit entfernt. Es wird wohl noch eine längere Phase des Herumdokterns an Symptomen und des Aufklebens von Trostpflästerchen geben, ehe die Erfolglosigkeit dieser Bemühungen zu einem neuen und radikaleren Vorgehen zwingen wird. Selbst wenn die Öffentlichkeit sich die Forderung nach Abschaffung der hierarchisierenden Leistungsmessung und nach Einführung des lernzielerreichenden Lernens zu eigen machen sollte, wird es doch noch einen harten Kampf geben, ehe diese Forderungen durchgesetzt worden sind, da die Wirtschaft und die Universitäten ein großes Interesse daran haben, vorsortierte und bewertete Bewerber zu bekommen. Diesen Institutionen wäre es ausgesprochen unangenehm, gleich gut ausgebildete Aspiranten auf Lehrstellen und Arbeitsplätze sowie Studienplätze vorzufinden, aus denen dann sie die Auswahl treffen müßten. Denn hier ergäbe sich natürlich sofort die Frage, nach welchen Maßstäben diese Auswahl getroffen werden soll. Für die Betriebe ergäbe sich eine große Unsicherheit, da vermutlich bei vielen Bewerbern die Unterschiede in den Qualifikationen so gering wären, daß sie innerhalb der Meßfehlergrenzen lägen, die die einschlägigen «Instrumente» zur Intelligenzmessung, Kreativitätsmessung usw. haben (5–10 %). In der Öffentlichkeit würden sich Fragen nach der Gerechtigkeit dieser Verfahren ergeben.

Auch wenn der Kampf für die Beseitigung der strukturellen Bedingungen von Schulangst sofort aufgenommen werden muß, so ergibt sich doch für jeden, der durch die Schulnöte seiner Kinder oder seine eigenen Schulprobleme als Schüler direkt betroffen ist, die Notwendigkeit, hier und heute zu handeln und die eigenen Probleme in Angriff zu nehmen.

Kapitel 13
Was tun gegen die Schulangst? (II): Mögliche Hilfen im Einzelfall

Die Schulangst ist ein allgemeines Problem. Und so haben die meisten Eltern ihren eigenen Fall zu Hause. Niemand sollte sich einreden lassen, daß es sich dabei womöglich um die «normale Schulangst» handle, die heilsam sei. Wer als Mutter oder Vater unter den Schwierigkeiten leidet, die das Kind mit der Schule hat, sollte diese Probleme ernst nehmen und sich nicht damit abfinden, weil sie vielleicht zu etwas «Höherem» gut sein könnten.

Das politische Engagement vieler Eltern, die gegen die inhumane Schule ankämpfen, hat seine Wurzel in konkreten Erfahrungen zu Hause oder im Freundeskreis; so wurde beispielsweise der Gründer der «Aktion humane Schule», Professor Leibrecht, aktiv, weil ein Freund seines Sohnes wegen Schulproblemen Selbstmord beging. Obwohl eine Lösung des Problems überhaupt nur in großem, d. h. politischem Maßstab möglich ist, ist es doch notwendig und legitim, die akuten und aktuellen Folgen von Schulangst zu mildern.

Die unterschiedliche Ängstlichkeit von Kindern, welche die Schule als Anhaltspunkt für ihre Sortierung genommen hat, muß zunächst einmal als Faktum hingenommen werden. Wer im nachhinein erkennt, daß er seinen Kindern keine optimalen Entwicklungsmöglichkeiten geboten hat oder bieten konnte, der tut nicht gut daran, seinen Blick voller Selbstanklagen immer wieder auf jene Zeit zurückzulenken. Korrekturen sind nur in der Gegenwart möglich.

Die Sortierungsmaschine in der Schule läuft. Sie zu zerschlagen, muß in Angriff genommen werden, aber wenn wir uns mit einem akuten Fall hier und jetzt beschäftigen, so müssen wir doch davon ausgehen, daß es sie gibt.

Das heißt allerdings nicht, daß wir nicht versuchen sollten und müßten, an den Stellen, an denen wir direkt auf die Schule einwirken können (z. B. in der Klasse), Erleichterungen anzustreben.

Wenn unser Kind also mit der «normalen Schulangst» zu kämpfen hat, können unsere Gegenmaßnahmen auf zwei Feldern einsetzen:

- im Zusammenhang der Klasse, in der sich unser Kind befindet,
- bei uns zu Hause in unserer Beziehung zum Kind.

Wenn ein Kind bereits massive Störungen (Magenbeschwerden, Kopfschmerzen, Schuleschwänzen etc.) zeigt, werden wir darüber hinaus die Hilfe eines Psychotherapeuten in Anspruch nehmen müssen.

Was Eltern im Einzelfall tun können, wird im folgenden unter vier Fragestellungen abgehandelt:

1. Wie wirkt sich Ihr Verhältnis zu Ihrem Kind auf dessen Schulangst aus?

2. Welche Möglichkeiten gibt es, in der Kommunikation mit der Schule die Folgen von Schulangst zu mildern bzw. die Wahrscheinlichkeit ihrer Entstehung zu verringern?
3. Wie können Sie zu Hause konkret Ihrem Kind helfen, Schulangst zu vermeiden?
4. Wenn Sie einen Therapeuten aufsuchen müssen, welche Therapie erscheint angebracht?

1. Das Verhältnis der Eltern zu ihren Kindern und die Schulangst

Daß es Schüler gibt, die in der Schule schlecht abschneiden und darauf mit Angst reagieren, ist zur Zeit noch so etwas wie ein Naturgesetz der Schule. Wie die Kinder aber mit ihrer Angst umgehen, das hängt zu einem guten Teil von den Eltern, den Geschwistern und anderen wichtigen Menschen ab. Ich will hier drei Fragen anschneiden, die miteinander in Zusammenhang stehen. Zum einen geht es darum, wie das alltägliche Verhältnis zwischen Eltern und Kindern aussieht, zum zweiten um die Frage, welche Erwartungen die Eltern im Hinblick auf den Schulerfolg ihres Kindes haben, und zum dritten darum, welche konkrete Unterstützung sie dem Kind bei der Erfüllung der Schulanforderungen oder auch *gegen* die Schule zuteil werden lassen.

Im Grunde geht es bei all diesen Fragen um das zentrale Problem, *welche Stellung die Schule im Bewußtsein der Beteiligten einnimmt.* Dies ist in der Tat ein vertracktes Problem. Denn – wie wir ja verschiedentlich gesehen haben – ist die Bedeutung der Schule, genauer gesagt: der guten Noten, für den Lebenserfolg sehr groß. Verständlicherweise ist dementsprechend die Enttäuschung von Eltern, die ja für ihre Kinder das Beste wollen, ebenso groß, wenn sich diese guten Noten nicht einstellen. Das Schlimme daran aber ist, daß diese Enttäuschung und die daraus resultierenden Reaktionen von Eltern gegenüber ihren Kindern nur in seltenen Fällen den gewünschten Erfolg haben. Im allgemeinen macht diese Enttäuschung den Kindern ihr Geschick nur noch schwerer und potenziert die Folgen der Schulangst – bis hin zum Ausreißen oder sogar zum Selbstmord.

Die Hartnäckigkeit, mit der sich die Wünsche der Eltern und in deren Gefolge oft auch die der Kinder an einer «besseren Zukunft» festbeißen, führt nicht selten dazu, daß die durch Leistungsversagen und schlechte Noten in der Schule schon schwierige Gegenwart geradezu unerträglich wird.

Und dies schneidet auch alle Chancen auf eine bessere Zukunft ab.

Wir müssen uns wohl damit abfinden, daß die meisten Eltern heute nicht genügend Zeit für ihre Kinder aufbringen können. Dies scheint auch gar nicht so sehr das Problem zu sein. Ich habe bereits darauf hingewiesen, daß

Kinder von berufstätigen Müttern im Durchschnitt weniger Schwierigkeiten haben als Kinder von Nur-Hausfrauen. Dies macht deutlich, daß es weniger auf die Menge als auf die Qualität des Umgangs zwischen Eltern und Kindern ankommt.

Wohl die wichtigste Voraussetzung dafür, daß Eltern mit ihren Kindern zufriedenstellend umgehen können, ist, daß sie selbst wenigstens einigermaßen ausgeglichen und zufrieden sind. Deshalb sollten Eltern nach Möglichkeit die Bedingungen, unter denen sie leben, so verändern, daß auch ein Stück für sie selbst dabei herausspringt. Dies wird sicher in vielen Fällen ein schaler, weil unerfüllbarer Rat bleiben müssen. Aber es gibt doch eine ganze Reihe von Eltern, die «nur für ihre Kinder» leben, die deswegen auf allerlei verzichten und im Gefolge von den Kindern sehr viel, zu viel erwarten.

Haben Sie Ihren Kindern schon einmal gesagt: «Ich tue alles für euch, und das ist nun das Ergebnis?» Wenn das der Fall ist, so sollten Sie wirklich überlegen, ob Sie nicht mehr für Ihre Kinder täten, wenn Sie ab und zu mehr für sich selber tun?

Wer für sich selbst die Gegenwart wichtig nimmt, der wird auch die Gegenwart des Kindes wichtig nehmen können. Wer selbst Dinge hat, die ihm wichtig sind, der kann auch die Kinder daran teilnehmen lassen. Und dann stellt sich schnell heraus, daß die Schule nicht der Mittelpunkt des Lebens ist, auch wenn es sich um eine Mittelpunktschule oder sogar um eine Ganztagsschule handelt.

Was zu Hause geschieht, das ist auch heute noch für die meisten Kinder weit wichtiger als die Schule. Das zeigen z. B. auch die Aufsätze über den Tageslauf von Schülern einer 7. Klasse der Ernst-Reuter-Schule in Frankfurt («Eigentlich» 1976): In fast allen diesen Aufsätzen nimmt die kurze Zeitspanne vom Aufstehen bis zum Aus-dem-Hause-Gehen am Morgen etwa ein Drittel des ganzen Aufsatzes ein, während die Schule in manchen Aufsätzen fast überhaupt nicht vorkommt.

So wie die eine Stunde vom Aufstehen bis zum Weggehen am Morgen für die meisten Schüler ereignisreicher ist als der gesamte Vormittag in der Schule, so kann auch ein halbstündiges Gespräch, kann die Teilnahme am Hobby des Vaters, das Helfen in der Wohnung oder im Garten für die Kinder bedeutungsvoller sein als alles, was sie in der Schule erleben. Und wenn es bedeutungsvoller ist, dann nimmt es auch den Demütigungen, die viele Kinder in der Schule einzustecken haben, jene überwältigende Übermacht, an der sie sonst zerbrechen können.

Mir erscheint es also besonders wichtig, daß die Kinder an ihren Eltern lernen können, das Hier und Heute, ihr jetziges Leben, mindestens genauso wichtig zu nehmen wie die imaginäre Zukunft, um derentwillen sie in der Schule Leistungen zu erbringen haben.

Wenn dies der Nenner ist, auf den der Umgang zwischen Eltern und Kindern in der Familie gebracht werden kann, so verhindert dies mit

Sicherheit nicht Schulangst, aber es hilft den betroffenen Kindern doch, sie zu ertragen und sie als nicht so schmerzlich zu empfinden.

Selbstverständlich ist es legitim und richtig, daß Eltern Erwartungen an die Schulleistungen ihrer Kinder haben und auch ausdrücken. Aber in Anbetracht der Möglichkeiten für «schlechte» Schüler in der Schule, ihre Leistungen zu verbessern, nehmen diese Erwartungen oft irreale Züge an. Dies ist besonders dann der Fall, wenn die Eltern ihre eigenen Bedürfnisse vernachlässigen und stellvertretend in den Kindern leben. Dahinter steht nicht selten der bewußte oder unbewußte Wunsch, daß die Kinder jene Lebensziele erreichen sollen, die den Eltern versagt geblieben sind.

Der Psychoanalytiker Horst-Eberhard Richter hat in seinem Buch «Eltern, Kind und Neurose» eine ganze Anzahl solcher Fälle beschrieben, und wir haben einen von ihnen im Kapitel über die Entstehung der Leistungsangst vorgestellt.

Aber auch ohne daß es zu solchen neurotischen, krankhaften Ausprägungen kommt, kann doch die Bürde der Erwartungen für ein Kind viel zu schwer sein, vor allem wenn wir seine Chancen berücksichtigen, im Wettrennen mit den Klassenkameraden irgendeinen zu überflügeln.

Am schlimmsten wirken sich die überhöhten Erwartungen von Eltern aus, wenn die Kinder mit schlechten Leistungsergebnissen aus der Schule nach Hause kommen. Die Schule provoziert solche Situationen, indem sie nicht selten Unterschriften der Eltern unter einer schlechten Note verlangt. Es erscheint in solchen Situationen fast noch besser, wenn die Enttäuschung der Eltern in Aggression umschlägt, als wenn sie sich nur in einer kummervollen Miene der Mutter äußert oder wenn diese vor Enttäuschung zu weinen anfängt, wie wir es aus einem Kinderaufsatz entnehmen konnten. Eine solche Reaktion der Erwachsenen belastet das Gewissen des Kindes ungeheuer. Es macht die ohnehin schon schlimme Situation für das Kind unerträglich.

Welche Bedeutung hat es für Sie, wenn Sie in der Zeitung zum xten Male über den Numerus clausus lesen? Welche Ängste spüren Sie im Hinblick auf Ihr eigenes Kind, wenn Sie die Artikel über die Lehrstellenknappheit zu Gesicht bekommen? Wie wichtig ist es für Sie, daß Ihr Kind das Gymnasium besuchen soll? Haben Sie schon einmal geweint, wenn Ihr Kind mit einem schlechten Zeugnis oder einer schlechten Note nach Hause kam?

Wenn Sie nicht ausschließen können, daß Ihr Kind durch Ihre Reaktionen auf schlechte Leistungen unter sehr großen seelischen Druck gesetzt wird, dann sollten Sie mit anderen über Ihre Wünsche und Gefühle reden, ja, wenn möglich, sollten Sie den Rat eines Psychotherapeuten in Anspruch nehmen.

Aber es kann auch sein, daß es gar nicht Ihre Erwartungen sind, unter denen das Kind leidet. Es können andere wichtige Menschen der Umgebung sein, derentwillen Ihr Kind hohe Leistungen erbringen möchte.

Ganz banal vielleicht schon der großzügige Großvater, der für jede Eins 10 Mark springen läßt. Auch kann das Kind selbst sich ein zu ehrgeiziges Ziel gesetzt haben, das es unbedingt erreichen will. Hier müssen Sie helfend einspringen. Reden Sie mit dem Großvater. Machen Sie ihm klar, daß ab und zu einmal 5 Mark als Trost für eine schlechte Note sinnvoller angelegt sind als die schweißtreibende Verlockung von 10 Mark bei einer Eins. Und wenn Ihr Kind sich Ziele gesetzt hat, die es wegen seines schlechten Abschneidens in der Schule nun ins Wanken geraten sieht, reden Sie mit Ihrem Kind über Alternativen und andere Möglichkeiten.

Also: Wenn Sie Ihr Verhältnis zu Ihrem Kind überdenken, wenn Sie sich die Frage vorlegen, ob und inwieweit Sie die Folgen des schlechten Abschneidens in der Schule und der Schulangst verstärken, dann bedenken Sie bitte folgendes:

- o Tue ich selber für mich genug, und gibt es genügend Berührungspunkte zwischen mir und meinen Kindern, die mit der Schule nichts zu tun haben?
- o Haben meine Kinder genügend Möglichkeiten, ihr Selbstwertgefühl bei Sport, Freizeitaktivitäten, Hobby und mit Freunden zu entwickeln, so daß die Schule nicht so überwichtig für sie werden muß?
- o Tragen meine Erwartungen und die Art und Weise, wie ich Freude und Enttäuschung über Erfolg bzw. Mißerfolg meines Kindes in der Schule äußere, dazu bei, die Bedeutung der Schulangst für das Kind zu vergrößern?

Eine der Reaktionen, an denen Ihr Kind ablesen kann, wie wichtig Ihnen seine Leistung ist, ist auch Ihr Umgang mit der Schule. Mit ihm möchte ich mich im folgenden kurz beschäftigen. Denn hier ergeben sich eine ganze Reihe von Möglichkeiten, sozusagen vorbeugend die Folgen von Schulangst zu mildern.

2. Umgang mit der Schule

Die meisten Eltern gehen nur dann zur Schule, wenn sie mit einem Leistungsrückgang ihrer Kinder konfrontiert werden oder wenn eine Auslese-Situation (Übergang in Gymnasium, Realschule etc.) kurz bevorsteht.

Kinder entnehmen aus diesem Verhalten der Eltern zu Recht, daß die Schule für die Eltern nur unter dem Leistungsaspekt wichtig ist und daß sie ansonsten ein distanziertes bis ängstliches Verhältnis zu dieser Institution haben. Dies wirkt auf die Kinder zurück. Aber auch das Verhältnis der Lehrer zu den Eltern ist dadurch bestimmt. Lehrer lernen dadurch, daß ihre Bewertungstätigkeit das wirklich Wesentliche ihrer Arbeit ist und richten sich danach. Es ist wahr – und viele Prozesse, die Eltern gegen die Schule verloren haben, belegen dies –, daß die Schule eine mächtige Institution darstellt, mit der nicht gut Kirschen essen ist. Und dementsprechend haben die Lehrer, obschon sie keine Talare tragen, etwas vom Flair der Hohepriester unserer Leistungsgesellschaft, denen wir uns nur mit Scheu nähern. Aber Isolation ist nicht nur für Kinder schlimm, nicht nur für uns bedrohlich, auch die Lehrer leiden darunter. Als ich einmal Lehrer bat, Sätze mit den Anfängen «Am schlimmsten ist für mich . . .» und «Am schönsten ist es für mich . . .» zu bilden, da erhielt ich zum Beispiel folgende Ergebnisse:

- «Am schlimmsten ist es für mich, wenn ich eine Stunde gut vorbereitet habe, mit aller Mühe, und nachher während des Unterrichts interessiert sich niemand dafür.»
- «Am schönsten ist es für mich, wenn Eltern zu mir kommen und sagen: ‹Dieser Unterricht in Arbeitslehre, den sie da gemacht haben, der hat die Schüler ja so begeistert.›»

Eine von den «objektiven Strukturen», die dazu beitragen, daß die Situation in der Schule so unerträglich ist, besteht darin, daß die Lehrer weitgehend auf qualifizierte Kritik und differenzierte Zustimmung von Erwachsenen zu ihrer Arbeit verzichten müssen.*

Der Kern aller Überlegungen über den Umgang von Eltern mit der Schule besteht darin, daß die Kommunikation erweitert und die Isolation der Lehrer etwas verringert werden muß. So lange Eltern nur dann in die Schule gehen, wenn sie Kritik zu üben haben, solange wird das Auftauchen eines Vaters oder einer Mutter in der Schule immer ein ähnliches Gefühl auslösen wie ein anrückender Feind.

Wer in der Schule erfolgreich etwas zur Verringerung der Schulangst seines eigenen Kindes (und damit zugleich auch seiner Klassenkameraden) tun möchte, der wird dafür schon einige Stunden im Jahr opfern müssen. Und er wird dabei der Hilfe anderer bedürfen.

Es gibt allerlei Untersuchungen darüber, daß die Lehrerpersönlichkeit ein Faktor bei der Entstehung von Schulangst sei (vgl. Kapitel 8). Schaut man diese Untersuchungen aber näher an, so ist da weniger von «Persönlichkeit» die Rede als vielmehr von dem konkreten Verhalten in der Klasse. Und der entscheidende Punkt bei diesem Verhalten ist wieder: Akzeptierung oder Ablehnung der Schüler, Verständnis oder Unverständnis, Wertschätzung oder Demütigung. Dies alles läuft letztlich wieder über die Leistungsanforderungen der Schule. Nachdem wir in diesem Buch so vehement darauf bestanden haben, daß die entscheidende Ursache bei der Entstehung von Schulangst das Einsortieren der Schüler in Rangreihen ist, können wir zumindest eine Abschwächung *dieser* Auswirkungen der «Lehrerpersönlichkeit» erwarten, wenn es gelingt, den Lehrer dazu zu bringen, vorher festgelegte Lernziele für seine Leistungsmessung zu be-

* Ich habe deshalb in meinem Buch «Umgang mit der Schule» Vorschläge gemacht, wie Eltern ein bißchen zur Veränderung dieser Situation beitragen können (Speichert 1976).

nutzen und nicht mehr den Klassendurchschnitt. Und genau darin sollte das Hauptziel der Lehrerkontakte der Eltern bestehen. Zugleich müssen sie darauf abzielen, den Lehrer so weit zu stärken, daß er im Kollegium seine Praxis der Zensurengebung vertreten kann.

Wie soll das nun vor sich gehen?

Der erste Schritt muß selbstverständlich sein, die Beziehungen zwischen Eltern und Lehrern überhaupt erst herzustellen, d. h. das Vertrauen des Lehrers zu gewinnen.

Die Eltern müssen bei diesen Kontakten ein Stück weit auch den Wunsch des Lehrers erfüllen, der sich in dem Satz ausdrückt: «Am schönsten ist es, wenn mir mal was Positives über meine Arbeit gesagt wird.»

Achtung: Loben Sie nie pauschal! Das wird einen Lehrer zu Recht mißtrauisch machen. Wenn Sie etwas Gutes zu berichten haben, dann berichten Sie genau darüber: über die Reaktionen der Schüler, über erwachendes Interesse, über Freude usw. Da wird denn auch der Bericht über Traurigkeit, über Angst, über Desinteresse der Kinder vom Lehrer nicht als destruktiv empfunden werden.

Der zweite Schritt muß darin bestehen, den Lehrer zu bitten, seine Lernziele offenzulegen.

Dabei ist besonders wichtig, diejenigen Dinge genau benennen zu lassen, die die Kinder können müssen, um auch weiterhin am Unterricht «erfolgreich teilnehmen» zu können. Es geht also darum, jene Stellen im Stoff ausfindig zu machen, die die Kinder als festen Grund unter den Füßen brauchen und ohne den sie ins Schwimmen geraten. Es wird sich zeigen: Auch wenn das Unterrichtsjahr sehr lang ist, auch wenn sehr viele Unterrichtsstunden gegeben werden, so sind doch diese Stellen nicht so zahlreich und selbst im Ablauf eines Schuljahres noch überschaubar.

Eine solche Transparenz dessen, was der Lehrer im Unterricht anstrebt, hat sehr viele Vorteile. Wenn die Eltern einen solchen Übersichtsplan (möglichst schriftlich) in Händen haben, können sie den Kindern – wenn nötig – effektiver helfen als ohne eine solche Unterlage. Auch für die Kinder ist die Kenntnis eines solchen Papiers von großem Nutzen, um Wesentliches von Unwesentlichem im Unterricht zu unterscheiden. Nicht zuletzt aber ist es auch für den Lehrer eine große Hilfe, da es ihm eine bessere Orientierung ermöglicht.

Mit alledem ist noch nicht allzu viel gewonnen.

Der dritte Schritt muß deshalb darin bestehen, den Lehrer zur Bekanntgabe der Leistungen zu bewegen, die einer vollbringen muß, um als guter Schüler zu gelten, welche Leistungen befriedigend, ausreichend usw. sein sollen.

Hat der Lehrer sich erst einmal darauf eingelassen (was an und für sich seine Pflicht ist), einen Lehrzielkatalog vorzulegen, so wird er die Notenvergabe nicht mehr am Klassendurchschnitt orientieren können. Denn wozu sollten denn die Ziele gut sein, wenn ihr Erreichen oder Nichterreichen für die Bewertung keine Rolle spielte?

Mit alldem ist noch kein «lernzielerreichendes Lernen» hergestellt. Aber wir haben damit die Wahrscheinlichkeit herabgemindert, daß einige Kinder immer nur deswegen eine Vier oder Fünf bekommen, weil sie die Schlußlichter der Klasse bilden. Denn wenn sie an vorgegebenen bekannten Lehrzielen und Maßstäben gemessen werden, so haben alle Kinder eine Chance, eine Eins, Zwei oder wenigstens Drei zu bekommen – ähnlich wie bei der «Stiftung Warentest» häufig alle Geräte mit «gut» beurteilt werden und in anderen Fällen kein einziges über das Qualitätsurteil «zufriedenstellend» hinauskommt.

Nur Lehrer, die es gelernt haben, mit ihrer Zeit gut umzugehen, werden unter gegenwärtigen Schulbedingungen in der Lage sein, ihren Schülern wenigstens alle 14 Tage einmal genau zu sagen, wo ihre Lernlücken sind. Utopisch ist dies dennoch nicht. Ebenso wenig, wie es utopisch ist, daß die Lehrer kleine Gruppen von Schülern bilden, in denen diejenigen, die es schon verstanden haben, den anderen helfen.

Solche Hilfe wird allerdings so lange nur bedingt wirksam sein, solange auch nur der leiseste Hauch von Konkurrenz im Klassenzimmer vorhanden ist –

und den können wir nicht abschaffen, solange wir die Noten nicht beseitigen können.

Ich will nicht verschweigen, daß aller Voraussicht nach solche Bemühungen auf erhebliche Schwierigkeiten stoßen werden. Wie schwer es der Schule fällt, Unterricht anders zu organisieren, ist in den letzten Jahren in West-Berlin deutlich geworden. Dort ist durch das neue Schulgesetz das Sitzenbleiben in den ersten 6 Klassen außerordentlich erschwert worden. Gleichzeitig ist für Kinder mit Lernrückständen ein Förderunterricht eingerichtet worden. Dafür haben die Schulen auch Planstellen bekommen, aber was haben sie damit gemacht! Wenn früher in diesen Schulen ein Lehrer durch Krankheit ausfiel, so mußten Kollegen Überstunden machen, oder die Kinder durften nach Hause gehen. Nachdem die Grundschulen aber zusätzliche Förderlehrer erhalten hatten (in den Förderstunden wurden die Klassen geteilt), ließ man einfach den Förderunterricht ausfallen und schickte die Förderlehrer als Krankheitsersatz in die regulären Klassen. So kam es, daß der Sinn dieses Gesetzes in sein komplettes Gegenteil verkehrt wurde: nicht die lernschwachen, langsamen Schüler erhielten mehr und besseren Unterricht, sondern alle und damit auch jene, die ohnehin gut mitkamen.

Wer also versuchen will, die Quellen der Schulangst in der Schule ein wenig zu verstopfen, der wird es nicht leicht haben.

Die wichtigsten Dinge in unserem kleinen Plan sind:

- die Liste mit den Lernzielen, die der Lehrer zu erreichen beabsichtigt, und
- die Maßstäbe, nach denen er seine Noten vergeben will.

Mit ihrer Hilfe ist es möglich, wenigstens punktuell das eherne Gesetz zu brechen, daß die Leistungen der Kinder am Durchschnitt der Klasse gemessen werden, indem die Beurteilungskriterien vor der Leistungsmessung und nicht nach der Leistungsmessung festgelegt werden.

Die Bekanntgabe der Lernziele gibt den übereifrigen, leistungsmotivierten Eltern die Möglichkeit, den Unterricht schon zu Hause vorwegzunehmen. Damit besteht die Gefahr, daß einige Kinder durch uneinsichtige und besonders ängstliche Eltern in die Situation gebracht werden, den Unterricht noch langweiliger und inhaltsleerer zu finden als bisher, weil sie zu Hause schon alles gelernt haben. Eine Möglichkeit, diesen Schülern zu helfen, besteht darin, daß der Lehrer die schon erwähnten kleinen Lerngruppen in der Klasse einrichtet, in denen die schnellen Lerner ihren Vorsprung zur Hilfe für die Langsamen nutzen können.

Aber selbstverständlich sollte dieses Problem auch auf den Klassenelternabenden besprochen werden. Denn das «Überlernen» nützt nichts. Es schadet vielmehr, indem es Langeweile und Frustration produziert und dem betroffenen Schüler eine Abneigung gegen den Stoff und gegen Lernen allgemein einimpft. Allerdings wiegt die Gefahr des Mißbrauchs eines solchen Instrumentariums gering im Vergleich zu den Vorteilen, die es allen Schülern im Hinblick auf die Verringerung von Schulängsten bringt.

Die eben beschriebenen Maßnahmen beugen der Entstehung von Schulangst vor. Sie greifen wenigstens punktuell das Tabu Leistungsmessung an und stellen so, überall da, wo sie erfolgreich angeregt werden können, einen kleinen Schritt zur Beseitigung der Hauptkrankheit unseres Schulwesens dar. Ein solches Vorgehen verbessert die Lage *aller* Schüler in einer Klasse und damit auch grundsätzlich die Lage des eigenen Kindes. Aber nicht überall wird so etwas möglich sein. Mit der letzten Nothilfe, die in solchen Fällen angesichts der Schulangst des eigenen Kindes übrig bleibt, wollen wir uns im nächsten Abschnitt beschäftigen.

3. Möglichkeiten praktischer Unterstützung

Ich habe schon in dem Abschnitt «Unterstützung, die über hohe Hürden hilft» (Kapitel 6) gezeigt, wie die angstmachende Wirkung der Schule durch konkrete und massive elterliche Unterstützung gemildert und sogar aufgehoben werden kann. Dabei gilt allerdings: Wer seinem durch schlechte Noten und «Leistungsabfall» geängstigten Kind erfolgreich hilft, wieder ins Mittelfeld oder gar an die Spitze der Klassenhierarchie aufzurücken und damit die Schulangst ein Stück zu verringern, der läßt sich genau auf jenen Wettbewerb ein, der diese Angst überhaupt erst hervorgebracht hat. In dem Augenblick, in dem alle Eltern einer Klasse sich an diesem Spiel beteiligen, wird die Schulangst nicht verringert, sondern werden Stress und Angst nur vergrößert. Wenn ich mich dennoch entschließe, hier einige Hinweise für individuelle konkrete Unterstützung zu geben, so aus folgenden Gründen:

1. Bereits bestehende Schulangst bedeutet eine objektive Zerstörung der Lernfähigkeit eines Kindes, die die Schule in ihrem heutigen Zustand nicht wieder herzustellen vermag.
2. Eine *konkrete Notlage*, wie sie Schulangst und die damit verbundene Zerstörung des Selbstbewußtseins bedeuten, erfordert *Soforthilfe* ohne Rücksicht auf etwaige andere Folgen.
3. Eine erfolgreiche Intervention von Eltern in diesem Bereich wird – wie ich hoffe – in vielen Fällen dazu führen, daß dieselben Eltern sich auch für eine Verbesserung der schulischen Bedingungen, für eine Beseitigung der angsterzeugenden Faktoren einsetzen. Dies sollte schon der eigene Egoismus nahelegen, da sich viele Eltern sicherlich interessantere und anregendere Kommunikation mit ihren Kindern vorstellen können als ausgerechnet über schulische Probleme.

Diese Unterstützung kann und muß auf verschiedenen Ebenen gegeben werden. Zunächst einmal ist – darüber haben wir schon einiges gesagt – der Anteil der elterlichen Erwartungen an der Leistungsangst zu klären, ist die Bedeutung der Schule in Gesprächen mit dem Kind ein Stück zu relativieren. Ein zweiter Schritt besteht darin, die Leistungserwartungen des Kindes selbst auf ein realistisches Maß herabzuschrauben. Wenn ein Kind in der Rechtschreibung, z. B. im Diktat, mehrfach hintereinander 15 oder gar 20 Fehler gemacht hat, dann muß in den Gesprächen mit ihm deutlich werden, daß es schon ein schöner Erfolg ist, wenn die Fehlerzahl beim nächsten Diktat verringert werden kann, selbst wenn dafür immer noch eine «Fünf» vom Lehrer gegeben wird. Die dritte Ebene der Hilfe besteht darin, daß man mit dem Kind zusammen die «Lücken» analysiert, die es in dem einen oder anderen Bereich hat. Dabei lernt das Kind, nicht mehr global an seine «Unfähigkeit» zu glauben, sondern bestimmte Bereiche als Aufgabe zu begreifen, deren Bewältigung möglich erscheint. Auf einer vierten Ebene muß es darum gehen, mit dem Kind zusammen angemessene Arbeitstechniken zu erarbeiten.

Bei alledem ist es wichtig, daß Sie sich nicht auf Hauruck-Methoden einlassen und nicht alle Schwierigkeiten auf einmal beseitigen wollen. Legen Sie Ihre Arbeit langfristig an. Und noch eines: Zwingen Sie Ihrem Kind nichts auf. Belasten Sie es nicht mehr, als es bisher ohnehin durch Schularbeiten und anderes belastet gewesen ist. Vertrauen Sie darauf, daß schon täglich eine halbe Stunde gemeinsame Arbeit mit Ihrem Kind genügt, um längerfristig zu sichtbaren Erfolgen zu führen.

Voraussetzung für alle derartige Arbeit ist, daß Sie die Angst Ihres Kindes ernst nehmen, und das geht nur, wenn Sie auch die anderen Wünsche Ihres Kindes respektieren. Das heißt nicht, daß Sie zu einem willenlosen und fügsamen Werkzeug der Kinderwünsche werden.

Beispiel: Wenn Ihr Kind die vereinbarte halbe Stunde täglicher Übungsarbeit einmal ausfallen lassen möchte, weil es zu einem Kindergeburtstag eingeladen ist, dann sollten Sie Ihre Bedenken sagen, aber zum Schluß die Entscheidung Ihrem Kind überlassen.

Wenn Ihr Kind häufiger Ausweichtendenzen der gemeinsamen Arbeit gegenüber zeigt, dann müssen Sie sich allerdings auch fragen, ob es nicht an Ihnen, an Ihrem Drängen, Ihrer Ungeduld oder sonst etwas liegt, daß das Kind sich dem entziehen möchte. Dieser Frage des Zusammenhangs zwischen elterlichen Erwartungen und dem Leiden der Kinder gehen wir im nächsten Abschnitt ausführlicher nach.

3.1. Erwartungen, Angst und Leiden

Wie wir gesehen haben, zeigen sich Schulängste häufig in körperlichen Leiden wie Magenschmerzen, Kopfschmerzen usw. Der Grund dafür liegt darin, daß die Kinder sich in einem Konflikt befinden. Auf der einen Seite ist die Tendenz, sich der demütigenden und angsterzeugenden Situation in der Schule zu entziehen, auf der anderen Seite ist das «Gewissen», das einen zwingt, den elterlichen Erwartungen entsprechend eben diese Stätte der Demütigung aufzusuchen und dort nach Erfolg zu streben. Der Schulschwänzer kann sich in diesem Konflikt gegen sein «Gewissen» entscheiden und die angsterzeugende Stätte meiden. Der Schulängstliche hat diese Chance nicht, weil sein Gewissen zu stark ist. Er kann nicht «frei» entscheiden. So verursacht ihm seine Angst körperliche Leiden. Dabei ist den Kindern der Zusammenhang zwischen der leidvollen schulischen Erfahrung und ihrem Symptom meistens unbewußt.

Wessen Kind in seiner Schulangst-Karriere so weit gekommen ist, der wird sich besonders darum bemühen müssen, ihm zu helfen, den verdrängten Konflikt wieder ins Bewußtsein zu heben. Das ist die Voraussetzung dafür, das Problem überhaupt in Bearbeitung zu nehmen.

Wer sich klarmacht, daß die Kinder mit körperlichen Symptomen reagieren, weil sie fürchten müssen, daß ihre Abneigung gegen die Schule auf elterliche Sanktionen stößt, der wird sich die Frage vorlegen müssen, ob es ihm möglich ist, die Probleme seines Kindes zu verstehen und dies dem Kind deutlich zu machen.

Wer dabei für sich zu keinem eindeutigen Ergebnis kommt, der sollte es allerdings sein lassen, seinem Kind ohne die Einschaltung eines Fachmannes helfen zu wollen. Denn er bedarf selber der Hilfe.

Wer aber zur Meinung gelangt, daß er die Angst seines Kindes sehr wohl verstehen kann, der sollte dies dem Kind auch deutlich machen. Dies gelingt mit Sicherheit besser, wenn man als Vater oder Mutter zunächst von eigenen Ängsten spricht, als wenn man ohne Umschweife direkt auf die Probleme des Kindes eingeht. Das könnte verschreckend wirken.

Leicht kann aus solchen Erzählungen der Eltern auch ein Zusammenhang mit den augenblicklichen Erwartungen an das Kind hergestellt werden. Und dies ermöglicht es, eigene Erwartungen zurückzunehmen und in kleinere Münze umzuwechseln. So werden Sie mit der Zeit auch glaubwürdig, wenn Sie dem Kind zu vermitteln suchen, daß Ihnen nicht so sehr die Zensuren wichtig sind, sondern in erster Linie das gegenwärtige Glück und die Zufriedenheit Ihres Kindes. Dabei braucht nicht geleugnet zu werden, daß es zwischen den schulischen Erfolgen und der Zufriedenheit einen Zusammenhang gibt. Nur muß dieser Zusammenhang ein Stück relativiert werden. Dadurch kann der Blick von den Noten auf die Leistungsfähigkeit des Kindes, auf seine eigenen kleinen Fortschritte gelenkt werden. Diese Überlegungen gelten natürlich auch, wenn die Krankheit «Schulangst» noch nicht bis zu körperlichen Symptomen fortgeschritten ist.

Eine unabdingbare Voraussetzung für alle zufriedenstellende Kommunikation zwischen Ihnen und Ihrem Kind ist, daß das Kind das Gefühl bekommt, von Ihnen verstanden und in seinen Nöten ernst genommen zu werden.

3.2. Eine Vereinbarung über Zusammenarbeit und kleine Fortschritte

In solchen Gesprächen mit Ihrem Kind werden Sie immer wieder die Erfahrung machen, daß es zu plötzlichen Ausbrüchen kommt: «Diese Scheiß-Schule. Ich will damit gar nichts mehr zu tun haben.» Oder: «Es hat ja alles keinen Zweck, ich kann das ja doch nicht.» Bedenken Sie, daß solche Ausbrüche meist nur deshalb so heftig sind, weil sich hinter ihnen der Wunsch verbirgt, es doch zu schaffen, es doch zu können. Wenn Sie an solchen Gesprächsstellen nicht resignieren und mit Ihrem Kind weiterreden, so werden Sie feststellen, daß das Kind in der Regel seine Verzweiflung selbst auf den Nenner bringt: «Ich möchte ja gerne, aber ich kann nicht.»

Hier gilt es, einzusetzen. Daß Sie sich mit Ihrem Kind beschäftigen, beinhaltet das Versprechen, daß es die Aufgaben schaffen wird. Und das Wichtigste ist, daß das Kind erfährt: Dieses Versprechen ist nicht hohl. Aber genauso wichtig wäre für das Kind die Erfahrung, daß Sie sich um *seinetwillen* mit ihm beschäftigen und nicht wegen Ihrer eigenen Wünsche im Hinblick auf seine Leistung. Selbstverständlich aber haben Sie solche Wünsche. Da ist es nötig, daß Sie im Gespräch mit Ihrem Kind beides auseinanderhalten: «Ich freue mich, wenn du gute Leistungen zeigst; ich freue mich, wenn es dir gut geht. Ich habe dich auch lieb, wenn du in der Schule nicht mitkommst.»

Das Problem kann auf folgende Weise gelöst werden: Sie bieten Ihre Hilfe *wirklich freibleibend* an. Sie unterstreichen dieses Hilfsangebot mit dem Versprechen, daß es seine Leistungen verbessern und seine Angst reduzieren kann. Aber die Entscheidung, ob es die Hilfe annimmt oder nicht, muß wirklich bei dem Kind liegen. Prüfen Sie sich vorher, wie Sie reagieren werden, wenn das Kind Ihre wohlmeinende Hilfe ablehnt. Müssen Sie befürchten, daß Sie gekränkt, mit Trotz oder beleidigt reagieren? Können Sie Ihre Enttäuschung dann in Worte fassen wie: «Ich bin enttäuscht» statt zu sagen: «Man kann machen was man will, um dir zu helfen, aber du weißt das überhaupt nicht zu schätzen.» Im einen Fall reden Sie von Ihrer Enttäuschung, im anderen über den («schlechten») Charakter Ihres Kindes. Es ist klar, womit das Kind besser zurechtkommt.

Auch wenn das Kind ein Hilfsangebot ablehnt, ist damit noch nichts verloren. Denn die Schulangst-Situation besteht weiter. Und Sie können Ihr Angebot erneuern.

Wenn es aber zur Zusammenarbeit zwischen Ihnen und Ihrem Kind kommt, dann ist es wichtig, daß Sie die Ziele Ihrer Arbeit genau und realistisch festlegen.

Wenn Ihr Kind in irgendeinem Fach eine Fünf hat, dann ist es wirklich ein Erfolg, wenn es nach einiger Zeit eine Vier erreicht. Und für Ihre Arbeit ist es nicht einmal entscheidend, ob es diese Vier erreicht, sondern lediglich, daß es das, was Sie mit ihm zusammen erarbeiten, wirklich lernt und dadurch sein Selbstbewußtwein stärkt.

3.3. Das Bedeutungslose in einen Zusammenhang bringen

Es ist für Menschen demütigend, Dinge tun zu müssen, die sie nicht verstehen. Aber dies ist nicht der einzige Grund, weswegen die vom Verständnis der Kinder losgelöste Bimserei in der Schule schädlich ist. Lernpsychologen wissen seit langem, daß sinnvolle Inhalte, die man in einem Zusammenhang festhalten kann, auch behalten werden, während man sinnlose Lerninhalte sehr schnell vergißt. (Rapaport 1977)

Nun sind aber viele Dinge, die Kinder in der Schule lernen, nicht «an sich» sinnlos, sondern erscheinen nur deshalb sinnlos, weil sie aus den normalen Verwendungszusammenhängen im Alltag herausgerissen worden sind.

An einem simplen Beispiel habe ich das kürzlich wieder einmal erlebt. Tommy hatte in einer Rechenarbeit versagt, als es darum gegangen war, «Verteilt-auf-Aufgaben» zu rechnen. Es waren Aufgaben im Zusammenhang des kleinen Einmaleins wie z. B. 64, verteilt auf 8 usw. Nachdem ich gesehen hatte, daß er bei jeder Aufgabe noch die Finger zu Hilfe nahm, um z. B. herauszukriegen, wie oft 8 in 48 enthalten ist, brachte ich ihm zunächst einmal den Trick bei, den Zahlenraum von 8 bis 80 als Ganzes zu betrachten ($10 \times 8 = 80$) und als Hilfsstützpunkt die Hälfte davon ($5 \times 8 = 40$) zu nehmen. Nachdem er auch noch vorwärts und rückwärts rechnen (72, verteilt auf 8 = 9, weil 72 8 weniger als 80 ist) gelernt hatte, ging es mit den Verteilt-Aufgaben plötzlich ganz fix. Dann stellte ich ihm dieselbe Aufgabe konkret: «Du hast 72 Pflaumen, und ihr seid 8 Kinder. Wieviel Pflaumen bekommt jeder?» Es zeigte sich, daß er zunächst mit dieser Aufgabe größere Schwierigkeiten hatte als mit der abstrakten Aufgabe: «72, verteilt auf 8 = X.» Er konnte sie erst nach einigen Hilfen lösen. Und dann sagte er: «Das brauchen wir in der Schule nicht, so was kommt da nicht vor.»

Hier zeigt sich, wie die Schule die «guten Sitten» verderben kann. Aber als wir noch einige Zeit darüber geredet hatten, hatte er doch begriffen, daß es sinnvoll ist, solche Aufgaben lösen zu können. Und damit war auch der Zusammenhang der Verteilt-Aufgaben in der Schule für ihn deutlicher und konkreter geworden. Es war keine bloße Bimserei mehr, und damit blieb das alles auch ein bißchen besser in seinem kleinen Kopf haften.

So aber geht es mit vielen Dingen in der Schule.
Und wir können den Kindern wirklich eine große Hilfe bieten, wenn wir ihnen den Zusammenhang deutlich machen, in dem die abstrakten Lernaufgaben der Schule im wirklichen Leben eine Rolle spielen können, ob es sich dabei nun um physikalische Regeln, Grammatik oder sonst etwas handelt.

3.4. Fehleranalyse und konkrete Hilfen beim Lernen

Wenn ein Lehrer eine Fünf unter eine Arbeit schreibt, dann gibt er damit lediglich die erbärmliche Information, daß der Schüler zu denen gehört, die die meisten Fehler gemacht haben. Selten bequemt sich ein Lehrer dazu, etwas dazuzuschreiben. Und dann ist das meist etwas Ähnliches wie dies: «Du mußt dir mehr Mühe geben!» oder: «Viele Flüchtigkeitsfehler! Das wäre nicht nötig!» Solche Mitteilungen sind wenig hilfreich. Wer seinem Kind helfen will, der muß sich zunächst einmal darum kümmern, worin denn nun die Schwierigkeiten tatsächlich liegen. Eine Fünf in einem Diktat kann aus sehr verschiedenen Gründen zustande kommen. Es geht also darum, herauszufinden, ob es Anhaltspunkte für bestimmte gleichartige Fehlertypen gibt. Gibt es Schwierigkeiten beim Unterscheiden von ß und ss, macht das Dehnungs-«h» Probleme usw.?

Wenn eine solche Analyse gemacht ist, dann müssen bestimmte Trainingsbereiche festgelegt werden. Dabei sollte man darauf achten, daß solche Bereiche ausgewählt werden, in denen die Erfolgschancen besonders aussichtsreich zu sein scheinen.

Ich kann hier keine ausführlichen Anleitungen für ein solches Training geben.*

* In meinem Buch «Umgang mit der Schule» ist einiges mehr zu dem Problem enthalten (Speichert 1976).

So viel sei aber gesagt:

- Beim Üben Fehler nie unterstreichen! (Dadurch werden sie hervorgehoben und prägen sich dem Gedächtnis ein, so daß immer wieder Verwirrung entsteht.) Statt dessen Fehler überkleben oder dick (am besten mit Tipp-Ex flüssig) ausstreichen und richtig darüberschreiben.
- Dinge, die ähnlich sind (z. B. «g» und «k»), nie zusammen üben! Dies wird leider noch in vielen Lehrbüchern immer wieder gemacht und führt ebenfalls zu Verwirrung.
- Wenn es um einzelne bestimmte Schwierigkeiten geht, immer nur wenige Minuten damit beschäftigen! Die Übungen auf viele Tage verteilen! Lange Beschäftigung an einem Stück bringt keinen höheren Lerneffekt und nur Überdruß und Verdruß auf beiden Seiten!
- Wenn es darum geht, etwas auswendig zu lernen, die Arbeit auf mehrere Tage verteilen. Das führt mühelos zu guten Ergebnissen.
- Wo Vokabeln gelernt werden müssen, kleine Kärtchen anlegen, auf deren einer Seite das Wort in der deutschen und auf der anderen das Wort in der fremden Sprache aufgeschrieben ist.

Bei diesen wenigen Ratschlägen müssen wir es hier bewenden lassen. Denn dieses ist kein Buch über effektiven Unterricht zu Hause.

Ich möchte noch einmal betonen, daß solche Hilfe nur dann sinnvoll ist, nur dann auch erfolgversprechend, wenn es Ihnen gelingt, auf Ihr Kind einzugehen. Das zeigt sich vor allen Dingen auch daran, wie Sie reagieren, wenn Ihr Kind Ihre Hilfe ablehnt und im Moment anderen Bedürfnissen nachgehen möchte.*

Ihre Chancen, mit Ihrem Kind erfolgreich umzugehen, können Sie auch daran messen, ob Sie es schaffen, Ihr Kind einfach machen zu lassen, auch wenn Sie ein negatives Resultat voraussehen.

Der Übereifer, mit dem manche Eltern die Tätigkeiten ihrer Kinder begleiten, indem sie gute Tips verabreichen, ständig eingreifen und helfen, trägt dazu bei, die Kinder zu verunsichern, obwohl doch die Eltern ihren Kindern nur helfen wollen.

Aber was die Kinder benötigen, ist keine ständige Bevormundung, sondern das Gefühl der Sicherheit, daß ihre Eltern für sie da sind, daß sie ihnen helfen, Schwierigkeiten zu überwinden, und daß sie in problematischen Situationen Trost bei ihnen finden. Die hier vorgestellten Ratschläge gelten vor allen Dingen für jenen Grad an Schulangst, der von vielen heute noch als «normal» angesehen wird. Aber auch, wenn Ihr Kind mit Symptomen wie Magenbeschwerden, Durchfall usw. auf die schulischen Anforderungen reagiert, probieren Sie es immerhin mit ihnen. Wenn die Probleme noch nicht zu weit fortgeschritten sind, wenn Sie selbst Ihrem Kind gegenüber zu einem offenen, Sicherheit erzeugenden und nicht zu

* Anregungen für die Gestaltung solcher Kommunikation mit den Kindern können dem Buch «Familienkonferenz» (Gordon 1972) entnommen werden.

«aufdringlichen» Verhalten fähig sind, wenn Sie darüber hinaus die nötige Geduld aufbringen, so werden Sie ihm weiterhelfen.

4. Wenn Psychotherapie nötig wird: Analytische oder Verhaltenstherapie?

Gewiß sind viele Menschen aus vielerlei Gründen durch solche Anforderungen zur Hilfe überfordert. Häufig bleibt, schon um das eigene Verhalten besser kontrollieren zu können, aber auch, um aus der Erfolglosigkeit der eigenen Bemühungen herauszufinden, nichts anderes als der Weg zum Fachmann, zum Psychotherapeuten oder Psychologen. Um Ihnen da weiterzuhelfen, sind am Ende dieses Buches die Adressen von Beratungsstellen angegeben. Dort werden Sie, falls nötig, weitervermittelt.

Unter den Psychotherapeuten – auch für Kinder – gibt es heute sehr viel verschiedene «Schulen». Zunächst ist da die große Gruppe von Nervenärzten, auch praktische Ärzte gehören oft dazu, die das Heil in sogenannten «Psychopharmaka» suchen. Diese Ärzte behandeln psychische Krankheiten, zu denen ja auch die Schulangst gehört, wie jede andere Krankheit: mit Medikamenten.

Vor einer «Therapie» der Angst durch Pillen kann nicht nachdrücklich genug gewarnt werden, auch wenn sie von Leuten verordnet wird, die ein «Dr. med.» auf ihrem Rezeptblock führen.

Die Pharmaindustrie hat eine Vielzahl von verschiedenen «Seelenpillen» produziert, die tatsächlich die Symptome vieler seelischer Schwierigkeiten oberflächlich beseitigen. Mit der ständigen Verabreichung von solchen «Tranquilizern» können aggressive Kinder in lammfromme Schäfchen verwandelt werden, kann akute Angst gedämpft werden, können Schlafstörungen beseitigt werden. Sogenannte «antriebsschwache» Kinder werden mit Hilfe von Psychopharmaka zu wahren Energiebündeln. Konzentrationsschwäche schwindet usw. Aber Pillen beseitigen nur die Symptome, sie helfen nichts, aber auch gar nichts, die Leiden und die Ursachen der Leiden zu beseitigen. Deshalb sollten sie nur benutzt werden, wenn es darum geht, akute Notstände zu beseitigen. Aber da es sehr viel einfacher ist, zum Rezeptblock zu greifen und ein Mittel zu verschreiben, das man nebenan in der Apotheke kaufen kann, als an die Ursachen des Übels zu gehen, nimmt der Mißbrauch von Psychopharmaka sehr zu. Lassen Sie sich auf keinen Fall auf diesen Trend der Zeit ein.

Wenn Psychopharmaka eingesetzt werden, dann sollte von vornherein klar sein, daß es sich um eine zeitlich begrenzte Notmaßnahme handelt. Und sie ist auch nur dann gerechtfertigt, wenn anderweitige Hilfe gleichzeitig geboten wird.

Wie kann nun solche Hilfe aussehen?

Die verschiedenen psychotherapeutischen Richtungen, die heute in der Bundesrepublik arbeiten, lassen sich grob in zwei große Gruppen einteilen. Alle sehen die verschiedenen Symptome als erlernte Fehlanpassungen an. (Fehlanpassungen werden sie deshalb genannt, weil sie als falsche «Anpassungen» an die vorhandenen Umweltbedingungen betrachtet werden.)

Die eine therapeutische Richtung, vor allem die Psychoanalyse und die Gesprächs-Psychotherapie, konzentriert sich auf die Situationen, in denen solche Fehlanpassungen entstanden sind.

Die andere Richtung, die Verhaltenstherapie, kümmert sich nicht um die Situationen, in denen Fehlverhalten entstanden ist, sondern sie interessiert vor allen Dingen die Folgen des Fehlverhaltens. Sie geht von der lerntheoretischen Tatsache aus, daß Verhalten durch seine Folgen bestimmt wird: Wenn z. B. einer Angst in engen Räumen hat, so vermeidet er diese Angst, indem er solche Räume nicht aufsucht. Der Verhaltenstherapeut fragt nun nicht nach den Gründen der «Klaustrophobie», sondern gewöhnt seinen Patienten in einer Art Trainingsprogramm daran, keine Angst mehr in engen Räumen zu haben. Die Folge des Aufsuchens von engen Räumen, die Angst, wird beseitigt. Und das vorher störende Vermeidungsverhalten verschwindet.

Ein psychoanalytisch orientierter Therapeut hingegen lehrt seinen Patienten, die Angst vor engen Räumen nicht umstandslos als etwas Krankhaftes zu betrachten, das möglichst schnell beseitigt werden muß. Er versucht vielmehr, indem er das Symptom als Ausdruck «richtiger» Erfahrungen des Patienten ernst nimmt, diesen dazu zu ermutigen, auch seine «verbotenen» Gefühle wieder zuzulassen und wahrzunehmen. Gelingt ein solcher Prozeß, so führt das zur Wiederentdeckung von Empfindungen, Ängsten, schmerzhaften Erfahrungen, die verschüttet waren. Oft kommen dabei unterdrückter Zorn und Schmerz, Wut und Haß, besonders auch gegen die Eltern, zum Vorschein. Die Unterstützung des Psychotherapeuten ermöglicht es, diese Gefühle zuzulassen und sich mit ihnen neu auseinanderzusetzen. Diese Auseinandersetzung kann sehr verschieden aussehen. So zeigt etwa die «Urschrei-Therapie» von Janov, daß schon die Akzeptierung des Weinens aufgrund solch alter schmerzhafter Erinnerung einen bemerkenswerten therapeutischen Effekt hat.

In manchen dieser Therapien steht die Verbindung gegenwärtiger Ängste und Schwierigkeiten mit Vergangenem im Vordergrund, bei anderen geht es mehr darum, die gegenwärtigen Ängste und Gefühle des Patienten ernst zu nehmen und ihn zu ermutigen, sich zu ihnen zu bekennen. Die Grundlage aller dieser Therapien ist, daß die Gefühle und Ängste des Patienten, die zu «verdrängen» er in der Vergangenheit Grund hatte, ernst genommen und somit akzeptabel werden. Die Lehre, die diese Therapien verbreiten, ist: Du bist ein Individuum mit einer Geschichte, und deine Probleme, Ängste, Schwierigkeiten und Symptome sind Ausdruck deiner Geschichte. Wenn du deine Geschichte verstehst, wenn du deine Gefühle akzeptieren kannst, dann lernst du auch, mit deinen Symptomen umzugehen.

Demgegenüber interessiert sich die Verhaltenstherapie nicht für die Geschichte der Symptome. Der Verhaltenstherapeut argumentiert: Das, was wichtig ist, ist der aktuelle Notstand des Patienten. Wenn mein Patient z. B. Angst hat, in Prüfungen zu versagen, so ist es meine Pflicht, ihm diese Angst zu nehmen. Dabei interessiert mich nicht, woher diese Angst kommt, sondern nur, wie ich sie beseitigen kann. Und nach allem, was man hört, sind die Verhaltenstherapeuten bei dieser Arbeit sehr erfolgreich. Sie schaffen es, viele Menschen in relativ kurzer Zeit «symptomfrei» zu machen. Dieser Umstand spricht nun scheinbar eindeutig für die Verhaltenstherapie. Ich möchte dennoch meine Einwände gegen die Verhaltenstherapie nicht verhehlen. Diese Einwände betreffen vor allen Dingen die grundlegende Lehre der Verhaltenstherapie: Was hier und jetzt als störend empfunden wird, ist nichts anderes als diese Störung, und wir, die Verhaltenstherapeuten, zeigen dir, wie man sie beseitigt.

Diese Lehre akzeptiert alle Arten von «Fehlanpassungen», solange sie nicht in Widerspruch zu den geltenden Normen treten, und sie beseitigt nur Schwierigkeiten, die aus einer störend gewordenen «Fehlanpassung» resultieren.

Ich will dies an einem Beispiel aus der Praxis der Verhaltenstherapie illustrieren (nach Florin/v. Rosenstiel 1976, S. 66ff):

Ein 23jähriger Student kommt in die Beratungsstelle mit folgendem Problem: Er müsse – im Vergleich zu anderen Studenten – zu viel Zeit und Mühe in die Lernarbeit stecken. Er schließt von vornherein aus, daß es an seiner «Dummheit» liegen könne: Er kann dem Unterricht in der Universität gut folgen, kann sich auch recht gut an Fachdiskussionen beteiligen und schreibt befriedigende Klausuren. Er schließt außerdem gleich aus, daß es an seinem mangelnden Interesse für den Stoff liegen könne. «Er habe vielmehr sein Studium frei gewählt, das Stoffgebiet interessiere ihn, und er habe nach wie vor das Gefühl, mit diesem Studium die beste Vorbereitung für den von ihm angestrebten Beruf zu erhalten.»

Mit ihrem Fragebogen fanden die Verhaltenstherapeuten, die diesen Fall bearbeitete, keine Hinweise auf Ängste oder andere Störungen, die an einer solchen Schwierigkeit des Studenten schuld sein könnten. Also versuchten sie, herauszubekommen, ob der Student vielleicht ungenügende Arbeitstechniken habe: Fehlanzeige. So konzentrierten sie sich auf die Bedingungen, unter denen der Student arbeitete. Sie ließen ihn über eine Woche lang ein genaues Protokoll seines Tagesablaufs, seiner Freizeit und Arbeitsphasen und aller Störungen anfertigen. Sehen wir uns nun die verhaltenstherapeutische Analyse dieses Protokolls an:

«Der Student steht in der Regel früh auf, beginnt aber relativ spät mit der Lernarbeit, und zwar auch an den Tagen, an denen er keine Vorlesungen oder Seminare besuchen muß. Vor der Arbeit duscht und rasiert er sich ausgiebig (ca. 45 Minuten), verwendet viel Zeit auf die Zubereitung und Einnahme des Frühstücks (ca. 1 Stunde) und liest danach relativ gründlich die Tageszeitung (wiederum ca. 45 Minuten). An Tagen, an denen der ‹Spiegel› erscheint, wird noch erheblich mehr Zeit auf die Lektüre verwendet.

Der Student lebt in einem Studentenheim und hat dort sein Zimmer und seinen Arbeitsplatz für sich allein. Sein Schreibtisch ist gut geordnet; das notwendige Arbeitsmaterial liegt jeweils vorbereitet da; denn der Klient hat es sich zur Regel gemacht, an jedem Abend alles für den folgenden Arbeitstag Wichtige herzurichten – wohl in der Hoffnung, daß ihm hierdurch der Einstieg in die Lernarbeit erleichtert werde.

Die Arbeitseinheiten sind in der Länge stark unterschiedlich; sie schwanken zwischen 10 Minuten und 2 Stunden und erscheinen in ihrer zeitlichen Ausdehnung kaum vom Stoffgebiet beeinflußt. Ihre Länge hängt offenbar ab

- vom Veranstaltungsplan der Seminare und Vorlesungen in der Hochschule,
- von den Mahlzeiten (Mittagessen und Abendbrot werden sehr pünktlich eingenommen) und
- von äußeren Störreizen.

In der Regel sehen diese äußeren Störbedingungen so aus, daß Kommilitonen, die im gleichen Studentenheim wohnen, anklopfen, sich Nahrungsmittel oder Bücher ausborgen, Unterhaltung suchen oder den Klienten zu gemeinsamen Unternehmungen animieren wollen. Zwar gelingt es dem Studenten meist, diese Kontakte kurz zu halten, doch fällt es ihm danach schwer, den Einstieg in die Arbeit wiederzufinden. Meist sieht sein Verhalten nach einer Unterbrechung so aus, daß er – kaum hat der Besucher den Raum verlassen – wieder anfängt, in der Zeitung oder in einer Zeitschrift zu lesen, eine Schallplatte zu hören oder sich eine Tasse Kaffee zu bereiten.»

Es ist für jedermann offensichtlich, daß zwischen der Behauptung des Patienten, der Stoff interessiere ihn, und seinem Verhalten, in dem er nämlich den Stoff vermeidet, ein Widerspruch besteht.

Und die interessanteste Frage in dieser «Krankengeschichte» ist zweifellos, wieso die Störungen durch Kommilitonen bei dem Studenten so gravierende Folgen haben.

Wir haben bereits in Kapitel 8 gesehen, daß Menschen unterschiedlich befähigt sind, ihre Ängste wahrzunehmen und zu artikulieren: Jungen haben im Fragebogen regelmäßig weniger «Schulangst» als Mädchen, nicht deswegen, weil sie tatsächlich weniger hätten, sondern weil sie weniger dazu neigen, ihre Schulangst zuzugeben. Hier haben wir offenbar einen ähnlichen Fall vor uns: Ein junger Mensch, der gelernt hat, mit Leistung Zuwendung zu erkaufen, entbehrt nun an der Universität diese Zuwendung in besonders hohem Maße. Dabei macht er die Erfahrung, daß Kontakt mit anderen Menschen (die Kommilitonen, die ihn in seinem Zimmer aufsuchen) möglich ist *ohne* Leistung. Er gerät also in einen

Konflikt, der zu Passivität und Reizaufnahme wie Lesen oder Kaffeetrinken führt, die offenbar einen Ersatz für die entgangene Kommunikation darstellt. Seine Konditionierung auf «Leistung» (vgl. Kapitel 9, 4. Abschnitt) ist ernstlich gefährdet. Und in diesem Konflikt sucht er Hilfe. Die Hilfe, die er findet, hilft ihm aber nicht, seinen Konflikt zu erkennen, sondern nur, die «Störung» zu beseitigen. Und das im wortwörtlichen Sinne: Einer der Ratschläge der Verhaltenstherapeuten ist, während der Arbeitszeit ein Zettelchen an die Tür zu hängen mit der Aufschrift: «Bitte nicht stören bis . . .».

Ansonsten verpassen die Verhaltenstherapeuten dem jungen Mann ein Korsett, das ihm hilft, sein Leistungsstreben weiterhin zur Geltung zu bringen. Er wird angeleitet, seine Arbeitszeit «vernünftig» einzuteilen und nach anderthalb Stunden Pausen zu machen, in denen er sich mit dem Hören einer Schallplatte oder dem Trinken einer Tasse Kaffee oder ähnlichem «belohnen» darf bzw. soll.

Daran ist ersichtlich, daß auch die Verhaltenstherapeuten die Versicherung des Studenten nicht ernst genommen haben, der Stoff interessiere ihn (denn dann wären ja solche Belohnungen nicht notwendig gewesen). Genauso wenig fragten sie nach der Bedeutung der Störungen. Die Verhaltenstherapeuten verhielten sich vielmehr so, wie es offenbar die Eltern dieses Studenten schon im Erziehungsprozeß gemacht hatten: Sie beurteilten den Kontakt mit einem anderen Studenten während der Arbeitszeit als «ablenkend» und verboten ihn deshalb mit dem genannten Schildchen.

Die Therapie – so können die Therapeuten berichten – war überaus erfolgreich. Schon nach wenigen Wochen konnte der Student wieder konzentriert arbeiten und erbrachte bessere Leistungen, obwohl er ein Drittel weniger Arbeitszeit an seinem Schreibtisch verbrachte.

Wie mir scheint, haben sie dies dadurch erreicht, daß sie die rigide, auf Leistung gerichtete Charakterstruktur dieses Studenten unterstützten und eine Chance vertan haben. Diese Chance hätte darin bestanden, daß der Student aufgrund seines Konfliktes gelernt hätte, welche Verlockungen solche sozialen Kontakte für ihn bedeuten, woher sie kommen, und endlich, wie er mit ihnen umgehen kann. Der Patient hatte die Chance zu lernen, mit seinen Gefühlen und Wünschen umzugehen und in Störsituationen autonom zu entscheiden. Statt dessen wurde ihm eine Krücke verabreicht, die auch dann noch vorhanden ist, wenn er das Zettelchen an der Tür eines Tages abnehmen kann: Ein starres Korsett wurde ihm angezogen, das ihm Stabilität gibt, aber um welchen Preis!

Dies müssen nicht immer die Folgen von Verhaltenstherapie sein. Aber – und das sollte jeder bedenken, der vor der Wahl steht, welche Art von Therapie er sich oder seinen Kindern angedeihen läßt – es ist eine Sache, eine bestimmte Angst zu verlieren, und eine andere, in einer Therapie den Umgang mit den eigenen Bedürfnissen, Gefühlen und Ängsten zu lernen. Damit dies möglich ist, kann sich die Erforschung der Gefühle und Bedürfnisse nicht auf ein paar Fragebogenantworten und ein paar Interviewstunden beschränken. Mit solchen Instrumenten kommen immer nur die Gefühle und Ängste zum Vorschein, die nicht «verboten» sind. Das Hauptproblem aller psychischen Defekte aber ist, daß wir eine Reihe von Gefühlen und Bedürfnissen mit uns herumschleppen, die wir uns nicht eingestehen können. Dies zu lernen, ist ein längerer Prozeß, in dem eine emotionale Beziehung zwischen Therapeuten und Klient notwendig ist als Voraussetzung für eine längere «Entdeckungsreise ins eigene Ich».

Dies sind – wie ich sie sehe – die Hauptunterschiede zwischen den beiden Hauptrichtungen der Psychotherapie, die heute in den Behandlungszimmern eine Rolle spielen. Wer nicht glaubt, daß verbotene Wünsche, Gefühle, Ängste, Befürchtungen, Hoffnungen und Vorstellungen in unserem Leben eine große Rolle spielen, der wird die Verhaltenstherapie bevorzugen. Und sie wird ihm tatsächlich helfen, seine bewußten Ziele zu erreichen.

Wer aber das Gefühl hat, daß eines seiner Probleme oder der Probleme seiner Kinder darin besteht, daß alte Ängste und Erfahrungen sie daran hindern, alle ihre Gefühle wahrzunehmen und vor allen Dingen auch, andern und sich selbst gegenüber zuzugeben, der wird notwendigerweise eine Form der Psychotherapie, die analytisch oder gesprächstherapeutisch orientiert ist, wählen müssen.

Diese dauert im allgemeinen wesentlich länger, und sie kann auch nicht mit derselben Erfolgsgarantie aufwarten wie die Verhaltenstherapie.

5. Zusammenfassung

Betrachten wir noch einmal den ganzen Komplex der «individuellen Hilfe», wenn es darum geht, Ihr Kind zu stärken.

1. Zunächst geht es darum, Ihre eigenen Erwartungen und die Formen Ihres Umgangs mit Ihrem Kinde zu überprüfen. Dabei spielen vor allen Dingen die Fragen «Wie zentral ist die Schule in meinen eigenen Vorstellungen und im Leben meines Kindes?» und «Wieviel Spielraum lasse ich meinem Kind?» die Hauptrolle.
2. Kinder brauchen Unterstützung, um mit ihren Ängsten fertigzuwerden, Unterstützung, um Lernschwierigkeiten zu überwinden, notfalls auch Unterstützung gegen die Schule. Aber: aufgezwungene Unterstützung ist keine Unterstützung.
3. Wenn es darum geht, schwerwiegendere Störungen durch Psychotherapie anzugehen, ist sorgfältig zu überlegen, ob Sie an der Beseitigung aktueller Störungen oder an der Stärkung der Persönlichkeit des Kindes (oder, falls nötig, auch Ihrer eigenen) interessiert sind.

Wenn individuelle Hilfe den Rangplatz eines Kindes in der Klasse verbessert, so verschlechtert sie gleichzeitig den Rangplatz eines anderen. Das heißt aber, daß der Wettbewerb in der Klasse – und damit genau jener Faktor, der für die Schulangst verantwortlich ist – verstärkt wird. Wer das vermeiden will, der muß notwendigerweise nach Wegen suchen, die Konkurrenz im Klassenzimmer zu mildern oder zu beseitigen – und dafür haben wir einige Möglichkeiten kennengelernt, nämlich den Lehrer dazu zu bringen:

- seine Lernziele offenzulegen,
- die Bewertungsmaßstäbe aufgrund dieser Lernziele vor und nicht nach den Klassenarbeiten festzulegen und bekanntzugeben,
- solche neue Bewertungspraxis öffentlich zu vertreten,
- das Interesse der Schüler durch Projektunterricht (statt Fachunterricht) zu wecken.

Die Schüler, um die es letztlich geht, sind auch in diesem Buch, soweit es aus der Perspektive von Wissenschaftlern, Lehrern und Eltern argumentiert, als «Objekte» behandelt worden, obwohl es doch in der Schule um ihre «Subjekt»werdung geht. Dem möchte ich mit dem letzten Kapitel Rechnung tragen, das sich direkt an jene Betroffenen wendet, die in Kapitel 4 über ihre Erfahrungen mit der angstmachenden Schule berichteten.

Kapitel 14
Was tun gegen die Schulangst? (III): Schüler können sich selber helfen

«Ellenbogendenken und Duckmäusertum sind heute die Lernziele des ‹erfolgreichen› Schülers.» Mit diesen Worten faßte im April 1976 die Münchener Zeitung «tz» die Ergebnisse einer Untersuchung der beiden Psychologen Amelang und Zaworka zusammen, welche 241 Schülerinnen und Schüler der Klassen 11, 12 und 13 verschiedener deutscher Gymnasien befragt hatten. Ihr Resümee aus der Auswertung der Antworten auf 223 Fragen, die den Schülern vorgelegt worden waren: «Mit zunehmender Nähe zum Abitur verschlechtert sich die Solidarität zwischen den Schülern und die Güte des Klassenklimas rapide.»

- Auf die Frage, ob sie schon «des öfteren mit Rücksicht auf eine bessere Zensur ihre wirkliche Meinung zurückgehalten» hätten, hatten 45 % mit Ja geantwortet.
- Ob sie glaubten, daß sich «kontroverse Meinungen im Vergleich zu denen der Lehrer nur sehr gute Schüler leisten können», bejahten 63 % der Schüler.
- Die Vorgabe «Zu einer guten Note gehört auch eine Portion ‹Nach-dem-Mund-Reden›» fanden 75 % der Schüler richtig.

Dies ist – wer wollte es leugnen – ein erschreckender Befund. Denn er zeigt, daß in der Realität der Schule die von Politikern und in den Lehrplänen proklamierten Lernziele wie «Kooperation», «Kritikfähigkeit» und «Solidarität» in ihr komplettes Gegenteil verkehrt werden. Die beiden Psychologen machen für diesen Tatbestand den Numerus clausus verantwortlich. Unsere Analyse der Schulangst hat allerdings gezeigt, daß der Numerus clausus nicht die eigentliche Ursache dieses Mißstandes sein kann, denn die wirkliche Ursache ist darin zu suchen, daß die Schule – wie wir gesehen haben – die Schüler sortiert und in Rangreihen bringt. Durch den Numerus clausus ist diese Sortierung heute *folgenreicher* als noch vor einigen Jahren. Er hat die Situation zugleich verschärft und sichtbarer gemacht: Er ist ein zusätzlicher Faktor, aber nicht die eigentliche Ursache. Würde die Schule lernzielerreichendes Lernen praktizieren, so wäre er *für die Situation im Klassenzimmer* bedeutungslos.

Aber dies ist das zweite und eigentlich erschreckende Moment an der Angelegenheit: Auch die Schüler greifen die Begründung «Der Numerus clausus ist schuld» auf und rechtfertigen damit eigenes charakterloses Verhalten. Das «Hamburger Abendblatt» machte im April 1976 eine Diskussion mit Gymnasiasten. Dabei kam es zu folgendem Eingeständnis:

«Carsten: Ich habe es mal erlebt, daß jemand bei uns ständig sein Buch geschickt unter dem Tisch versteckte und daraus abschrieb oder vorlas, wenn er gefragt wurde. Der Lehrer merkte es nicht. Als es dann an die Zensuren ging, sollte er eine 2+ kriegen und ich eine 4, obwohl ich ständig gearbeitet hatte. Ich habe dann in der Zensurenkonferenz das Verhalten dieses Schülers aufgedeckt. Und dazu stehe ich auch. Wir stehen schließlich alle unter dem Druck des Numerus clausus. Da geht es doch nicht, daß der eine, der etwas tut, eine Vier bekommt, und der andere, der nichts tut, eine Zwei, nur weil der Lehrer nichts merkt. Und der mit der Zwei bekommt die Chance eines Studiums, während der andere vor der Tür stehen bleibt.

Michael: Gerade wenn du das System des Numerus clausus anerkennst, dann mußt du auch anerkennen, wenn jemand alles versucht, durchzukommen. Ich jedenfalls finde deine Meinung egoistisch.»

Es geht hier nicht um Parteinahme. Ich denke, gegen das Abschreiben ist vom moralischen Standpunkt aus genausoviel einzuwenden wie gegen das «Petzen». Worum es vielmehr geht, ist die Tatsache, daß diese beiden Möglichkeiten offenbar als Alternativen, d. h. als einzig mögliche Verhaltensweisen betrachtet werden. Den Grund dafür hat Michael auch genannt: «Gerade wenn du das System des Numerus clausus anerkennst . . .» In der Tat ist eine solche Alternative logisch und zwingend, wenn die Auslesefunktion der Schule von den Schülern akzeptiert wird, solange ihnen andere Möglichkeiten nicht einfallen oder ihnen unrealisierbar erscheinen.

Die Schule lehrt vom ersten Tag an – und diese Lehre teilt sie mit vielen anderen Bereichen unseres Lebens –, daß der Erfolg des einen zugleich den Mißerfolg des anderen bedeutet. Sie lehrt, daß es nicht darum geht, etwas Bestimmtes – für einen selbst oder andere Nützliches – zu können, sondern es *am besten* zu können. Sie teilt die Grundschüler ein in «gute» und «schlechte» und übernimmt die «guten» aufs Gymnasium. Hier teilt sie die «guten» wiederum ein in «gute» und «schlechte». Die «schlechten» verlassen nach und nach das Gymnasium. Und die «guten», die übriggeblieben sind, werden wieder eingeteilt in «gute» und «schlechte», in solche, die begehrte Numerus clausus-Fächer studieren dürfen, und solche, deren «Abitur» einen geringeren Wert hat.

Wer diese Lehre gelernt und akzeptiert hat, der hat auch den Mitschüler als Konkurrenten und den Lehrer als Schiedsrichter akzeptiert. Er hat gegebenenfalls auch die Alternative «Mogeln oder Mißerfolg» akzeptiert. Und er hat vor allen Dingen auch damit alles Leid akzeptiert, das aus einer solchen Situation notwendigerweise resultiert.

Von außen betrachtet sind die Erfolgreichen die «Glücklichen», die Versager die «Unglücklichen». Aber ab und zu wird deutlich, daß diese Gleichung nicht aufgeht. So äußerte sich einmal eine Unterprimanerin in einem Klagebrief über die Situation ihrer Schule: «Ein ganz anderes Kapitel ist die fälschlicherweise so genannte ‹Kameradschaft›. Daß es Abschreiben, Erklären untereinander, gegenseitige Nachhilfe usw. nicht mehr gibt, ist schon fast selbstverständlich. Die Anscheißerei (ich weiß kein anderes Wort dafür) blüht, und vor kurzem ist es mir selber passiert, daß ich völlig ignoriert wurde, d. h., daß mich keiner mehr angesehen hat, weil ich die beste Arbeit hatte.»

Zerstörung von Selbstbewußtsein und Neid bei den Unterlegenen, falsches Selbstbewußtsein und Isolation bei den Überlegenen und bei beiden Angst, Wut, Zorn und Aggression (wenn auch in unterschiedlichem Ausmaß, da die Erfolgreichen ja etwas «Tröstendes» haben) sind die Folgen, wenn das Rangreihen-Machen der Schule akzeptiert und nicht in Frage gestellt wird.

Aber wie soll es Schülern möglich sein, diese Macht der Schule in Frage zu stellen? Von ihren Wünschen auf einen bestimmten Studienplatz gezogen, können sie gar nicht anders, als den anderen als Konkurrenten zu sehen. Von ihrer Angst getrieben, können sie nicht anders, als auf den Erfolgreichen mit Isolation oder Aggression zu reagieren.

Oder doch?

Ich glaube, wenn Schüler anfangen, diese Zusammenhänge zu begreifen, dann haben sie eine Chance, dazu beizutragen, daß ihr Schicksal erträglicher wird. Wenn Schüler anfangen zu begreifen, daß ihr Wunsch, «Bester sein zu wollen», nur unter der Bedingung möglich ist, daß die Schule Rangreihen produziert, wird er ihnen nicht mehr so unproblematisch als etwas «Natürliches» erscheinen, wie das heute meistens der Fall ist. Und wenn Schüler begreifen, daß ihr Wunsch «Bester sein zu wollen» ein Einlassen auf die Technik der Schule des Teilen-und-Herrschens bedeutet und damit den Wunsch nach Freundschaft und Solidarität in der Klasse zu einer Illusion macht, dann gewinnen sie ein Stück Entscheidungsfreiheit: Wer dann noch «Bester sein will», der kann nicht mehr über den «Leistungsdruck», über die «negativen Wirkungen des Numerus clausus», über «Anscheißerei», mangelnde Solidarität usw. klagen.
Denn indem er sich zu seinem Leistungsstreben und seinem Wunsch, «Bester sein zu wollen», bekennt, verzichtet er ausdrücklich auf eine Kritik an dem System, welches ihm zwar die Chance gibt, «Bester zu sein», aber zugleich Freundschaft und Solidarität, Kooperation und Kameradschaft vereitelt.

Hier zeigt sich eine ganz andere Alternative: die Alternative zwischen dem Wunsch nach einem zufriedenen Dasein mit Solidarität und ohne Angst in der Gegenwart und dem Wunsch nach einer möglichen Zukunft mit Geld, Ansehen und Erfolg um den Preis der Isolation.

Ich bin sicher, daß viele Schüler nicht zu «jung» und zu «unreif» sind, um diese Alternative zu begreifen. Und es kann durchaus sein, daß viele Schüler, die im Verlaufe der Schulzeit das Wettrennen um das imaginäre Glück einer imaginären Zukunft aufgeben und von der Schule abgehen, es aus eben dieser Einsicht heraus tun. Aber ich denke, daß diese Einsicht andere Konsequenzen haben sollte und haben kann.

Ende der 60er Jahre haben viele Tausend Schüler für die Abschaffung des Zensurensystems in der Schule demonstriert und ihre Forderungen durch öffentliche Verbrennungen von Zeugnissen unterstrichen. Aber da die Schüler generationenschnell wechseln und sich zudem die politische Landschaft in der Bundesrepublik rapide veränderte, gingen diese Forderungen verloren. Aber die Zeiten haben sich auch insofern geändert, als das Leid von Schülern, die Angst und der Druck, unter dem sie stehen, größer geworden sind. Ende 1976 haben dieser Druck und dieses Leid Schüler an vielen Orten der Bundesrepublik dazu gebracht, für eine Verbesserung ihrer Situation zu demonstrieren und zu streiken. Dabei wurden im wesentlichen die Einstellung aller Lehrer und kleine Klassen verlangt. Dies zeigt, daß die Ursachen für Druck und Leid in Äußerlichkeiten gesucht wurden. Die Funktion der Schule als Sortiermaschine wurde nicht in Frage gestellt.

Es geht aber darum, diesen Zusammenhang wiederzugewinnen und in Aktivitäten auf vielerlei Ebenen umzumünzen. Selbstverständlich werden dafür nicht alle Schüler zu mobilisieren sein: Die Erfolgreichen sind häufig durch die guten Noten «bestochen», ihr Selbstbewußtsein ist mit «Einsern» und «Zweiern» gefüttert. Sie werden die fade Süßigkeit dieser Kost nur ungern aufgeben.

Und dennoch gibt es genug Schüler, auch unter den «Guten», die unter dem Druck der Notenpresse ächzen, die als Bündnisgenossen taugen, wenn erst einmal die richtige Alternative klar ist: nicht guter oder schlechter Schüler sein, sondern die Bewertungsmacht der Schule akzeptieren oder in Frage stellen. Die Bewertungsmacht der Schule akzeptieren oder in Frage stellen: das heißt genauer, den öffentlich verkündeten Anspruch der Schule, Tugenden wie Intelligenz, Kreativität, Kooperation und Kritikfähigkeit zu vermitteln, an ihrer Realität zu messen, in der sie die Schüler zu Konkurrenz, Duckmäusertum und Anpasserei zwingen möchte, indem sie monoton und stereotyp immer wieder Rangreihen zwischen Schülern herstellt und dies als die natürlichste Sache der Welt ausgibt.

Was für praktische Konsequenzen können aus dieser Situationsbeschreibung gezogen werden?

Zunächst einmal wird es darum gehen, überall da, wo Schüler politisch arbeiten, die praktische Forderung nach Abschaffung der Leistungsmessung am Klassendurchschnitt durchzusetzen. Denn diese Forderung macht überhaupt die Forderung nach Einstellung aller Lehrer (abgesehen davon, daß der Einsatz für arbeitslose Lehrer ein Akt der Solidarität ist) erst sinnvoll. Schülerzeitungen können dieses Problem aufgreifen und Lehrer fragen, warum sie denn, am Klassendurchschnitt orientiert, Noten verteilen.

Ja, es dürfte eigentlich keine Ausgabe einer Schülerzeitung geben, in der dieses zentrale Thema von Schule – die Leistungsmessung am Klassendurchschnitt - nicht in irgendeiner Weise abgehandelt würde.

Schülervertreter in Schulkonferenzen sollten das Thema immer wieder auf die Tagesordnung setzen. Und es dürfte keine Schülerdemonstration geben, in der diese Forderung nicht eine bedeutende Rolle spielte.

Zensuren dürfen nicht nach dem Klassendurchschnitt gegeben werden, sondern nach vorher festgelegten Maßstäben. Diese Forderung sollte auch im Umgang der Schüler mit dem Lehrer auf Klassenebene eine hervorragende Rolle spielen. Dabei braucht man gar nicht grundsätzlich vorzugehen. Es genügt, vor jeder Klassenarbeit anzufragen, ob der Lehrer denn angeben könne, und zwar vorher, welche Leistungen er mit Sehr Gut, Gut, Befriedigend usw. benoten wird. Es wird kaum einen Lehrer geben, der das auf Anhieb schafft, aber auch kaum einen, der eine vernünftige Erklärung dafür geben kann, warum er es nicht schafft. Denn daß es in jeder Arbeit Vierer und Fünfer geben müsse, das wird er ja wohl kaum sagen können. Wenn es gelingt, den Lehrer zur Offenlegung seiner Bewertungskriterien vor der Leistungsmessung zu bewegen, dann führt das in der Regel dazu, daß er die Notenvergabe nicht in der gewohnten Weise von Zwei bis Fünf «streut». Sondern in dem einen Fall werden dann sehr viele Schüler Zweier und Dreier erhalten, im anderen Fall mag es dazu führen, daß niemand in der Klasse eine Zwei bekommt und sich die meisten Schüler mit einer Vier oder Fünf bewertet sehen.

Damit wird die eigentliche, sonst verborgene und geleugnete Bedeutung der Leistungsmessung in der Klasse deutlich: Sie zeigt, ob der Unterricht des Lehrers gut und erfolgreich war oder nicht.
Wenn die meisten Schüler das Lernziel erreicht und eine Zwei bekommen haben, so kann auch der Lehrer eine solche Zensur erhalten.

Wenn er aber aufgrund seiner vorher festgelegten Leistungsnormen der Mehrzahl der Schüler eine Vier oder sogar Fünf geben mußte, so zeigt sich daran, daß sein Unterricht nicht dazu getaugt hat, die Schüler an die Lernziele heranzuführen.

Wenn eine Klasse geschlossen die Forderung vertritt, daß der Lehrer nach vorher festgelegten Normen zensiert, so hilft sie ihm dabei, seine Verantwortung für den Lernprozeß der Schüler zu erkennen und die Folgen seines Unterrichts – wie heute vielfach üblich – nicht einzig und allein der «Begabung» oder dem Fleiß seiner Schüler anzulasten.

Die bisherige Schulpraxis hat den Lehrer aus der Verantwortung für sein Tun weitgehend entlassen. Seine «Verantwortlichkeit» beschränkt sich lediglich darauf, Stunde für Stunde nach einem festgelegten Ritual mit seinen Schülern umzugehen und dabei dem erlernten Schema dessen, was «guter Unterricht» heißt, zu entsprechen. Zugespitzt formuliert: Die Qualität seines Unterrichts wird nicht daran gemessen, ob alle Schüler etwas lernen, sondern daran, ob sein Schulrat seinen Unterricht «gut» findet. Die Verantwortlichkeit des Lehrers, wie sie heute verstanden wird, besteht ferner darin, daß er mit dem Stoffplan «durchkommt», daß in seiner Klasse Disziplin herrscht (was dazu führt, Kollegen gegenüber bestehende Disziplinprobleme zu leugnen und zu verschleiern) und daß er das Notensystem so handhabt wie seine Kollegen. Der Lehrer ist also dafür verantwortlich, daß sein Unterricht bestimmten formalen Bedingungen genügt, deren Einhaltung das Kollegium und die Schuladministration erwarten. Er ist nicht dafür verantwortlich, welche Folgen sein Unterricht bei den Schülern hat.

Diese Verantwortung für die Folgen seines Unterrichts beim Lernprozeß der Schüler kann mit der Forderung hergestellt werden, daß er die Leistungen in Prüfungen nach vorgegebenen Maßstäben beurteilt. Denn diese können nichts anderes sein als die Lernziele seines Unterrichts. Und so zeigen die Ergebnisse einer Klassenarbeit, inwieweit er in der Lage war, seinen Unterricht so zu gestalten, daß möglichst viele oder sogar alle Schüler diese Lernziele erreichen konnten.

Hier ist ein dringender Appell an alle jene Schüler fällig, die sich der Aufgabe verschreiben, die Notengebung in der Schule von der Willkür der Orientierung am Klassendurchschnitt zu befreien. Überfordert Eure Lehrer nicht! Ihr habt gesehen, daß die Kollegen und die Schuladministration und auch viele andere von Eurem Lehrer etwas anderes erwarten, als Ihr billigerweise von ihm fordert. Eure Forderung bringt also den Lehrer notwendigerweise in einen Konflikt. Und selbstverständlich werden viele Lehrer versuchen, diesem Konflikt auszuweichen.

Sicher ist, daß Ihr Eurem Lehrer diesen Konflikt nicht ersparen könnt. Aber Ihr könnt doch versuchen, Bedingungen zu schaffen, die den Konflikt für ihn erträglicher machen. Der wichtigste Punkt dabei ist, dafür Sorge zu tragen, daß der Lehrer – wenn er auf Eure Wünsche eingeht – im Kollegium nicht isoliert wird. Dies ist am besten dadurch zu erreichen, daß die Forderung nicht isoliert von einer einzelnen Klasse erhoben wird, sondern daß nach einer entsprechenden vorbereitenden Diskussion möglichst viele Schulklassen in einer Art «konzertierten Aktion» dieselbe Forderung erheben und so eine Diskussion des Problems an der ganzen Schule in Gang setzen. Dabei kann auch besonders das Argument ins Feld geführt werden, daß die Einführung von lernzielorientierter Leistungsmessung in der Schule einen wichtigen Grund für Konkurrenz und unsolidarisches Verhalten beseitigt. Dies Argument wird besonders jene überzeugen, die die durch den Numerus clausus hervorgerufene Situation unerträglich finden.

Wenn eine solche Diskussion an der Schule erst einmal in Gang gekommen ist, dann wird sich auch bald zeigen, daß die Maßstäbe, nach denen die Lehrer die Leistungen beurteilen, nicht von den Lernzielen zu trennen sind, die sie mit ihrem Unterricht verfolgen. Es muß also in einem zweiten Schritt Klarheit über diese Lernziele geschaffen werden. Ich habe bereits zuvor auf die Problematik hingewiesen, die sich daraus ergibt, wenn für den Unterricht Lernziele formuliert werden. Lernziele kann es nur da geben, wo über den Sinn des zu Lernenden keine Diskussion herrscht. Wo aber eben diese Diskussion und die geistige Auseinandersetzung mit Problemen den Inhalt des Unterrichts bilden, können keine Lernziele in einem Sinne angegeben werden, daß an ihnen der Unterrichtserfolg überprüfbar würde.

Diese Problematik ist in der Diskussion um die sogenannten «Normenbücher» deutlich geworden, die zur Zeit des Erscheinens dieses Buches noch überall im Gange ist. Diese Normenbücher wurden von der Kultusminister-Konferenz der Länder (KMK) entwickelt, um die Abituranforderungen in den deutschen Bundesländern zu vereinheitlichen. In ihnen wird bis ins kleinste vorgeschrieben, welches Wissen ein Schüler zum Abitur in den verschiedenen Fächern zu beherrschen und welche Kenntnisse er vorzuweisen hat. Da die Auseinandersetzung mit Erkenntnissen, mit Gedanken und Inhalten, da Interesse und Diskussion in einem solchen Rahmen von «Normenbüchern» nicht bewertbar sind, ist dies auch ausgelassen worden. Dies hat zu einem Sturm der Entrüstung bei allen Fachwissenschaftlern und bei vielen Schülern der reformierten Oberstufe (Gymnasien) sowie Lehrern geführt. Der Tübinger Erziehungswissenschaftler Andreas Flitner sagte über diese Normenbücher: «Daß bestimmte Anforderungen – die Beherrschung der unregelmäßigen Verben im Französischen – vereinheitlicht werden können, steht außer Frage. Aber den ganzen Schulinhalt von der Physik bis zur Literatur, vom Kunstunterricht bis zum Handballspiel, in ein Normensystem zu verwandeln, das für einen Interesse weckenden Unterricht gar keinen Raum mehr läßt, scheint mir absurd und für die geistige Welt unserer Schüler und Studenten geradezu gefährlich.» (Flitner 1977, S. 12)

Mir scheint, daß die Idee der Kultusminister mit den Normenbüchern auch etwas sehr Segensreiches hatte: daß nämlich diese Diskussion jetzt geführt werden kann und geführt werden muß. Und der Kern dieser Diskussion ist, daß es Bereiche in der Schule gibt, wo Lernziele aufgestellt werden können, d. h. aber auch, daß sie für alle Schüler erreichbar sein müssen. Zugleich aber gehört zu dieser Diskussion, daß Schule zu einem Gutteil offen sein muß für Lernprozesse, für die genaue Lernziele nicht angegeben werden können. Woher denn will die Schule die Kriterien (und das Recht) nehmen, Lernprozesse zu bewerten, für die sie Ziele – aufgrund der Natur dieser Lernprozesse – nicht angeben kann bzw. konnte? Das heißt aber, daß die Diskussion um Lernziele wie die Diskussion um die Normenbücher die Chance enthält, daß die Schule ihr Dilemma offenlegt. Jenes Dilemma nämlich, daß sie Dinge bewertet, die sich von ihrer Natur aus der Bewertung entziehen. Dieses Dilemma wird z. B. besonders im Deutsch-Aufsatz deutlich. Die Zensur unter einem solchen ist meist zweigeteilt, zum einen wird der «Inhalt», zum anderen die Schrift beurteilt. Aber was geht nicht alles in die Beurteilung des Inhalts ein! Ein Schüler, der mit seinem Aufsatz eine andere These vertritt, als der Lehrer dies tut, hat häufig wesentlich geringere Chancen auf eine gute «Inhaltsnote» als einer, der sich der Meinung des Lehrers anzupassen versteht.

Der «Inhalt» kann eben nicht zensiert werden. (Und das beweisen auch die vielen Untersuchungen, die zeigen, daß verschiedene Lehrer denselben Aufsatz immer sehr unterschiedlich beurteilen.) Eher schon können formale Dinge beurteilt werden. So etwa der Aufbau, wenn dafür im Lernzielkatalog genaue Muster erarbeitet worden sind. So z. B. auch die Frage, ob allgemeine Thesen mit konkreten Beispielen illustriert oder belegt worden sind, wenn dies als eine plausible Forderung im Lernzielkatalog enthalten war, oder auch der Gebrauch von bestimmten Stilfiguren etc. Aber hier werden die Grenzen schon fließend. Hier Festlegungen treffen zu wollen, führt zu bornierter Willkür. So verbot das Oberlehrer-Deutsch zu meiner Schulzeit (in den 50er Jahren), das Wörtchen «kaputt» in einem Besinnungsaufsatz zu verwenden. Dabei ist aber der Rückgriff auf Umgangssprache, auch der Rückgriff auf «fehlerhafte Wendungen» («Ich lief bei Rot über die Ampel») – wie dieselbe Schule lehrt – ein schriftstellerisches Stilmittel, das zur Belebung, Unterstreichung, Verfremdung, zum Aufmerksamkeitserregen etc. eingesetzt werden kann.

Diese Überlegungen sind quasi als Starthilfe gedacht, wenn Schüler darangehen, Lehrer zur Transparenz ihres Unterrichts zu bewegen, indem sie ihnen abverlangen, die Lernziele deutlich zu sagen, am besten aufzuschreiben. Bei aller Gefahr, die – wie die Diskussion über die Normenbücher zeigt – in einem solchen Vorgehen steckt, ist es doch der einzige Weg, die Schule – wie sie heute ist – dazu zu bringen, die Verantwortung für den Unterrichtserfolg wenigstens zum Teil wieder den Lehrern aufzubürden und sie nicht einseitig bei den Schülern zu belassen.

«Wer nicht genau weiß, wohin er will, dem kann es passieren, daß er ganz woanders ankommt» (nach Mager 1970, S. 25). Die Diskussion um Lernziele im Unterricht ermöglicht es, aus diesem scheinbar absurden Satz die richtige Lehre zu ziehen: jene Bereiche zu identifizieren, wo Lehrer die Ziele ihres Unterrichts angeben und somit auch Maßstäbe für die Bewertung aufstellen können; damit zugleich aber auch jene Bereiche zu beschreiben, wo es um Entdecken, Interesse, Diskussion, Erkenntnis geht, wo also die Lehrer genaue Ziele nicht angeben können und somit gerechterweise auch davon absehen müssen, die «Lernergebnisse» mit Zensuren zu bedenken. Insofern ist die Diskussion über Lernziele ein Fortschritt. Insofern sollte sich kein Schüler davon abhalten lassen, von seinem Lehrer Klarheit über die Ziele des Unterrichts zu verlangen. Denn wenn ein Lehrer anfängt, über die Ziele seines Unterrichts in so präziser Form nachzudenken, dann muß er notwendig selbst zu dem Schluß kommen, daß er bestimmte Dinge, die zu seinem Unterrichtsauftrag gehören, nicht genau in Ziele fassen und dementsprechend auch nicht bewerten kann. Manche Lehrer werden angesichts der Schülerfrage nach den Lernzielen des Unterrichts Dinge wie Interesse, Diskussion, Auseinandersetzung mit

Inhalten usw. einfach «vergessen». Aber diese Dinge stehen ebenso wie die «Kreativität», «Selbstverantwortung», «Kritikfähigkeit», «demokratisches Verhalten» usw. in den offiziellen Lehrplänen. Jeder Schüler kann also fragen, wo diese Zielsetzungen bleiben, wenn ein Lehrer Lernziele vorlegt, in denen sie nicht vorkommen. Und das ist die Chance der Lernzieldiskussion – man kann erst danach fragen, *wenn* der Lehrer sich zu einer präzisen Beschreibung der Ziele seines Unterrichts aufgeschwungen hat.

Inwieweit es gelingt, Mitschüler für ein solches Vorgehen in der Schule zu gewinnen, hängt davon ab, ob man ihnen verdeutlichen kann, inwiefern eine solche Transparenz ihren wohlverstandenen eigenen Interessen dient. Durch lernzielorientierte Leistungsmessung und durch transparente und diskutierbare Lernziele wird die Gefährdung durch Angst verringert, denn es muß nicht mehr «notwendigerweise» immer Schüler geben, die in Arbeiten und Zeugnissen Vieren und Fünfen erhalten, weil die Noten nach dem Klassendurchschnitt vergeben werden. Da mit einem solchen Vorgehen ohne die Einführung von lernzielerreichendem Lernen (vgl. Kapitel 11) aber keineswegs eine «Einheitsnote» erreichbar ist, bleibt z. B. das Erreichen von Numerus clausus-Fächern weiterhin ein Lotteriespiel. Wie schon gesagt, ist nicht damit zu rechnen, daß alle jene Schüler zu Bündnisgenossen gewonnen werden können, die – an «aussichtsreicher» Stelle im Rennen liegend – ihre Zukunftshoffnungen an das Studium eines Numerus clausus-Faches geklebt haben und deswegen um jeden Preis eine bravouröse Durchschnittsnote im Abitur glauben haben zu müssen.

Solche Zukunftswünsche und -hoffnungen dürfen nicht tabu sein. Sie sollten in der Klasse diskutiert werden.

Wer sich solch hochfliegenden Plänen verschrieben hat, wer also damit die Auslesefunktion der Schule akzeptiert hat, dem muß auch klargemacht werden, daß Konkurrenz und Solidarität sich ausschließen, daß er *gegen* die Solidarität für *sich* entschieden hat.

Wer sich hingegen mit seinen Worten für die Solidarität in der Klasse oder in der Lerngruppe entscheidet, der kann dies unter Beweis stellen, indem er sich an den Aktivitäten zur Erreichung von lernzielorientierter Leistungsmessung und der Offenlegung von Lernzielen beteiligt, ja besonders dadurch, daß er mithilft, die Chance zu nutzen, die in der lernzielorientierten Leistungsmessung für alle steckt: gemeinsames Lernen, damit alle die Normen erfüllen können. Wie der Bericht aus dem Rastatter Tulla-Gymnasium zeigt, gibt es auch unter dem Druck des Numerus clausus noch solidarische Initiativen von Schülern in den Schulen. Aber wenn – wie im Tulla-Gymnasium – ältere Schüler jüngeren helfen, so hat das mehr caritativen Charakter. Es geht um Solidarität in der Klasse: sich einander beim Lernen zu helfen, was eben dann möglich wird, wenn die gute Zensur des einen nicht notwendigerweise auf Kosten der schlechten Zensur des anderen erstritten werden muß.

Gegen den „Schul-Streß"

Rastatter Gymnasiasten gründeten Initiativgruppe

Rastatt (gpf). Die Frage, ob die Schule den Schüler kaputt macht und ob der Leistungsdruck über die Kräfte manches jungen Menschen hinausgeht, wird heute überall diskutiert. Im Tulla-Gymnasium in Rastatt rückt man diesem Problem nun praktisch zu Leibe: Schülerinnen und Schüler der Oberstufe haben dort eine „Initiativgruppe gegen den Schul-Streß" gegründet, um ihren jüngeren Mitschülern bei der Bewältigung auftauchender Probleme zu helfen.

Der Initiator dieser beispielhaften Einrichtung, ein Sechzehnjähriger, hatte selbst erhebliche Schwierigkeiten mit Lehrern, Eltern und Noten. Statt zu resignieren, entschloß er sich, gemeinsam mit Klassenkameraden nach Möglichkeiten zu suchen, um sich und andere aus der unerfreulichen Streß-Situation zu befreien. Ein psychologisch ausgebildeter Lehrer erklärte sich bereit, die Anti-Streß-Gruppe zu beraten und zu betreuen.

Der Kontakt mit Schülern, die Mühe haben, das sogenannte „Klassenziel" zu erreichen, wird zunächst durch ein Angebot von kostenlosem Nachhilfe-Unterricht hergestellt. Während dieser Nachhilfestunden versucht ein Mitglied der Initiativgruppe im Gespräch herauszufinden, ob Schwierigkeiten mit Lehrern, Eltern oder Freunden der Grund für das Schulversagen sein können. Unter vorsichtiger Mithilfe des betreuenden Lehrers wird dann alles getan, diese Spannungen zu beseitigen oder andere Ursachen für den Schul-Streß abzubauen.

Quelle: Badische Zeitung vom 19. 6. 1976

Keine Fünfen mehr

■ Ein Lehrer wollte offenbar keine „Fünfen" geben und wurde deshalb beurlaubt. So geschehen einem Studienrat aus Delmenhorst, der nach einem Anhörungstermin beim Oldenburger Verwaltungspräsidenten vorläufig des Dienstes enthoben wurde. Dem Beamten wird vorgeworfen, gegen die geltenden Richtlinien für die Notengebung an niedersächsischen Schulen verstoßen zu haben. Damit habe er die erforderliche Ordnung an dem Gymnasium bewußt und nachhaltig gestört. Dem Vernehmen nach hatte der 27jährige angekündigt, er wolle aus sozialpädagogischen Gründen die Zensuren fünf und sechs nicht mehr geben. Eltern hatten daraufhin seine Beurlaubung gefordert und Boykottmaßnahmen angedroht.

Quelle: Hamburger Abendblatt vom 28. 3. 1977

Wer die hier geschilderten Chancen, die Schule zu einer humaneren Lernumwelt zu machen, nicht wenigstens zu realisieren versucht, der hat – so meine ich – das Recht verspielt, über den Leistungsdruck zu jammern, unter den er durch den Numerus clausus gesetzt wird.

Die Situation war für solche Unternehmungen noch nie so offen, wie sie es heute ist. Das heißt nicht, daß Schüler, die so etwas versuchen, nicht auf den erbitterten Widerstand vieler Lehrer stoßen werden. Denn die Schuladministration verbreitet unter den Lehrern Angst. Härter als je wird heute von den Lehrern verlangt, daß sie streng zensieren und ihre Auslesefunktion wahrnehmen.

Aber: Kein Lehrer, auch kein Lehrerverband und nicht einmal ein Kultusminister wird Schülern und Eltern klarmachen können, warum jemand, der die Lernziele erreicht hat, nicht auch eine Zwei bekommen kann. Niemand von all denen ist in der Lage, rational zu erklären, warum Schüler am Klassendurchschnitt gemessen werden müssen. Jeder, der es dennoch versucht, ist leicht zu überführen. Und wenn mit solchen Aktionen nichts erreicht ist, so doch mindestens dies, daß die Verantwortlichen endlich öffentlich zugeben, wozu die Schule dient, solange sie so ist, wie sie ist: zur Herstellung von Rangreihen, d. h. zur Ermutigung für die einen und zur Entmutigung für die anderen und nicht zum Lernen – wie sie alle, die Lehrer, die Schulbürokraten, die Bildungspolitiker in Lehrplänen, Parteiprogrammen und Sonntagsreden immer wieder behaupten.

Dies ist das schlechteste Ergebnis, das durch kollektive Anstrengungen, wie sie hier angeregt wurden, erreicht werden kann. Nur die Praxis des Kampfes gegen Schulangst und Schulstress kann zeigen, ob wirklich nicht mehr erreichbar ist.

Anhang I
Adressen von Beratungsstellen, die bei massiven Schulangst-Symptomen weiterhelfen

Baden-Württemberg

Erziehungsberatungsstelle
Ostalbkreis Aalen
Gmünder Straße 27
7080 Aalen

Erziehungsberatungsstelle Landratsamt Ortenaukreis Offenburg
Kirchstraße 16
7590 Achern
Telefon (07841) 2593

Erziehungsberatungsstelle Landkreis Konstanz, Außenstelle
Rathaus
7753 Allensbach

Eltern- u. Jugendberatung
Landratsamt Calw, Nebenstelle
7272 Altensteig

Beratungsstelle für Jugend- u. Erziehungsfragen
Rems-Murr-Kreis
Erbstetter Straße 56
7150 Backnang
Telefon (07191) 895-323

Psychologische Beratungsstelle der Stadt Baden-Baden für Eltern, Kinder u. Jugendliche, Stadtverwaltung Baden-Baden
Hildastraße 30
7570 Baden-Baden
Telefon (07221) 278243

Psychologische Beratungsstelle für Eltern, Kinder u. Jugendliche,
Caritasverband für Südwürttemberg, Tübingen
Ehinger-Tor-Straße 12
7950 Biberach/Riß
Telefon (07351) 72353

Beratungsstelle für Erziehungs-, Ehe- u. Lebensfragen, Landkreis Böblingen
Waldburgstraße 19
7030 Böblingen
Telefon (07031) 23437

Beratungsstelle für Kinder, Jugendliche u. Eltern
Landkreis Waldshut, Waldshut, Nebenstelle
Rathaus
7823 Bonndorf

Psychologische Beratungsstelle
Landkreis Karlsruhe, Nebenstelle
Postweg 39
7581 Bretten

Psychologische Beratungsstelle
Caritasverband Bruchsal
Hildastraße 13
7520 Bruchsal
Telefon (07251) 12511

Erziehungs- u. Jugendberatung
Landratsamt Rastatt
Rastatt, Nebenstelle
Geppertstraße 17
7580 Bühl

Eltern- u. Jugendberatung
Landkreis Calw
Nebenstelle
7543 Calmbach

Eltern- u. Jugendberatungsstelle
Landratsamt Calw
Vogteistraße 44

7260 Calw
Telefon (07051) 60371

Psychologische Beratungsstelle
– Eltern-, Jugend-, Ehe-
u. Lebensberatung –
Evang. Oberkirchenverband Stuttgart/
Diözese Rottenburg,
Tübingen, Nebenstelle
Grüngrabenstraße 40
7410 Ebingen

Psychologische Beratungsstelle für Eltern, Kinder u. Jugendliche
Landratsamt Alb-Donau-Kreis
Lindenstraße 35
7930 Ehingen
Telefon (07391) 793

Erziehungsberatungsstelle
Ostalbkreis Aalen
Aalen, Nebenstelle
Schloßvorstadt 27a
7090 Ellwangen

Heilpädagogische Beratungsstelle
– Erziehungsberatung –
Landkreis Emmendingen
Gartenstraße 10
7830 Emmendingen
Telefon (07641) 451341/45, 1342/45, 1343

Familien- u. Jugendberatungsstelle
Landratsamt Esslingen
Allmandgasse 3
7300 Esslingen
Telefon (0711) 3902-280/279

Psychologische Beratungsstelle
Caritasverband für den Landkreis Karlsruhe
Bezirksverband Ettingen e. V.
Mühlenstraße 39
7505 Ettingen
Telefon (07243) 14091-92

Abt. für Psychotherapie u. psychosomatische Medizin im Klinikum der Universität Freiburg
Habsburger Straße 62
7800 Freiburg
Telefon (0761) 201-2091/90

Psychoanalytisches Seminar
Institut der Deutschen psychoanalytischen Vereinigung (DPV)
Königsberger Straße 8
7800 Freiburg-Kappel
Telefon (0761) 67883

Heilpädagogische Beratungsstelle
Stadt Freiburg
Rempartstraße 4
7800 Freiburg
Telefon (0761) 2164316

Beratungsstelle für Kinder, Jugendliche und Eltern
Caritasverband für die Erzdiözese Freiburg
Sedanstraße 21
7800 Freiburg
Telefon (0761) 35148 u. 35230

Psychologische Beratungsstelle für Eltern, Kinder u. Jugendliche
Caritasverband für die Stadt Überlingen und den Linzgau
Überlingen, Nebenstelle
Sedanstraße 12
7990 Friedrichshafen

Beratungsstelle für Eltern
u. Jugendliche
Landkreis Freudenstadt
Landhausstraße 4
7290 Freudenstadt
Telefon (07441) 55208, 55205, 55310

Beratungsstelle für Eltern, Kinder und Jugendliche, Landkreis Göppingen
Göppingen, Nebenstelle
Landkreis Göppingen
Steingruberstraße 7
7340 Geislingen

Beratungsstelle für Eltern, Kinder und Jugendliche
Landkreis Göppingen
Lorcher Straße 10
7320 Göppingen
Telefon (07161) 602-1

Lebensberatungsstelle für Jugendliche, Kinder und Eltern
Zollernalbkreis
Schloßackerstraße 82
7450 Hechingen
Telefon (07471) 5237

Heilpädagogische Beratungsstelle
Stadt Heidelberg
Blumenstraße 8
6900 Heidelberg
Telefon (06261) 532479

Institut für Psychagogik
Verein für Erziehungshilfe e. V.
Heidelberg
Posseltstraße 2
6900 Heidelberg
Telefon (06221) 49198

Psychologische Beratungsstelle
Caritasverband für die Erzdiözese Freiburg e. V.
Rohrbacher Straße 60
6900 Heidelberg 1
Telefon (06261) 49081/2

Beratungsstelle des psychologischen Instituts der Universität Heidelberg
Universität Heidelberg
Hauptstraße 242
6900 Heidelberg
Telefon (06221) 54358

Erziehungsberatungsstelle
Landkreis Heidenheim
Felsenstraße 36
7920 Heidenheim

Erziehungsberatungsstelle
Landkreis Heilbronn
Weststraße 40
7100 Heilbronn
Telefon
(07131) 635338

Beratung für Familie u. Erziehung
Stadt Heilbronn
Dittmarstraße 16
7100 Heilbronn
Telefon (07131) 881643

Psychologische Beratungsstelle für Eltern, Kinder und Jugendliche
Caritasverband für Württemberg
Fischergasse 6
7100 Heilbronn
Telefon (07131) 81721

Psychologische Beratungsstelle
Evang. Landeskirche in Württemberg
Klarastraße 19
7100 Heilbronn
Telefon (07131) 85428

Psychologische Beratungsstelle
Eltern-, Jugend-, Ehe- u. Lebensberatung
(Außenstelle von Tübingen)
Bischöfliches Ordinariat Rottenburg
Sommerhalde 2
7240 Horb
Telefon (07451) 3844

Erziehungsberatungsstelle
Stadt Karlsruhe
Werderstraße 63
7500 Karlsruhe 1
Telefon (0721) 133, 3180/3181

Psychologische Beratungsstelle
Landkreis Karlsruhe
Kriegsstraße 208
7500 Karlsruhe
Telefon (0721) 24838

Psychologische Beratungsstelle für Kinder, Eltern u. Jugendliche
Landratsamt Ortenaukreis
Rheinstraße 33
7640 Kehl
Telefon (07851) 5296

Beratungsstelle für Familie u. Jugend
Landkreis Esslingen
Nürtingen, Nebenstelle
7312 Kirchheim

Erziehungsberatungsstelle
Landkreis Konstanz
Stefansplatz 4
7750 Konstanz
Telefon (07531) 286346

Beratungsstelle für Eltern, Kinder u. Jugendliche
Landratsamt Ortenaukreis
Bismarckstraße 41
7630 Lahr
Telefon (07821) 24387

Beratungsstelle für Erziehungsfragen
Landkreis Böblingen
Eltinger Straße 42
7250 Leonberg
Telefon (07152) 20021

Beratungsstelle für Kinder
u. Jugendliche
Landkreis Lörrach
Luisenstraße 35
7850 Lörrach
Telefon (07621) 88720

Erziehungsberatungsstelle
Landratsamt
7140 Ludwigsburg
Telefon (07141) 6001/App. 71

Erziehungsberatungsstelle
Landkreis Ludwigsburg
Ruhrstraße 8–10/1
7140 Ludwigsburg
Telefon (07141) 144512

Psychologische Beratungsstelle für Eltern, Kinder u. Jugendliche
Caritasverband für Württemberg e. V., Stuttgart
Werner Straße 83 u. 85
7140 Ludwigsburg
Telefon (07141) 44555

Beratungsstelle der Stadt Mannheim für Kinder u. Jugendliche, Stadt Mannheim
Mittelstraße 42/III
6800 Mannheim 1
Telefon (0621) 32410, 377592

Beratungsstelle für Kinder
u. Jugendliche
Stadt Mannheim
Mannheim 1 (Mittelstraße 42/III),
Nebenstelle
Frohe Zuversicht 5–7
6800 Mannheim-Waldorf

Psychologische Beratungsstelle für Kinder, Jugendliche u. Eltern
Caritasverband e. V.
A 4, 1
6800 Mannheim
Telefon (0621) 23108, 23509

Erziehungsberatungsstelle
Landkreis Ludwigsburg, Ludwigsburg
Außenstelle
7142 Marbach

Evang. Erziehungsberatung u. Lebensberatung
Evang. Kirchenkreis Mosbach
Pfalzgraf-Otto-Straße 22
6950 Mosbach
Telefon (06261) 4114

Psychologische Beratungsstelle
Caritasverband für den Odenwaldkreis e. V.
Bezirksstelle Mosbach
Lohrtalweg 33
6950 Mosbach
Telefon (06261) 2692

Erziehungs- u. Jugendberatungsstelle des Enzkreises
Landratsamt Enzkreis Pforzheim
Einsteinstraße 5 (Am Senderberg)
7130 Mühlacker
Telefon (07041) 7711

Erziehungsberatungsstelle
Landkreis Breisgau-Hochschwarzwald
Nußbaumallee 8
Haus der Jugend
7840 Müllheim
Telefon
(07631) 5511, App. 96

Beratungsstelle für Jugend- u.
Erziehungsfragen
Landkreis Reutlingen
Karlstraße 30
7420 Münsingen
Telefon
(07381) 2259

Eltern- u. Jugendberatung
Landratsamt Calw, Calw, Nebenstelle
7270 Nagold

Psychologische Familienberatung
Diakonisches Werk der evang.
Landeskirche
Hauptstraße 72
6903 Neckargemünd
Telefon (06223) 3138

Eltern- u. Jugendberatung
Landratsamt Calw
Calw, Außenstelle
7261 Neubulach

Beratungsstelle für Familie u. Jugend
Landkreis Esslingen
Auf dem Säer,
7440 Nürtingen
Telefon (07022) 33213

Beratungsstelle für Kinder, Jugendliche
und Eltern
Caritasverband für den Ortenaukreis
Bezirksstelle Offenburg
Offenburg, Außenstelle
Gewerbeschule
7602 Oberkirch

Beratungsstelle für Kinder, Jugendliche
und Eltern
Caritasverband für den Ortenaukreis
Bezirksstelle Offenburg
Hildastraße 28
7600 Offenburg
Telefon (0781) 71276

Evang. Erziehungsberatung e. V.
Wichernstraße 4
7600 Offenburg
Telefon (0781) 4777

Verein für Erziehungsberatung e. V.
Stadt Pforzheim
Christophallee 24
7530 Pforzheim
Telefon (07231) 12706

Psychologische Beratungsstelle
Caritasverband Bruchsal
Bruchsal Nebenstelle
Odenheimer Straße 2
7522 Philippsburg

Erziehungsberatungsstelle
Landkreis Konstanz
Konstanz Nebenstelle
7760 Radolfzell

Erziehungs- u. Jugendberatungsstelle
Landratsamt Rastatt
Markgrafenstraße 9
7550 Rastatt
Telefon (07222) 381, 925

Psychologische Beratungsstelle für Eltern, Kinder u. Jugendliche
Caritasverband für Württemberg
Bezirk Südwürttemberg, Tübingen
Kapuzinerstraße 12
7980 Ravensburg
Telefon (0751) 22873

Psychologische Beratungsstelle für
Eltern-, Jugend-, Ehe- u. Lebensfragen
Ev. Oberkirchenrat Stuttgart
Ev. Landeskirche in Württemberg
Klosterstraße 2
7410 Reutlingen
Telefon (07121) 34511

Beratungsstelle für Jugend- und Erziehungsfragen
Landkreis Reutlingen
Bismarckstraße 33
7410 Reutlingen
Telefon (07121) 15291

Erziehungsberatungsstelle
Landkreis Tübingen
Tübingen, Außenstelle
7407 Rottenburg

Psychologische Beratungsstelle für Eltern, Kinder u. Jugendliche
Caritasverband für Südwürttemberg
Körnerstraße 48
7210 Rottweil
Telefon (0741) 6240

Erziehungsberatungsstelle für Kinder, Jugendliche u. Eltern
Caritasverband für den Landkreis Waldshut
Münsterplatz 17
7880 Säckingen
Telefon (07761) 7037

Erziehungsberatung
Landkreis Konstanz
Konstanz, Nebenstelle
7700 Singen

Psychologische Beratungsstelle
Evang. Landeskirche Württemberg u. z. T.
Diözese Rottenburg
Tuttlingen, Nebenstelle
Sudetenstraße 15
7208 Spaichingen

Eltern- u. Jugendberatung
Landratsamt Calw
Calw, Außenstelle
7261 Sulz am Eck

Eltern- u. Jugendberatung
Landratsamt Calw
Calw, Außenstelle
7291 Schömberg

Beratungsstelle für Kinder u. Jugendliche
Landkreis Lörrach
Lörrach, Nebenstelle
Kath. Gemeindehaus
7860 Schopfheim

Beratungsstelle für Jugend- u. Erziehungsfragen
Rems-Murr-Kreis
Silcherstraße 39
7060 Schorndorf
Telefon (07181) 62026

Psych. Beratungsstelle für Eltern, Kinder u. Jugendliche
Caritasverband für Südwürttemberg
Tübingen
Rottweil, Nebenstelle
Tiersteinstraße 22
7230 Schramberg

Erziehungsberatungsstelle des Landkreises
Landkreis Schwäbisch Hall
Crailsheimer Straße 27
7170 Schwäbisch Hall
Telefon (0791) 47288, 47287

Psychologische Beratungsstelle
Eltern-, Jugend-, Ehe- u. Lebensberatung
Evang. Landeskirche in Württemberg
Tuttlingen, Außenstelle
Reutestraße 32
7220 Schwenningen
Telefon (07720) 7850

Städt. Erziehungsberatungsstelle
Stadt Stuttgart, Jugendamt
Nikolausstraße 6a
7000 Stuttgart
Telefon (0711) 2162701

Psychologische Beratungsstelle für Eltern, Jugendliche u. Kinder
Caritasverband für die Erzdiözese Freiburg e. V.
Schloßweg 6 u. 17

6972 Tauberbischofsheim
Telefon (09341) 2549

Psychologische Beratungsstelle für Kinder, Jugendliche u. Eltern
Caritasverband
Adolph-Kolping-Straße 19
7820 Titisee-Neustadt
Telefon (07651) 5291

Erziehungsberatungsstelle
Landkreis Tübingen
Frischlinstraße 29
7400 Tübingen
Telefon (07071) 5315

Abt. für Kinder- u. Jugendpsychiatrie der Universitäts-Nervenklinik
Osianderstraße 14
7400 Tübingen
Telefon (07071) 292338

Psychologische Beratungsstelle der Evang. u. Kath. Kirche
Evang. Landeskirche Württemberg u. z. T. Diözese Rottenburg
Alleestraße 9
7200 Tuttlingen
Telefon (07461) 6912

Psychologische Beratungsstelle für Eltern, Kinder und Jugendliche
Caritasverband für die Stadt Überlingen und den Linzgau
Mühlbachstraße 18
7770 Überlingen
Telefon (07551) 3397

Psychologische Beratungsstelle
Caritasverband für Württemberg e. V. Stuttgart
Baldingerweg 4
7900 Ulm
Telefon (0731) 30809

Erziehungsberatungsstelle
Landkreis Ludwigsburg
Ludwigsburg, Nebenstelle
Franckstraße 20
7143 Vaihingen
Telefon (07042) 6001

Beratungsstelle für Ehe-, Familien- u. Lebensfragen
Kath. Pfarrgemeinde in Zusammenarbeit mit den Evang. Gemeinden u. der
Stadt Villingen-Schwenningen
Goethestraße 6
7730 Villingen
Telefon (07721) 54928, (07722) 4300

Psychologische Beratungsstelle
Caritasverband Bruchsal
Bruchsal, Nebenstelle
Mannheimer Straße 1
6831 Waghäusel

Beratungsstelle für Jugend- u. Erziehungsfragen, Landkreis Rems-Murr
Neue Bahnhofstraße 10
7050 Waiblingen
Telefon (07151) 52288

Heilpädagogische Beratungsstelle
– Erziehungsberatung –
Landkreis Emmendingen
Emmendingen, Außenstelle
Marklinstraße 21
7809 Waldkirch

Beratungsstelle für Kinder, Jugendliche und Eltern
Landkreis Waldshut
7890 Waldshut
Telefon (07751) 86-526

Psychologische Beratungsstelle der Stadt Weinheim
Altes Rathaus, Marktplatz 1
6940 Weinheim
Telefon (06201) 4362

Beratungsstelle für Eltern, Kinder u. Jugendliche
Caritasverband für die Erzdiözese Freiburg e. V.
Bahnhofstraße 3
7620 Wolfach
Telefon (07834) 6181

Bayern

Erziehungsberatungsstelle
Treibgasse 28 (Martinushaus)
8750 Aschaffenburg
Telefon (06021) 25205

Psychologische Beratungsstelle der Stadt Augsburg
Hans-Nagel-Gasse 3
8900 Augsburg
Telefon (0821) 324/2957

Heilpädagogische Beratungsstelle
Hartmannstraße 2
8730 Bad Kissingen
Telefon (0971) 4363

Erziehungsberatungsstelle
Friedrichstraße 2
8600 Bamberg
Telefon (0951) 25266

Beratungsstelle für Erziehungs-, Ehe- u. Lebensfragen
Schulstraße 15
8580 Bayreuth
Telefon (0921) 5483

Erziehungsberatungsstelle
Doktorberg 6
8240 Berchtesgaden
Telefon (08652) 4121

Städt. Jugend- u. Familienberatung
Langemarckplatz 3
8520 Erlangen
Telefon (09131) 86295

Städt. Erziehungsberatungsstelle
Blumenstr. 22
8510 Fürth
Telefon (0911) 91577

Erziehungsberatungsstelle
Schulstraße 4
8100 Garmisch-Partenkirchen
Telefon (08821) 4325

Beratungsstelle für Familien-, Ehe- u. Lebensfragen
Bahnhofsplatz 1
8670 Hof/Saale
Telefon (09281) 84498

Erziehungsberatungsstelle
Kanalstraße 18
8070 Ingolstadt
Telefon (0841) 35120

Erziehungsberatung
Kostenlose Beratung in den Erziehungsberatungsstellen des Stadtjugendamtes:
Ärztlich-psychologische Zentralstelle für Erziehungsberatung
Goethestraße 53
8000 München
Telefon (089) 233/3203

Erziehungsberatungsstellen außerhalb des Stadtjugendamtes:
Psychosomatische Beratungsstelle für Kinder bei der Univ.-Poliklinik
Pettenkoferstraße 8a
8000 München
Telefon (089) 59941

Erziehungsberatungsstelle
Marienstraße 15
8500 Nürnberg
Telefon (0911) 226637

Beratungsstelle für Kinder, Jugendliche u. Eltern
Wöhrdstraße 60
8400 Regensburg
Telefon (0941) 562222

Erziehungsberatungsstelle Rosenheim
Hofmannstraße 5
8200 Rosenheim
Telefon (08031) 2283

Erziehungsberatungsstelle für Eltern und Jugend
8720 Schweinfurt

Erziehungsberatungsstelle
Bahnhofsplatz 14
8130 Starnberg
Telefon (08151) 148388

Psychotherapeutischer Beratungsdienst
Frankfurter Straße 24
8700 Würzburg
Telefon (0931) 42543

Berlin

Ev. Beratungsstelle für Erziehungs-, Jugend-, Ehe- u. Lebensfragen
Pillnitzer Weg 8
1000 Berlin 20
Telefon (030) 3646303

Weitere Beratungsstellen bitte hier erfragen

Erziehungsberatungsstellen des Senats

Tempelhof
Albulaweg 15–19
1000 Berlin
Telefon (030) 7414051, App. 853

Tiergarten
Alt Moabit 103
1000 Berlin
Telefon (030) 3905861

Wilmersdorf
Fehrbelliner Platz 4
1000 Berlin
Telefon (030) 870291

Spandau
Germersheimer Weg 27/29
1000 Berlin
Telefon (030) 3727488

Wedding
Grüntaler Straße 21
1000 Berlin
Telefon (030) 457488

Kreuzberg
Hallesches Ufer 78
1000 Berlin
Telefon (030) 259091, App. 415

Schöneberg
Hauptstraße 43
1000 Berlin
Telefon (030) 7832586

Steglitz
Hindenburgdamm 28
1000 Berlin
Telefon (030) 791041, App. 684/685

Zehlendorf
Ihnestraße 74
Teltower Damm 95
1000 Berlin
Telefon (030) 801081

Charlottenburg
Niebuhrstraße 60
1000 Berlin
Telefon (030) 341001

Neukölln
Saltykowstraße 8–12
1000 Berlin
Telefon (030) 6809 2326

Reinickendorf
Waidmannslust Oraniendamm 40/43
1000 Berlin
Telefon (030) 497012, App. 678

Bremen

Beratungsstelle für Kinder, Jugendliche u. Eltern
Senator für Soziales, Jugend u. Sport
Bremen (Graf-Moltke-Straße 49), Nebenstelle
Friedrich-Ebert-Straße 101
2800 Bremen-Neustadt

Beratungsstelle für Kinder, Jugendliche u. Eltern
Senator für Soziales, Jugend u. Sport
Graf-Moltke-Straße 49
2800 Bremen
Telefon (0421) 346838, 3612796

Uhthoffstraße 44
2800 Bremen-Vegesack

Evang. Erziehungsberatungsstelle
Bremische Evang. Kirche
Wachmannstraße 81
2800 Bremen
Telefon (0421) 341594

Psych. Beratungsstelle
Landkreis Wesermünde
Berriestraße 48
2850 Bremerhaven
Telefon (0471) 191/-373-375

Jugendpsych. Beratungsstelle
Magistrat der Stadt Bremerhaven
Hinr.-Schmalfeldstraße/Stresemannstraße (Stadthaus Block 2)
2850 Bremerhaven-Lehe
Telefon (0471) 5902543

Hamburg

Erziehungsberatungsstellen beim Amt für Jugend:

Ludolfstraße 29
2000 Hamburg 20
Telefon (040) 4667484

Virchowstraße 50
2000 Hamburg 50
Telefon (040) 391072101

Hermann-Maul-Straße 5
2000 Hamburg 90
Telefon (040) 7717023 27

Luruper Hauptstraße 220
2000 Hamburg 53
Telefon (040) 837055, App. 42

Erziehungsberatungsstelle
Kieler Straße 188
2000 Hamburg 54
Telefon (040) 8504036

Nebenamtliche Erziehungsberatungsstellen:
Poppenhusenstraße 1
2000 Hamburg 33
Telefon (040) 2207515

Holzhude 1
Lichtwark-Haus
2000 Hamburg 80
Telefon (040) 349122039

Öjendorfer Höhe 12 (Schule)
2000 Hamburg 74
Telefon (040) 7123834

Sibbertstraße 1 b
2000 Hamburg 55
Telefon (040) 8668399

Bramfelder Dorfplatz 3
2000 Hamburg 71
Telefon (040) 6014852

Krayenkamp 4b
2000 Hamburg 11
Telefon (040) 6914007

Manshardtstraße 105
2000 Hamburg 34
Telefon (040) 7314310

Diekmoorweg 15
2000 Hamburg 62
Telefon (040) 524763

Eckhoffplatz 12
2000 Hamburg 53
Telefon (040) 8668484

Friedrich-Ebert-Straße 14
2000 Hamburg 61
Telefon (040) 554284

Erziehungsberatungsstelle
An der Alster 20
2000 Hamburg 1
Telefon (040) 248361

Psychotherapeutische Beratungs- u. Behandlungsstelle
Gropiusring 41
2000 Hamburg 60
Telefon (040) 6303537

Hessen

Beratungsstelle für Eltern, Kinder u. Jugendliche
Stadt Bad Homburg
Dorotheenstraße 47
6380 Bad Homburg
Telefon (06172) 29109

Beratungsstelle für Eltern, Kinder u. Jugendliche
Hochtaunuskreis
Frölingstraße 42
6380 Bad Homburg
Telefon (06172) 181

Jugend- u. Familienberatungsstelle
Kreisausschuß des Untertaunuskreises
Adolfstraße 123
6208 Bad Schwalbach
Telefon (06124) 89328

Erziehungsberatungsstelle
Zweckverband Erziehungsberatung Starkenburg
Schöfferstraße 19
6100 Darmstadt
Telefon (06151) 85356, 82653

Darmstadt, Außenstelle
Gesundheitsamt
6110 Dieburg

Psychologisch-ärztl. Beratungsstelle für Jugend u. Familie
Kreis
Am Forstdenkmal
6340 Dillenburg
Telefon (02771) 97208

Beratungsstelle für Eltern, Kinder u. Jugendliche
Landratsamt Rüdesheim
Rheingauer Straße 39
6228 Eltville
Telefon (06123) 6801, 6802

Erziehungsberatungsstelle
Caritasverband Frankfurt
Alte Mainzer Gasse 10
6000 Frankfurt/Main
Telefon (0611) 20321/12

Erziehungsberatungsstelle
Magistrat der Stadt Frankfurt
Bolongarostraße 152
6000 Frankfurt-Höchst

Erziehungsberatungsstelle
Magistrat der Stadt Frankfurt
Braubachstraße 30–32
6000 Frankfurt/Main
Telefon (0611) 2123626

Evang. Familienberatung/Beratung für Erziehungs-, Ehe- u. Lebensfragen
Evang. Regionalverband Frankfurt
Eschenheimer Landstraße 567
6000 Frankfurt/Main
Telefon (0611) 5802, 58021/220/221

Erziehungsberatungsstelle
Magistrat der Stadt Frankfurt
Eulengasse 64
6000 Frankfurt-Bornheim (60)
Telefon (0611) 2123626

Erziehungsberatungsstelle
Magistrat der Stadt Frankfurt
Mainzer Landstraße 236
6000 Frankfurt/Main
Telefon (0611) 2123626

Metzlerstraße 34
6000 Frankfurt-Sachsenhausen
Telefon (0611) 2123626

Psych. Beratungsstelle für Erwachsene, Kinder u. Jugendliche

Institut für Sozialarbeit e. V.
Vogtstraße 50
6000 Frankfurt/Main
Telefon (0611) 550108

Psychosoziale Jugendberatungsstelle
Jugendberatung u. Juhendhilfe e. V.
Jahnstraße 37
6000 Frankfurt 1
Telefon (0611) 590915

Psychotherapeutische Praxisgemeinschaft
Rossertstraße 18
6000 Frankfurt 1
Telefon (0611) 725341

Erziehungsberatungsstelle der
Jüdischen Gemeinde
Reuterweg 74
6000 Frankfurt 1
Telefon (0611) 599002

Gesellschaft Erziehung u. Elternarbeit,
Kinderbehandlungszentrum
Altbreungesheim 2
6000 Frankfurt-Breungesheim
Telefon (0611) 541002

Beratungsstelle für Eltern, Kinder
u. Jugendliche
Wetteraukreis
Kleine Klostergasse 16
6360 Friedberg
Telefon (06031) 4175

Erziehungsberatungsstelle
Kommunaler Zweckverband
Marienstraße 5
6400 Fulda
Telefon (0661) 73539

Ärztlich-psychologische Beratungsstelle
Verein für
Jugendfürsorge u. Jugendpflege e. V.
Bleichstraße 6
6300 Gießen
Telefon (0641) 33614, 32085

Psychologische Therapie u. Beratung
Caritasverband Gießen
Liebigstraße 45
6300 Gießen
Telefon (0641) 74616

Erziehungsberatungsstelle
Zweckverband Erziehungsberatung
Starkenburg, Darmstadt, Nebenstelle
Gesundheitsamt
6080 Groß-Gerau
Telefon (06152) 121

Erziehungsberatungsstelle
Stadt Hanau u. Main-Kinzig-Kreis
Am Markt 5
(Eingang Paradiesgasse)
6450 Hanau
Telefon 06181) 295, 463

Psychologische Beratungsstelle für
Eltern, Kinder u. Jugendliche
Kreis-Caritasverband Darmstadt
Bensheimer Weg 16
6148 Heppenheim/Bergstr.
Telefon (06252) 4167

Erziehungsberatungsstelle
Zweckverband Erziehungsberatung
Starkenburg, Darmstadt, Nebenstelle
Landratsamt
6148 Heppenheim/Bergstr.

Beratungsstelle für Eltern, Kinder
u. Jugendliche
Evang. Dekanat
Kaiserstraße 9
6348 Herborn
Telefon (602772) 40467

Eltern- u. Jugendberatung des
Caritasverbandes Frankfurt für den
Main-Taunus-Kreis
Orts-Caritasverband Frankfurt e. V.
Vincenzstraße 21
6238 Hofheim
Telefon (06192) 5077

Erziehungsberatungsstelle
Nordhessische Vereinigung für Erziehungshilfe
Weißenburgstraße 10
3500 Kassel
Telefon (0561) 16164

Beratungsstelle für Eltern, Kinder u. Jugendliche
Hochtaunuskreis
Bad Homburg, Nebenstelle
Georg-Pingler-Straße 7
6240 Königstein

Beratungsstelle für Eltern, Kinder u. Jugendliche
Bezirks-Caritasverband Limburg
Schiede 36
6250 Limburg
Telefon (06431) 8173

Erziehungsberatungsstelle/Institut für ärztlich-pädagogische Jugendhilfe
Bezirkskörperschaften mit Zuschüssen vom Hess. Sozialministerium u. LWV
Hans-Sachs-Straße 8
3550 Marburg
Telefon (06421) 283045

Erziehungsberatungsstelle
Zweckverband Erziehungsberatung Starkenburg
Darmstadt, Außenstelle
Theodor-Litt-Schule
6120 Michelstadt

Psychologische Beratungsstelle mit heilpädagogischer Tagesstätte
Stadt u. Kreis Offenbach
Geleitstraße 94
6050 Offenbach
Telefon (0611) 8065–2347/2490

Psych. Erziehungs- u. Eheberatungsstelle
Caritasverband Offenbach e. V.
Kaiserstraße 69
6050 Offenbach
Telefon (0611) 884485

Beratungsstelle für Kinder, Jugendliche u. Eltern
Caritasverband für die Diözese Mainz e. V.
Rüsselsheim (Weserstraße 34), Nebenstelle
Platanenstraße 63 b
6090 Rüsselsheim

Psychologische Erziehungs- u. Eheberatungsstelle
Bezirks-Caritasverband Offenbach e. V.
Offenbach, Nebenstelle
Steinweg 25
6453 Seligenstadt

Beratungsstelle für Kinder, Jugendliche u. Erwachsene
Kreisausschuß des Main-Taunus-Kreises
Marktplatz 12
6231 Schwalbach
Telefon (06196) 6012/13

Erziehungsberatungsstelle
Kreisausschuß des Landkreises Limburg/Weilburg

Kruppstraße 4
6290 Weilburg
Telefon (06471) 311256

Psychologische Beratungsstelle für Kinder u. Jugendliche
Kreisverwaltung Wetzlar
Philosophenweg 11
6330 Wetzlar
Telefon (06441) 77409 bis 77411

Institut für Beratung u. Therapie von Eltern u. jungen Menschen
Verein «Institut für Erziehungshilfe e. V.»
Adelheidstraße 28
6200 Wiesbaden
Telefon (06121) 370012/13

Städtische Beratungsstelle für Eltern, Kinder u. Jugendliche
Landeshauptstadt Wiesbaden
Kurt-Schumacher-Ring 4
6200 Wiesbaden
Telefon 06121) 312607

Beratungsstelle für Eltern, Kinder u. Jugendliche
Nachbarschaftshaus Wiesbaden e. V.
Rathausstraße 10
6202 Wiesbaden-Biebrich
Telefon (06121) 64237, 64549

Niedersachsen

Psychologische Beratungsstelle
Adolfstraße 26
3300 Braunschweig
Telefon (0531) 76284

Institut für Eltern u. Jugendberatung
An der Martinikirche 3
3300 Braunschweig
Telefon (0531) 45616

Psychologische Beratungs- u. Betreuungsstelle
Denickestraße 110 B
3100 Celle
Telefon (05141) 14358

Jugend- u. Elternberatungsstelle
Bismarckstraße 26
2870 Delmenhorst
Telefon (04221) 12433

Beratungsstelle für Kinder, Jugendliche u. Eltern
Osterstraße 45
2970 Emden
Telefon (04921) 23692

Beratungs- u. Therapiezentrum für Kinder u. Jugendliche
Theaterstraße 16
3400 Göttingen
Telefon (0551) 521471

Beratungsstelle für Eltern, Kinder u. Jugendliche
Hildesheimer Straße 52
3380 Goslar
Telefon (05321) 76–365

Psychotherapeutisches Institut für das Land Niedersachsen
Geibelstraße 104
3000 Hannover
Telefon (0511) 886144

Jugendpsychologischer Dienst
Sutelstraße 18
3000 Hannover
Telefon (0511) 168–8184

Beratungsstelle für Kinder, Eltern u. Jugendliche
Falkenstraße 30
3000 Hannover-Linden
Telefon (0511) 88691

Erziehungsberatungsstelle
Plathnerstraße 51
3000 Hannover
Telefon (0511) 812832

Jugend- u. Elternberatungsstelle
Güntherstraße 29
3200 Hildesheim
Telefon (05121) 31755

Beratungsstelle für Eltern, Kinder u. Jugendliche
Bergmannstraße 20
2950 Leer/Ostfriesland
Telefon (0491) 5108

Institut für Jugendpsychologie
Lünertorstraße 4
3140 Lüneburg
Telefon (04131) 33049

Erziehungsberatungsstelle
Taubenstraße 17
2900 Oldenburg
Telefon (0441) 25905

Psychologische Beratungsstelle
Bramscher Straße 19
4500 Osnabrück
Telefon (0541) 66046

Psychologische Beratungsstelle
Parkstraße 17
4500 Osnabrück
Telefon (0541) 41990

Kinder-, Jugend- u. Elternberatung
Thiesstraße 24
3320 Salzgitter
Telefon (05341) 402–491

Jugendpsychologische
Beratungsstelle
Am Königsberg
3110 Uelzen

Erziehungsberatungsstelle
Bahnhofstraße 11
3340 Wolfenbüttel
Telefon (05331) 84336

Institut für Jugend- u. Elternberatung
Braunschweiger Straße 12
3180 Wolfsburg
Telefon (05361) 108479

Nordrhein-Westfalen

Erziehungsberatungsstelle
Adalbertstift 4
5100 Aachen
Telefon (0241) 33554

Kath. Erziehungsberatung
Steegerkamp 2
5070 Bergisch-Gladbach
Telefon (02202) 35261

Beratungsstelle für Kinder
u. Jugendliche
Artur-Ladebeck-Straße 7
4800 Bielefeld
Telefon (0521) 60415

Beratungsstelle für Eltern, Kinder
u. Jugendliche
Albertstraße, Gesundheitsamt
4630 Bochum
Telefon (0234) 603274

Beratungsstelle für Eltern, Kinder
u. Jugendliche
Bachstraße 21
5300 Bonn
Telefon (02221) 772680

Psychologische Beratungsstelle
Kirchstraße 7
5300 Bonn
Telefon (02221) 631108

Erziehungsberatungsstelle
Pfarrstraße 8a
4250 Bottrop
Telefon (02142) 22814

Beratungsstelle für Eltern, Kinder
u. Jugendliche
Nordstraße 32
4620 Castrop-Rauxel
Telefon (02305) 106453

Beratungsstelle für Kinder,
Jugendliche u. Eltern
Grabbestraße 3
4930 Detmold
Telefon (05231) 75311

Erziehungsberatungsstelle
Hainallee 53
4600 Dortmund
Telefon (0231) 54222517

Psychologische Beratungsstelle
Klosterstraße 18
4600 Dortmund
Telefon (0231) 529751

Psychologische Beratungsstelle
Philippstraße 50
5160 Düren
Telefon (02421) 73527

und Steinweg 5 a
Telefon (02421) 3550

Jugend- u. Elternberatungsdienst
Goethestraße 56
4000 Düsseldorf
Telefon (0211) 899 5361

Kath. Erziehungsberatung
Alfredstraße 66
4300 Essen
Telefon (0201) 775857

Beratungsstelle für Eltern,
Jugendliche u. Kinder
Wilhelmstraße 61
5350 Euskirchen
Telefon (02251) 4801

Erziehungsberatungsstelle
Rotthauser Straße 48
4650 Gelsenkirchen
Telefon (0209) 1692948

Erziehungs- u. Familienberatung
Dalkestraße 2 a
4830 Gütersloh
Telefon (05241) 12562

Erziehungsberatungsstelle Hagen
Böhmerstraße 11
5800 Hagen
Telefon (02331) 16185

Beratungsstelle für Eltern,
Jugendliche u. Kinder
Elchstraße 11
4700 Hamm
Telefon (02381) 25522

Beratungsstelle für Eltern, Kinder
u. Jugendliche
Mörikestraße 1
4690 Herne
Telefon (02323) 51355

Psychologische Beratungsstelle
Aloysiusstraße 1
5860 Iserlohn
Telefon (02371) 29464

Erziehungsberatungsstelle
Stennerstraße 10
5860 Iserlohn
Telefon (02371) 24529

Sozialpädagogische Beratungsstelle
Neußer Straße 26
5000 Köln
Telefon (0221) 92729672

Erziehungsberatungsstelle der
Stadt Köln
Barbarossaplatz 1
5000 Köln
Telefon (0221) 209366

Psychologischer Dienst
Winnertzhof 20
4150 Krefeld
Telefon (02151) 632721

Ev. Beratungsstelle für Erziehungs-,
Ehe- u. Lebensfragen
Dönhoffstraße 55b
5090 Leverkusen
Telefon (02172) 41412

Kath. Erziehungsberatung
Schulstraße 12
5090 Leverkusen
Telefon (02172) 45553

Beratungsstelle für Eltern, Kinder
u. Jugendliche
Lessingstraße 15
5880 Lüdenscheid
Telefon (02351) 23208

Beratungsstelle für Eltern, Kinder
u. Jugendliche
Max-Planck-Straße 36
4370 Marl
Telefon (02365) 6127

Beratungsstelle für Eltern, Kinder
u. Jugendliche
Prinzenstraße 5
4950 Minden
Telefon (0571) 22041 App. 263

Beratungsstelle für Erziehungsfragen
Kaiserstraße 110
4050 Mönchengladbach
Telefon (02161) 16288

Städt. Erziehungsberatungsstelle
Georgstraße 15
4330 Mülheim/Ruhr
Telefon (02133) 4553267

Psychologische Beratungsstelle
Leerer Straße 10
4400 Münster
Telefon (0251) 67192

Beratungsstelle für Eltern,
Kinder u. Jugendliche
Staufenstraße 27
4400 Münster
Telefon (0251) 36063

Beratungsstelle für Eltern, Kinder
u. Jugendliche
Mittelstraße 2
4040 Neuss
Telefon (02101) 12454

Psychologische Beratungsstelle
Tannbergstraße 49
4200 Oberhausen
Telefon (0208) 852307

Beratungsstelle für Eltern, Kinder
u. Jugendliche
Geroldstraße 50
4790 Paderborn
Telefon (05251) 26317

Erziehungsberatungsstelle
Paulusstraße 47
4350 Recklinghausen
Telefon (02361) 29041

Erziehungsberatungsstelle
Stuttgarter Straße 1 a
5630 Remscheid
Telefon (02123) 4122219

Psychologische Beratungsstelle
Lingener Straße 19
4440 Rheine
Telefon (05971) 8082

Erziehungsberatungsstelle
Ringstraße 22
5200 Siegburg
Telefon (02241) 102269

Beratungsstelle für Eltern, Kinder
u. Jugendliche
Waldstraße 17
5900 Siegen
Telefon (0271) 54001

Beratungsstelle für Eltern, Jugend-
liche u. Kinder
Hammer Weg 5
4770 Soest
Telefon (02921) 15586

Beratungsstelle der Stadt Solingen
Wupperstraße 80
5650 Solingen
Telefon (02122) 192488

Psychologische Beratungsstelle
Bachstraße 9
4790 Unna
Telefon (02303) 101411

Beratungsstelle für Eltern, Kinder
u. Jugendliche
Am Nordglacis 43
4230 Wesel
Telefon (0281) 21992

Erziehungsberatungsstelle Witten
Schwanenmarkt 5–7

5810 Witten
Telefon (02302) 530865

Städtische Erziehungsberatung
Alexanderstraße 18
5600 Wuppertal
Telefon (02121) 532582

Rheinland-Pfalz

Beratungsstelle für Jugendliche u. Eltern
Evang. Kirchenkreis Altenkirchen
Koblenzer Straße 14
5230 Altenkirchen
Telefon (02681) 4500

Erziehungsberatungsstelle
Diakonisches Werk der pfälzischen Landeskirche Speyer
Friedelsheimer Straße 18
6702 Bad Dürkheim
Telefon (06322) 2769

Erziehungsberatungsstelle
für den Rhein-Lahn-Kreis
Caritasverband Limburg e. V.
Diakonisches Werk, Hessen-Nassau
Römerstraße 28
5427 Bad Ems
Telefon (02603) 4769

Erziehungsberatungsstelle
Stadtverwaltung Bad Kreuznach
Badeallee 10
6550 Bad Kreuznach
Telefon (0671) 92258

Erziehungsberatungsstelle
Bistum Trier
Wilhelmstraße 17a
5483 Bad Neuenahr-Ahrweiler
Telefon (02641) 36064

Kath. Erziehungs-, Ehe- u. Lebensberatung
Bistum Trier
Stockstraße 4
5520 Bitburg
Telefon (06561) 3668

Kath. Erziehungsberatung
Ehe- u. Lebensberatung
Bischöfl. Generalvikariat Trier
Bistum Trier
Ravenestraße 46
5590 Cochem
Telefon (02671) 7735

Psych. Beratungsstelle für Erziehungsfragen
Caritasverband f. d. Diözese Speyer e. V.
für Stadt u. Landkreis Germersheim
Königstraße 25
6728 Germersheim
Telefon (06347) 1541

Erziehungsberatungsstelle
Landkreis Birkenfeld
Göttschied 15
6580 Idar-Oberstein
Telefon (06781) 24858

Erziehungsberatung
Caritasverband für die Diözese Speyer
Bismarckstraße 22
6750 Kaiserslautern
Telefon (0631) 42332

Erziehungsberatungsstelle
Diakonisches Werk
der pfälz. Landeskirche Speyer
Burgstraße 30
6750 Kaiserslautern
Telefon (0631) 72209

Erziehungsberatungsstelle
Stadtverwaltung Bad Kreuznach
Bad Kreuznach
Nebenstelle
Rathaus
6570 Kirn

Kath. Erziehungs-, Ehe- u. Lebensberatung
des Bistums Trier
Bischöfl. Generalvikariat Trier
Kurfürstenstraße 73/75
5400 Koblenz
Telefon (0261) 37531

Evang. Beratungsstelle für
Erziehungs-, Ehe- u. Lebensfragen

Evang. Kirchenkreis Koblenz
Mainzer Straße 81
5400 Koblenz
Telefon (0261) 36236

Erziehungsberatungsstelle
Diakonisches Werk
der pfälz. Landeskirche, Speyer
Kaiserslautern
Nebenstelle
Trierer Straße 51
6798 Kusel
Telefon (06381) 2049

Beratungsstelle für Ehe- u. Familienfragen
Bischöfl. Ordinariat, Diözese Speyer
und Erziehungsberatungsstelle
Caritasverband der Diözese Speyer
e V.
Weißenburger Straße 5 a
6740 Landau
Telefon (06341) 85060

Beratungsstelle für Kinder, Jugendliche
u. Eltern
Stadt Ludwigshafen
Bürgermeister-Kutterer-Straße 37
6700 Ludwigshafen
Telefon (0621) 504–2070/71/72

Erziehungsberatungsstelle
Caritasverband der Diözese Speyer
e. V.
Rottstraße 41/43
6700 Ludwigshafen
Telefon (0621) 562166

Beratungsstelle für Kinder, Jugendliche
u. Erwachsene
Erziehungsberatung
Evang. Dekanate Ingelheim-Mainz-Oppenheim
Kaiserstraße 37
6500 Mainz
Telefon (06131) 61242

Beratungsstelle für Eltern, Kinder u.
Jugendliche
Stadt Mainz
Kurfürstenstraße 5 a
6500 Mainz
Telefon (06131) 2844

Kath. Erziehungs-, Ehe-
u. Lebensberatung
Bistum Trier
Bischöfl. Generalvikariat
St. Veit-Straße 42
5440 Mayen
Telefon (02651) 3105

Jugend- u. Erziehungsberatungsstelle
Caritasverband Limburg
Philipp-Gehling-Straße 1
5430 Montabaur
Telefon (02602) 4106

Erziehungsberatungsstelle
Diakonisches Werk Speyer
Speyer Nebenstelle
Schutt 9
6730 Neustadt/Weinstr.
Telefon (06321) 2175

Psychol. Beratungsstelle
Bischöfl. Ordinariat der Diözese
Speyer
Referat für Ehe- u. Familienfragen
Triftbrunnenweg 59
6730 Neustadt/Weinstr.
Telefon (06321) 80645

Erziehungs-, Ehe- u. Lebensberatung
Generalvikariat Trier
Bistum Trier
Friedrichstraße 45
5450 Neuwied
Telefon (02631) 26499

Erziehungsberatungsstelle
Diakonisches Werk
der pfälz. Landeskirche, Speyer
Maria-Theresien-Straße 25
6780 Pirmasens
Telefon (06331) 2035/2036

Erziehungs-, Ehe- u. Lebensberatung
Bischöfl. Generalvikariat Trier
Trier Nebenstelle

Stockstraße 4
5520 Sitburg

Erziehungsberatungsstelle
Diakonisches Werk der pfälz. Kirche
Zeppelinstraße 18
6720 Speyer
Telefon (06232) 76968

Erziehungs-, Ehe- u. Lebensberatung
Bischöfl. Generalvikariat Trier
Sichelstraße 10–12
5500 Trier
Telefon (0651) 75885

Jugend- u. Erziehungsberatungsstelle
Bezirks-Caritasverband Limburg
Montabaur
Nebenstelle
Neustraße 34
5438 Westerburg

Kath. Erziehungs-, Ehe- u. Lebensberatung
Bistum Trier
mit Nebenstellen in Bernkastel u. Traben-Trarbach
5560 Wittlich

Psychol. Beratungsstelle für Erziehungsfragen
Caritasverband f. d. Diözese Speyer e. V.
Germersheim Nebenstelle
Mozartstraße 5
6729 Wörth

Beratungsstelle für Eltern, Kinder u. Jugendliche
Stadtverwaltung Worms
Kriemhildenstraße 8
6520 Worms
Telefon (06241) 853476

Kath. Erziehungs-, Ehe- u. Lebensberatung
Bistum Trier
Im Rathaus
5583 Zell
Telefon (02671) 7735 (Cochem)

Beratungsstelle für Kinder, Jugendliche u. Eltern
Stadtverwaltung Zweibrücken
Bitscher Straße 26
6660 Zweibrücken
Telefon (06332) 6021 App. 285

Saarland

Erziehungsberatungsstelle
Saar-Pfalz-Kreis
Eisenbahnstraße 49
6650 Homburg
Telefon (06841) 106–299

Beratungsstelle für Erziehungs-, Ehe- u. Lebensfragen
Bistum Trier
Bischöfl. Generalvikariat
Adolph-Kolping-Straße 1
6680 Neunkirchen

Evang. Beratungsstelle für Erziehungs-, Ehe- u. Lebensberatung
Diakonisches Werk an der Saar
Saarbrücken
Außenstelle
Hospitalstraße 19
6680 Neunkirchen
Telefon (06821) 23251

Erziehungsberatung
Arbeiterwohlfahrt
Landesverband Saar e. V. Saarbrücken
Marienstraße 2
6680 Neunkirchen
Telefon (06821) 23024

Erziehungsberatungsstelle
Arbeiterwohlfahrt
Landesverband Saar e. V.
Hohenzollernstraße 45
6600 Saarbrücken
Telefon (0681) 56034–36

Pädagogische-Soziale Aktionsgemeinschaft
Deutscher Paritätischer Wohlfahrtsverband
Saargemünder Straße 56
6600 Saarbrücken
Telefon (0681) 852639

Fachrichtung Psychologie
Klinische Abteilung
Universität des Saarlandes
Universität, Bau 1,
6600 Saarbrücken
Telefon (0681) 302–2353

Erziehungsberatungsstelle
Arbeiterwohlfahrt
Landesverband Saar e. V. Saarbrücken
Großer Markt 10
6630 Saarlouis
Telefon (06831) 41695

Kath. Erziehungs-, Ehe-
u. Lebensberatung
Bistum Trier
Bischöfl. Generalvikariat
Metzer Straße 24
6630 Saarlouis
Telefon (06831) 2577

Psychol. Beratungsstelle
Caritasverband der Diözese Speyer
Neue Bahnhofstraße 5
6670 St. Ingbert
Telefon (06894) 4750

Erziehungsberatungsstelle
Arbeiterwohlfahrt
Landesverband Saar e. V. Saarbrücken
St. Annen-Straße 15
6690 St. Wendel
Telefon (06851) 3230

Erziehungsberatungsstelle
Arbeiterwohlfahrt
Landesverband Saar e. V.
Stadtverband Saarbrücken
Saarbrücken
Nebenstelle
Hohenzollernstraße 1 a
6620 Völklingen
Telefon (06989) 23463

Schleswig-Holstein

Psychologische Beratungsstelle für
Kinder, Jugendliche u. Eltern
Abendrothstraße 25
2190 Cuxhaven
Telefon (04721) 26044

Beratungsstelle für Kinder, Jugendliche
u. Eltern
Bahnhofstraße 28
2390 Flensburg
Telefon (0461) 85340

Erziehungsberatungsstelle
Eggerstedtstraße 1
2300 Kiel
Telefon (0431) 2830

Beratungsstelle für Familien- u.
Erziehungsfragen
Hüxterdamm 18
2400 Lübeck
Telefon (0451) 76930

Erziehungsberatung
Aschooptwiete 23
2080 Pinneberg
Telefon (04101) 62988
u. Flensburger Straße 15 a
Telefon (04101) 72010

Jugendpsychologischer Dienst
Mechower Straße 25
2418 Ratzeburg
Telefon (04541) 12328

Erziehungs- u. Lebensberatungsstelle
Rathausstraße 1
2418 Ratzeburg
Telefon (04541) 3948

Beratungsstelle für Erziehungs-,
Familien u. Lebensfragen
Prinzenstraße 13
2370 Rendsburg
Telefon (04331) 27020

Beratungsstelle für Erziehungs-,
Familien- u. Lebensfragen
Lutherstraße 2
2380 Schleswig
Telefon (04621) 22057

Anhang II
Literaturhinweise

Andreas, R., M. Bartl, G. Bartl-Dönhoff und W. Hopf: Angst in der Schule. München (Urban und Schwarzenberg) 1976

Allweiler, J.: Meuterei gegen die Schule. Frankfurt (Ring Publications) 1969

Arbeitsgemeinschaft Hauptschule: Schulerfahrungen – Biografien von Hauptschülern. In: betrifft: erziehung 10/1975, S. 37ff

Bloom, B. S.: Alle Schüler schaffen es. In: betrifft:erziehung 11/1970, S. 15ff

Bloom, B. S.: Stabilität und Veränderung menschlicher Merkmale. Weinheim (Beltz) 1971

Clyne, M. B.: Schulkrank? Schulverweigern als Folge psychischer Störungen. Stuttgart (Klett) 1969

Doormann, L.: Verändert die Schule jetzt. Weinheim (Beltz) 1976

Dornblüth, F.: Gesundheitspflege in Haus und Familie. Stuttgart 1888

«Eigentlich gehe ich gern zur Schule ...» Material Gesamtschule der Ernst-Reuter-Schulen Frankfurt, H. 15, Frankfurt/M. (Selbstverlag) 1976

Flitner, Andreas: Normenbücher/Reformfeindlich und praxisfremd. In: päd. extra 3/1977, S. 12

Florin, I., und L. von Rosenstiel: Leistungsstörung und Prüfungsangst. München (Goldmann) 1976

Fürntratt, E.: Angst und instrumentelle Aggression. Weinheim (Beltz) 1974

Funkkolleg Pädagogische Psychologie. Studienbegleitbriefe 2 und 3. Weinheim (Beltz) 1972

Gärtner-Harnach, V.: Angst und Leistung. Weinheim (Beltz) 1972

Gmeinwieser, H.: 300 Anrufe aus Zeugnisnot. In: betrifft:erziehung 5/1968, S. 29

Gnirk, H. J.: Mathematik in der Grundschule. In: Beck/Schmidt (Hrsg.): Schulreform oder Der sogenannte Fortschritt. Frankfurt/M. (Fischer) 1970, S. 193ff

Gordon, Th.: Familienkonferenz. Hamburg (Hoffmann & Campe) 1972

Gurlitt, L.: Der Deutsche und sein Vaterland. Berlin 1902

Hagemann-White, C.: Familienerziehung – schicht- oder geschlechtsspezifisch? In: päd. extra 2/1977, S. 44ff

Heckhausen, H.: Förderung der Lernmotivierung und der intellektuellen Tüchtigkeiten. In: Roth, H. (Hrsg.): Begabung und Lernen. Stuttgart (Klett) 1970 (5. Aufl.), S. 193–228

Herndon, J.: Die Schule überleben. Stuttgart (Klett) 1972

Höhn, E.: Der schlechte Schüler. München (Piper) 1967

Hunt, McVicker: Die psychologischen Grundlagen einer kompensatorischen Vorschulerziehung. In: Hechinger, F. M.: Vorschulerziehung als Förderung benachteiligter Kinder. Stuttgart (Klett) 1970, S. 30–57

Kellner, H.: Fernsehen als Sozialisationsfaktor. In: Media Perspektiven 7/1976, S. 297ff

Krohne, H. V.: Angst bei Schülern und Studenten. Hamburg (Hoffmann & Campe) 1977

Liermann, L., und K. Müller: Kooperationslernen. In: betrifft: erziehung 5/1971

Mager, R. F.: Motivation und Lernerfolg. Weinheim (Beltz) 1970

Meinhardt, J.: Leitsymptom Schulangst. (Sonderdruck zum Symposion ‹Arzt und Lehrer› am 24. 5. 1975 im Westfälischen Landeskrankenhaus in der Haard)

Nissen, G.: Schulverweigerung und Lernprotest im Kindesalter. In: Z. Psychother. med. Psychol. 1972, S. 183–188

Nohl, H.: Die pädagogische Bewegung in Deutschland und ihre Theorie. Frankfurt 1949

Pross, H.: Jugend, Eros, Politik. München (Scherz) 1964

Puppe, Fibel, Schießgewehr. Katalog der Akademie der Künste in West-Berlin zur gleichnamigen Ausstellung vom 5. 12. 1976 bis zum 30. 1. 1977. Berlin 1976

Raith, W.: Gegenschulen in Italien. In: päd. extra 6/1977, S. 23–33

Ramseger, J.: Gegenschulen. Radikale Reformschulen in der Praxis. Bad Heilbrunn (Klinkhardt) 1975

Rapaport, D.: Gefühl und Erinnerung. Stuttgart (Klett) 1977

Renggli, F.: Angst und Geborgenheit. Soziokulturelle Folgen der Mutter-Kind-Beziehung im Ersten Lebensjahr. Reinbek (Rowohlt Taschenbuch Verlag) 1976

Richter, H. E.: Eltern, Kind und Neurose. Reinbek (Rowohlt Taschenbuch Verlag) 1969

Richter, H. E.: Flüchten oder Standhalten. Reinbek (Rowohlt) 1976

Riekenberg, G.: Auf die Schule vorbereiten – aber wie? In: spielen und lernen 7/1977, S. 27

Rosemann, H.: Kinder im Schulstreß. Bissendorf (Polerz) 1976

Schule: «Es gibt keine fröhliche Jugend mehr» (Unter der Schlagzeile «Schulangst» Titelgeschichte des «Spiegel» 23/1976, S. 38ff)

Schulversuch Glocksee (Heft 22 der Zeitschrift «Ästhetik und Kommunikation»)

Schwarzer, R.: Schulangst und Lernerfolg. Düsseldorf (Schwann) 1975

Schwarzer, R.: Schulangst – Genese, Barriere, Reduktion. In: Die Grundschule 8/1976, S. 432ff

Scuola di Barbiana. Die Schülerschule. Brief an eine Lehrerin. Berlin (Wagenbach) 1970)

Seifert, M. u. a.: Nicht für die Schule leben wir. Frankfurt (pädextra Buchverlag) 1977

Speichert, H.: Umgang mit der Schule. Reinbek (Rowohlt) 1976

Tausch, R., H. Köhler und B. Fittkau: Variablen und Zusammenhänge der sozialen Interaktion. In: Zeitschrift für experimentelle und angewandte Psychologie 1966, S. 345–365

Thews, K. H.: Verhaltensforschung. Gütersloh (Bertelsmann) 1975

Tüllmann, A.: Freie Schule Frankfurt. Eine Bild-Dokumentation. Frankfurt (päd-extra Buchverlag) 1977

Wieczerkowski, W., R. Bastine, B. Fittkau, H. Nickel, R. Tausch und U. Tewes: Verminderung von Angst und Neurotizismus bei Schülern durch positive Bekräftigung von Lehrern im Schulunterricht. In: Krohne 1977, S. 225ff

Zapp, E.: Übelkeit bis zum Erbrechen.» In: arbeitnehmer (Saarbrücken) 5/1976, S. 216ff

Zinnecker, J.: Sozialgeschichte der Mädchenbildung. Weinheim (Beltz) 1973